价值认知、企业创新能力重构与高质量创新效率研究

——基于『柔性—效率』均衡视角

陈力田　◎著

Research on Value Cognition, Enterprise Innovation
Capability Reconfiguration, and High Quality

INNOVATION
EFFICIENCY

中国财经出版传媒集团

经济科学出版社
Economic Science Press

·北京·

图书在版编目（CIP）数据

价值认知、企业创新能力重构与高质量创新效率研究 ：
基于"柔性—效率"均衡视角／陈力田著 . -- 北京 ：
经济科学出版社，2024.10. -- ISBN 978 - 7 - 5218 - 6398
- 7

Ⅰ . F279. 23

中国国家版本馆 CIP 数据核字第 202473RP18 号

责任编辑：刘　莎
责任校对：刘　娅
责任印制：邱　天

价值认知、企业创新能力重构与高质量创新效率研究
——基于"柔性—效率"均衡视角
JIAZHI RENZHI、QIYE CHUANGXIN NENGLI CHONGGOU
YU GAOZHILIANG CHUANGXIN XIAOLÜ YANJIU
——JIYU "ROUXING—XIAOLÜ" JUNHENG SHIJIAO
陈力田　著
经济科学出版社出版、发行　新华书店经销
社址：北京市海淀区阜成路甲 28 号　邮编：100142
总编部电话：010 - 88191217　发行部电话：010 - 88191522
网址：www. esp. com. cn
电子邮箱：esp@ esp. com. cn
天猫网店：经济科学出版社旗舰店
网址：http：//jjkxcbs. tmall. com
固安华明印业有限公司印装
710 × 1000　16 开　18 印张　320000 字
2024 年 10 月第 1 版　2024 年 10 月第 1 次印刷
ISBN 978 - 7 - 5218 - 6398 - 7　定价：89. 00 元
（图书出现印装问题，本社负责调换。电话：010 - 88191545）
（版权所有　侵权必究　打击盗版　举报热线：010 - 88191661
QQ：2242791300　营销中心电话：010 - 88191537
电子邮箱：dbts@ esp. com. cn）

【基金项目】

国家社科基金重大招标项目（批准号：22&ZD162），基于"知识产权强国战略"的高价值专利判别、测度与驱动效应的统计研究

国家自然科学基金面上项目（批准号：71972170），价值认知激活、企业创新能力异变与高质量创新效率：基于"柔性—效率"均衡视角

浙江省哲学社会科学重点培育研究基地浙江工商大学数字创新与全球价值链升级研究中心自设课题重点项目（批准号：SQP2023 – 003），中小企业数字化转型、绿色创新与国际化广度关系研究

浙江省属高校基本科研业务费专项资金资助（批准号：2024ZDAPY05），变革性制度环境、企业环保战略与绿色创新能力演进——基于反复理论与最优区分理论的整合

前　　言

　　经济转型拐点背景下的中国，面临企业难以通过创新能力重构实现创新质量有效提升的问题。沿着"认知构架激活→能力重构时机选择、惯性突破机制→高质量创新效率提升"的主导逻辑，本研究提出问题："柔性—效率"均衡导向下，在不同激活情境中，企业如何通过调节认知构架的复杂度和聚焦度，促进创新能力时机选择和惯性突破，以提升高质量创新效率？

　　基于知识链视角，本研究根据创新过程将创新能力分解为研发阶段的知识源的搜寻和选择，从利用到探索型技术轨迹转变的路径突破，多维度专利产出效率提升，产品输出阶段的知识转化，以及技术追赶中的知识跟踪和竞争跃迁。通过设计三个子研究，拟得如下创新点。一是拟深入比较"认知构架‐激活情境"的不同组合"如何"造成促进企业创新能力有效重构的时机选择和惯性突破机制的差异。二是拟揭示创新能力重构对高质量创新效率的作用及边界激活条件，识别"何种"认知构架特征的积极面在"何时"被激活，从前景理论入手平衡信息加工理论和社会分类理论的争论。三是拟揭示在不同激活情境下，驱动"柔性—效率"均衡导向下企业创新能力重构有效性跃迁的认知构架复杂度和聚焦度的区间范围，即"程度合宜"的认知构架程度。

　　第一，基于创新全过程视角分解创新能力，在第3章"企业创新能力重构的二元机理"中，研究"认知构架‐激活情境"的组合"如何"造成促进企业创新能力有效重构的时机选择和惯性突破机制。基于探索性案例研究方法，对转型升级背景下停留在仿造战略的企业通过实现战略转型实现能力重构，本研究以我国软件企业信雅达作为观测样本，进行探索性纵向案例研究，揭示战略转型背景下企业创新能力重构过程中的"破坏‐增强"二

1

元平衡机理。该发现将自上而下的能力破坏型战略性学习和自下而上的能力增强型能力学习、惯例化学习结合起来，发现其匹配均衡的二元机理，对动态能力观、能力重构和组织学习等研究领域具有理论意义，对处于战略转型的企业的创新活动具有实际意义。

第二，基于创新全过程视角分解创新能力，在第4章"企业创新能力测量与比较评价研究——基于'柔性—效率'均衡视角"中，采用主成分分析法与单因素方差分析法对260家中小型制造企业的"柔性—效率"均衡型创新能力进行测量与比较评价研究，揭示了以动态环境为重要特征的转型经济情境下中小型制造企业创新能力结构和构建现状，并结合典型企业案例进行了结果解释。研究发现：一是相比于成立时间短的企业，成立时间长的企业因惯例重复、沉没成本和路径依赖会提高效率，但也会降低柔性；二是相比民营企业，国有企业委托代理问题、预算软约束问题和公有产权属性会降低柔性和效率；三是相比非高技术企业，高技术企业通过提高柔性以适应所处动态环境。通过均衡"柔性—效率"二元关系，全面建构和深刻解构了企业创新能力，有助于国有企业、在位企业和非高新技术企业的创新能力构建。

第三，在专利产出阶段，根据知识新颖程度细分创新能力，在第5章"企业创新能力对环境适应性重构的实证研究——基于376家高技术企业的证据"中，针对"转型经济情境下，缺乏技术创新能力重构及其边界条件实证研究"的缺口，结合动态能力和组织二元性等理论视角，基于376家高技术企业数据的实证分析，识别了高技术企业技术创新能力对环境适应性重构方案。研究表明："吸收能力→集成能力→原创能力"是一种优越的创新能力重构方案，且环境越动态，优越性越显著。该发现弥补了能力重构和技术创新领域研究的不足，对转型背景下企业创新与发展具有实践启示。

第四，在研发费用投入阶段，聚焦于从利用到探索式技术轨迹转变的路径重构能力，在第6章"价值创造效率导向下企业创新能力异变策略——价值认知与环境丰裕性的匹配"中，针对价值创造链条中的"柔性—效率"矛盾，基于间断均衡理论和动态能力观，以2011~2016年257家创业板上市公司面板数据为样本，分析并检验了创新能力重构幅度对运营效率的影响以及环境丰裕性和价值认知复杂度在此过程中的调节作用。研究表明，创新能力重构幅度会负向影响运营效率。环境丰裕性负向调节创新能力重构幅度和运营效率之间的关系，环境丰裕性和价值认知复杂度的联合交互作用正向调节创新能力重构幅度和运营效率之间的关系。该研究结果对企业实施价值创造效率导向下企业创新能力异变策略具有重要的理论和实践意义。

第五，在研发领域选择阶段，聚焦于利用和探索式技术轨迹相互转变的路径异变能力和选择性移除能力，在第 7 章"价值创造导向下企业创新能力重构类型优先级重塑研究"中，从"企业通过创新能力重构促进价值创造的条件是能够准确并及时地判断技术领域商业价值并有适当资源配置于该技术领域"这两个前提切入，识别在环境难以预测性和破产距离的调节下，比较不同类型的企业创新能力重构对企业价值产生的影响。基于 223 家中国创业板企业 2011～2016 年的数据，研究发现：一是伴随负向研发跳跃的企业创新能力选择性移除比伴随着正向研发跳跃的创新能力异变更能促进企业价值。二是随环境难以预测性的增强，企业创新能力选择性移除的优先级进一步提高。三是随破产距离的提高，企业创新能力选择性移除的优先级减弱。这些发现识别了价值创造导向下企业创新能力重构类型优先级及其边界条件，对双元创新理论具有一定贡献。

第六，在专利投入产出阶段，基于多维度专利产出效率提升分解创新能力，在第 8 章"创新战略转型、难以预测环境与企业创新能力效用激发情境研究——基于价值权变视角"中，针对"转型经济背景下，企业创新能力对企业经济价值的积极和消极面的激发情境尚缺乏研究"的缺口，采用 211 家创业板上市公司面板数据，先采用 DEA 方法，根据效率动因解构企业技术创新能力，再比较解构后的能力对企业绩效的效用，以及创新战略转型幅度和环境难以预测程度在此过程中的调节作用。研究基于价值权变视角识别了创新能力效用激发的边界条件。一是相比资源配置管理能力和技术变革能力，规模调控能力更能促进企业绩效，且该作用不受创新战略转型幅度和环境难以预测程度的影响。二是创新战略转型幅度越大，越会激发技术变革能力对企业绩效提升的消极效用。三是环境难以预测程度越强，越会激发技术变革能力和资源配置管理能力对企业绩效提升的积极效用。

第七，在产品输出阶段，基于知识转化分解产品创新能力，在第9章"战略可调性促进企业创新能力重构的机理——内外权变因素的影响"中，针对战略柔性对产品创新能力作用机理不明的问题，将其细分为战略可调性和组织可调性，以浙江省541家企业为研究对象，试图发现战略可调性在内外组织情境（环境动态性、组织可调性）的调节下对产品创新能力的作用机制。结果表明：战略可调性正向促进产品创新能力，环境动态性对这二者关系起到负向调节作用，组织可调性则起到正向调节作用。研究贡献在于：一是拓展了自组织理论和适合度景观理论在产品创新领域的应用，丰富了架构能力对企业产品创新作用的研究；二是整合内外部权变理论，识别了战略可调性和产品创新能力关系的内外部边界条件，发现产品创新所需的战略层能力基础具有情境。

第八，在技术追赶阶段，基于知识跟踪和竞争跃迁分解创新能力，在第10章"后发追赶目标下企业创新能力重构研究——基于专利引文法"中，基于专利引文法界定后发企业的两大知识来源，即发达国家知识和企业内部知识，并对后发企业的知识来源结构获取能力进行分析。具体而言，先以跨国知识转移和企业内部知识利用来衡量发达国家的知识转移水平以及内部知识的转移水平，并基于专利引文指标对华为、中兴两家后发企业代表作知识来源结构分析，呈现后发企业的知识构成，以及自追赶以来的知识来源结构演变。研究结论丰富知识基础理论和后发企业创新追赶研究，对后发企业创新追赶策略选择具有一定的实际意义。

第九，基于创新全过程，对各维度创新能力进行建模，在第11章"战略构想、创新搜寻与企业创新能力重构——基于系统动力学的理论建模与仿真研究"中，基于上层梯队理论、认知理论和知识结构视角，构建了从搜寻知识到创造知识的系统动力学模型，通过量化战略构想、创新搜寻和技术创新能力间的关系，发现了创新能力重构路径和跃迁途径。一是在技术知识产出阶段，创新能力沿着"吸收能力主导→吸收、集成能力为主→吸收、集成和原创能力高水平均衡发展"的路径重构升级；二是调节战略构想的复杂度是促进上述创新能力重构路径跃迁，避免创新能力和搜寻能力共同衰退的重要途径。研究发现，一方面可以弥补现有实证研究在创新能力重构升级途径方面的不足，另一方面丰富系统动力学在创新管理领域的应用范围。

　　第十，第 12 章"研究贡献与应用前景"中，结合前面章节的数据分析结果得出相应的研究结论，进而提出研究贡献，并对未来研究提出展望。

目　　录

第1章 引　言

1.1　研究背景和意义

1.1.1　创新质量提升导向下企业创新能力重构的紧迫性

基于知识链视角，创新能力是嵌入于知识搜寻、选择、获取、内化、集成和创造过程的高级知识（陈力田、许庆瑞，2016）。在快速变化的环境中保持竞争优势的关键为提升企业创新能力（Forsman，2011）。然而，我国经济转型转折点的到来降低了人口红利（蔡昉，2010），迫使经济发展方式从追求数量转向追求质量。创新作为经济发展的重要驱动力，其战略也正由"数量平推式"向"质量攀升式"转变。作为创新的主体，相比于追求数量，我国企业更需通过提升创新质量来提高企业价值（Chen & Chang，2010；申宇、黄昊、赵玲，2018）。2018年中兴通讯危机事件亦表明，我国企业创新质量的提升刻不容缓。我国专利"爆炸式"的增长现象难以代表我国专利质量和自主创新能力的提升（张杰、郑文平，2018），这就要求企业不仅要重视创新能力数量性增长，更要促成创新能力结构性变化，以识别并把握更高价值的技术机会。

创新能力重构是演进过程的核心环节，表征着从量变到质变的一跃。一方面，企业需要及时从对已有技术轨迹的渐进遵从转向更高价值的新技术轨迹突破引领；另一方面，企业又要在广泛试错后聚焦于新的核心轨迹构建竞争壁垒。对双元技术能力进行结构性调整的高阶能力促进了能力异变，有助于企业打破"技术僵局"和"核心刚性"（Swift，2016；Barton，1992），避免出现重复渐进跟随已有轨迹造成的技术极限逼近、边际产出降低的问题，进而跳出"落后→引进→再落后"和"能力弱→依赖→能力越弱"的追赶陷阱（林毅夫、巫和懋、邢亦青，2010）。国家统计局发布的统计监测分析信息显示，即便在光伏、风电、生物等新兴行业，也出现了产能过剩现象，生产和利润下滑，出现大面积亏损和负增长，企业陷入了"开工即亏损"的尴尬境地。但产能过剩只是表象，企业出现该问题一定程度上是由于上一轮高速发展中缺乏高质量、新轨迹技术储备，生物、新能源等产业的大多数企业仍在已有技术轨迹上作渐进式创新，没有对具有更高价值的新技术轨迹的思考、投入和聚焦发展造成的。因此，在经济转型转折点背景下，促进企业完成创新质量提升导向的创新能力结构性变化是企业能力演进乃至产业转型升级的核心环节。

1.1.2　创新质量提升导向下企业创新能力重构过程存在问题及深层原因分析

由上文可知，在我国从追赶到跨越的转型时期，以"高数量、低质量"创新产出为特征的企业创新能力急需演进。为更高效地提升创新质量，企业需要打破目前"高渐进、低突破"型创新能力结构，作创新能力重构。但是，在勇于打破能力结构的企业中，仍有相当比例的企业未能成功，甚至导致破产。2013 年中国企业转型升级调查报告显示，67.8% 的企业有过转型经历，但只有 24% 的企业通过转型产出了具有更高价值的新产品并获得了压倒竞争对手的长期或短期优势，大多数企业无法在转型中真正受益甚至破产，其中不乏一些高技术企业。从创新质量提升导向下企业创新能力重构的变革本质出发，有助于理解该"生死一跃"现象出现的原因。创新质量的提升是一个涵盖研发、生产、营销等各环节的价值创造过程（Chasanidou，

Sivertstøl & Hildrum，2018）。即便对于当今模块化、区块化、生态化的新兴企业组织模式，在打破边界选择合适的外包/众包合作伙伴时也需要考虑价值创造各环节。通过创新能力重构实现创新质量提升，不仅需要企业具有柔性改变上述价值创造各环节惯例的能力，还需要提升技术创新效率，通过提高投入产出过程中的时间效率和成本效率以获得动态竞争优势的效率导向目标（Kortmann et al.，2014；Madhavan & Grover，1998；Priem & Butler，2001）。未能均衡价值创造过程中"创新能力重构的灵活性"和"创新质量提升过程的效率性"这对矛盾，是企业创新能力重构难以成功，难以把握高价值技术机会的原因。基于动态能力理论，创新能力重构这一创新能力结构的灵活变动是企业在战略层面应对环境不确定性的有效方式。但一旦落实到以效率为导向的运营层面却常常出现困难（Kortmann et al.，2014）。这是因为，低水平的官僚化、扁平的组织层次结构、低制造标准化程度等灵活性的关键特征，往往与效率导向的绩效目标相冲突（Swift，2016；Adler et al.，1999；Ebben & Johnson，2005；Eisenhardt，Fur & Bingham，2010；Fiegenbaum & Karnani，1991；Schreyögg & Sydow，2010）。这种冲突在旨在通过不断提高质量水平和降低可预见的单位成本的技术型企业尤为明显。融合实践与理论，本研究发现，造成"柔性—效率"难以均衡问题的深层原因源于时机选择、异变幅度和价值认知三方面。

（1）问题原因一：企业创新能力重构时机选择错误

经济转型转折点时期的一大特征是，充满快速变化、不确定、复杂、大量机会的动态环境。创新能力重构有助于带来新旧技术轨迹更替，很多企业会在该变革的机会成本前犹豫不决，错过高价值的技术机会，增加了时间和财务等成本，降低了企业开展多样化产品以应变环境的效率。前景理论可对该现象作解释："理性技术"决策准则导致大幅度破坏惯性行为的时机常出现偏差，当企业绩效超过预期参照点时，会出现短视的风险规避行为（March，2006）。企业倾向于等到已有能力的价值已经很弱的情况下才进行突破，并在获利后过早进入渐进式发展，即使有前途的机会存在于突破式研发过程中（Swift，2016）。如2016～2018年，斯凯智能无人机等大批人机企业破产的重要原因之一在于技术轨迹更替时机过晚。消费级无人机市场总量有限，经过近两年野蛮式疯长后，供大于需是不争的事实。对于以概念吸引投资而研发的无人机企业，如果不能准确、及时地识别技术轨迹更替的时机，以突破技术瓶颈的方式提高创新质量，将随时面临倒闭的危机。

（2）问题原因二：创新能力重构过程中惯性突破幅度控制不当

在创新能力重构过程中，无论是从渐进式创新转向突破式创新，还是从突破式创新转向渐进式创新，都由于突破了过去经验所带来的惯性而被视作高风险决策。一些企业在此过程中把控不了惯性突破的幅度，从而导致失败。如大唐电信虽基于 GSM 数字蜂窝移动通信技术创新完成了移动交换机的样机，但却因资源配置重组灵活性不足而影响了研发和产业化进程。而华为则准确预测通信业的 3G 发展趋势，先快速搜寻并选择了 R4 软交换技术，再通过组织结构（在北京设立数据通信研究所，在上海设立移动通信研究所）和制度的动态调整，高效率地完成了创新目标，以先发优势进入了国内通信市场。基于前景理论，根据惯性突破程度的不同，造成风险的原因不同。少量突破已有惯性虽然可以避免能力的过度破坏带来的风险，但也会带来"能力增强陷阱"，即专注于在已有路径上不断增强已有能力，导致未识别和把握环境中具有更高商业价值的新能力发展机会，未能充分实现技术多样性和面向多样市场的产品线，从而降低了高质量创新效率（Kortmann et al.，2014；Lavie，2006）。大量突破已有惯性虽然可以避免能力的过度增强带来的风险，但也带来"能力过度破坏陷阱"，即企业过度偏离已有能力路径，过度配置资源于新能力。过多地从渐进转向突破会导致本就有限的资源的分散，过多地从突破转向渐进会导致本就有限的资源的弃用（Teece，2014）。二者都会带来研发周期无谓加长和投入物资资源的浪费，降低高质量创新效率。

（3）问题原因三：企业缺乏适应不同情境的可调整的价值认知能力

由上文可见，在企业创新能力重构过程中，要实现价值创造链条各环节"柔性—效率"的均衡，需要选择正确的时机和惯性突破幅度。基于组织学习理论，上述问题的关键在于企业如何才能通过决策能力的配置，正确学习环境机会，搜寻、选择、获取、内化和利用知识，识别合适的能力轨迹（Cohen & Levinthal，1990；Lilien & Yoon，1990）。价值认知构架，这种企

业在决策过程中使用的涉及价值创造环节（研发、生产、销售等）的知识
结构，被认为是影响企业风险决策能力的重要因素（Hutzschenreuter &
Horstkotte，2013）。经济转型转折点的一大特征是充满快速变化、不确定、
复杂机会的环境，但很多企业在对环境机会的全面认知不足，导致难以根据
新机会及时引发和转变能力异变，导致时机延误和惯性突破幅度控制不当。
特别当企业因能力价值和环境需求不匹配而面临财务危机的情境时，关于能
力价值的决策的理性程度可能会进一步下降。如 UT 斯达康、诺基亚等由盛
到衰的企业，由于无法持续感知快速变化和涌现的机会，阻碍了能力异变时
机和幅度的正确选择。此时，虽然其专利数量不断增加，但其核心技术知识
的商业价值已经下降，是低质量的技术知识，这导致了企业创新质量下降和
企业持续衰退。

1.2　国内外研究现状及发展动态分析

1.2.1　企业创新能力重构：创新能力演进过程中的转折点

技术创新的本质是获取/重新整合/产生对企业而言的新技术知识，并利
用以创造价值（Dutta，Narasimhan & Rajiv，2005；Forsman，2011）。根据
产生知识对已有技术轨迹的新颖程度不同，可将技术创新分为渐进式创新和
突破式创新，渐进式创新是在已有技术轨道上对技术的增强改进，而突破式
创新是突破现有技术轨迹进行技术创新（Ettlie，1983；Dewar & Dutton，
1986；Chandy & Tellis，2000；Gatignon et al.，2002）。基于此，现有研究认
为，创新能力可分为两种子能力：渐进式创新能力和突破式创新能力。其
中，渐进式创新能力是增强现有知识，利用现有知识改进现有知识的能力，
是探索性的能力；突破式创新能力是转换现有知识、突破现有知识基础的能
力，是开发性的能力（Subramaniam & Youndt，2005）。双元创新是指渐进式
创新和突破式创新两类创新活动的组合和共存。自从玛驰（March，1991）

提出"探索－利用"均衡的双元观点后，国内外学者逐步认同两种均衡关系：平衡（balance）与互动（interaction）。前者基于玛驰（1991）的前提假设，认为探索性的突破式创新和开发性的渐进式创新属于同一创新连续体的两端，这种绝对分割导致两种创新活动对企业稀缺科技资源的竞争，企业必须通过一个时间段只参与一类活动（突破式或渐进式）来解决这种矛盾，如：通过外包或建立联盟将突破式或渐进式创新从组织内部分离（Yang，Zheng & Zhao，2014），或者在一段时间内追求突破式，在接下来的一段特定的时间内追求渐进式，两种活动循环进行（Mudambi & Swift，2014）。后者则以左普塔（Gupta，2006）的理论假设为基础，否定了对渐进式创新和突破式创新的绝对分割，认为两种创新活动没有绝对差别，只是创新的程度或实现手段不同，二者之间应该处于互动甚至互补（complementary）关系状态，企业可以同时具备双元能力并协调二者之间的关系（Patel，Messersmith & Lepa，2013）。由此可见，基于静态视角，创新能力结构可由某一单一能力主导，也可两种能力并存。但是基于动态视角，创新能力在从无到有的演进过程中必然经历过能力结构的异变。这一异变环节是能力演进路径发生的转折点，来自对某一能力变化的战略性选择和对原能力路径的战略性抛弃（Swift，2016；Mudambi & Swift，2011；Romanelli & Tushman，1994）。被选择/抛弃的能力既可以是渐进式创新能力，也可以是突破式创新能力。这一选择变异新路径、抛弃旧路径的极端战略行为，是由更高阶的动态能力所引发。在高阶能力作用下，企业在两段相对稳定的连续量变之间插入了较短的快速不连续质变阶段，引发了创新能力演进过程中的转折点。

1.2.2　创新质量提升导向下企业创新能力重构领域的理论基石

企业创新能力重构的紧迫性，以及在此过程中遇到问题的原因已经阐明，针对上述现实问题，学界亦在思考企业创新能力如何重构。随着尼尔森和温特（Nelson & Winter，1982）开创的演化经济学方法论在创新领域应用的增多，企业创新能力的形成发展更多地被视为动态演进的过程。能力结构的变化是该演进过程的转折点，决定了能力轨迹的走向。以创新质量提升为目标导向的能力结构变化，本质上是价值创造方式的转变过程。"数量与质量替代"逻辑（quantity-quality trade-off）广泛存在于经济学和管理学研究中（Becke & Tomes，1976；Black et al.，2005；Hottenrott & Lopesbento，2012）。秉承该逻辑的研究认为：由于可配置资产的有限性和资产专用性，数量目标和质量目标之间存在资源争抢，使得数量增长以质量降低为代价（Mudambi & Swift，2014；Swift，2016）。不同于创新数量提升导向，创新质量提升导向下的企业创新能力更侧重创新结果具有更高的引用率、维持时间和跨国市场影响力，进而更易累积和更难被模仿，有助于企业实现从跟随到引领技术和市场发展轨迹的转型（Artz et al.，2010；Reitzig & Puranam，2009）。因此，以创新质量提升为导向的企业创新能力重构过程涉及两个核心问题：第一，如何判断何种能力结构是更有价值的？第二，如何调整能力结构才能快速实现价值？这将分别对应企业创新能力重构的内外部推动因素以及企业创新能力重构机理的研究。组织双元性理论、高阶理论、认知理论、能力理论（资源基础观、知识基础观、吸收能力观、动态能力观）、制度理论、共演理论、协同理论、创新系统观、组织学习理论等理论和观点为本研究提供了重要理论基础。

首先，关于企业创新能力重构的外部推动因素，代表理论为吸收能力观、制度理论、定位观和动态能力观。创新能力的概念源于吸收能力，制度理论、定位观、动态能力观和吸收能力观的对话为创新能力研究提供了重要理论基础。沿袭制度理论、定位观和动态能力观，已有研究对客观环境和创新质量提升导向的企业创新能力之间关系抱有极大的兴趣（Kao，2018；Eisenhardt，1989；Eisenhardt & Martin，2000；Williams，1994）。这本质上起源于"能力客观价值由外部环境决定，随需求变化而变化"这条逻辑（Crossan & Apaydin，2010）。动态环境是转型经济情境的一大特征，新机会层出不穷，其商业价值也被快速地重新定义（Carson et al.，2012）。在动态环境中，客户对高价值技术的界定尚不清晰或快速变化，行业技术间竞争激烈，技术前沿存续时间短。并且，我国尚缺乏完善的知识产权交易制度以及专业分析市场信息、技术机会质量信号的中介机构（Gao et al.，2017）。这些制度缺位现象使企业难以准确计算选择新技术领域或维持已有技术领域的收益与成本（Ault & Spicer，2014）。此时，企业的财务情况就是企业能力价值和环境需求是否匹配的重要信号（陈力田，2015）。企业需借此考虑所处环境对能力价值的影响（Gao et al.，2017；谷丽等，2016）。为适应动态环境下不断变化的能力价值判断准则而获得合法性，企业必须拥有战略行为方面的柔性（Eisenhardt，1989；Fines，1998；Williams，1994）。企业需要时常打破路径依赖，实现渐进式创新和突破式创新的动态性均衡，才能抓住更有价值的商业机会，实现价值创造的初衷（Hussinger & Pacher，2019；Loon & Chik，2019；Nan，Guang & Man，2018；Eisenhardt，Fur & Bingham，2010；Cantarello，Martini & Nosella，2014；Turne，Swart & Maylor，2013）。为适应动态环境，无论是最终走向均衡式双元或权衡式双元，在创新能力从无到有的演进过程中，必然经历过渐进式创新和突破式创新彼此灵活交替的能力异变时期。通过恰当幅度的能力异变，企业可以周而复始地灵活识别和创造具有更高商业价值的技术路径，并在恰当的时机进行深化，直到下一个机会的到来。这一过程可提高动态适应环境的柔性（Buyl，Boone & Matthyssens，2013；Driessen & Ende，2014）。但上述理论视角过于重视环境因素，忽视了能力的内在路径依赖性及阶段性差异的组织内推动因素，不能解释同一情境下企业创新能力的异质性（Mary & Marina，2010）。

其次，关于企业创新能力重构的内部推动因素。代表理论是高阶理论、认知理论、知识基础观和组织双元性理论。人是有限理性的，诱发创新能力重构的直接本源并非全为能力客观价值的变动，而是决策层"主观感知"到能力价值的变动，认为需要引发能力结构的改变。高阶理论、认知理论、知识基础观和组织双元性理论的结合有助于对创新质量提升导向的创新能力重构前因变量的进一步理解（Hermann & Nadkarni，2014；Kock & Gemünden，2016；Chasanidou & Sivertstøl，2018；Bharadwaj et al.，2017；Mack & Landau，2018）。决策时基于的价值认知构架是促进创新能力重构的重要推动因素。基于高管认知过程的双元性模型显示，只有当高管清楚地感知到双元性矛盾的存在，而不是忽视或否认它们时，组织才能更好地管理和利用双元性矛盾，为组织带来竞争优势（Lin & McDonoughIII，2014）。受效率导向绩效目标的影响，这种矛盾感知建立于研发、生产、销售等价值创造过程各环节整体效率的系统思考（Buyl，Boone & Matthyssens，2013；Sae-mundsson & Candi，2014；Smith，2005；Mom & Borsh，2009）。这是因为，由于价值链各环节共同作用于能力价值判断准则，以价值链各环节功能效益为价值取向的不同子群会共同参与公司决策。这就要求决策层具有包容冲突、同时处理多项任务、不断更新其知识技能的特点（Mom & Borsh，2009）。具体而言，决策层会以效率为导向设置组织结构，为异变时机和幅度控制做准备（O'Reilly & Tushman，1996；Chang & Hughes，2012；Jansen et al.，2009）。前沿研究认为，相比于用同一种方式，采用不同组织方式（组织内结构分割、联盟、收购），将有助于分散在创新能力重构时机和幅度选择过程中产生的风险，有助于提升效率导向目标（Stettner & La-vie，2014；Schoenmakers & Duysters，2010）。现有研究显示了一条重要的逻辑：企业家团队的价值认知构架会作用于创新能力重构时机和幅度的选择，进而对效率导向目标造成影响（Hermann & Nadkarni，2014；Helfat & Winter，2011；Hodgkinson & Healy，2011；Nadkarni & Naraya-anan，2007）。

最后，企业创新能力重构的过程机理，代表理论是组织学习理论。演化经济学和能力理论都强调能力具有一定的稳定性和惰性，并倾向于随时间的推移"传输"其特性（Nelson & Winter，1982；Barton，1992）。这就需要动态能力的观点来克服能力刚性（Teece et al.，1997）。能力重构过程是能力演进过程中夹在两段较稳定的量变阶段之间的动荡的质变过程。按照演化理论的观点，企业能力结构的变化是"变异—选择—保留与传衍"的过程。从关注于知识的获取、转化和应用的组织学习视角出发，有助于深入分析演进机理。根据组织学习目标导向的不同，在上述组织学习过程的每一阶段，都可以分为三个层次的学习：战略性学习、能力学习及惯例化学习（Andreu & Ciborra，1996；毛武兴、闫同柱、刘景江、许庆瑞，2004）。第一，战略性学习是能力破坏式学习，是指企业对"为什么某种能力是高价值的"这一问题的反思式学习过程，这是在动态环境中灵活适应环境的学习，其最终目标在于通过持续的审视能力、内外环境之间的关系，以快速响应环境变化，保证创新能力重构的正确方向，提升企业创新质量（Le & Lei，2018；

Cantarello，Martini & Nosella，2014）。第二，能力学习和惯例化学习，是能力增强式的学习，追求能力异变的高效率实现。能力学习是联结战略性学习与程序化学习的中间环节，它主要在现有的组织资源与组织惯例内进行知识的有效加工并提高自己的能力，它充分表现为内部知识的有效激活以及与外部知识的有效合成等方面；惯例化学习是指在现有惯例规定的范围内最好地实现现有目标及最好地保持组织绩效，是一种单环学习。现有基于学习视角对创新能力重构的研究仍存局限。第一，能力破坏型和能力增强型学习之间是权衡还是均衡的关系尚有争论，且机理不明（Foss，Lyles & Volberda，2010）。第二，效率学习（能力和惯例化学习）已被深入研究（Andreu & Ciborra，1996），但对战略性学习却很少论及，但其有效执行决定了企业能否从技术引进中培育出高水平的创新能力（赵晓庆，2011）。如果管理者忽视对调整能力结构以适应外部环境，只专注于对局部性最佳负载平衡的内部搜寻，将陷入"适应性陷阱"，导致系统性的组织过载和能力侵蚀（Rahmandad & Repenning，2015）。综上所述，创新质量提升导向下的企业创新能力重构是企业边界内、外作用力同时作用的结果，同时追求企业动态调整能力结构的"柔性"和价值创造的"效率"。

1.2.3　已有理论争论核心和研究视角的选择

针对实际问题，本研究回顾了创新能力重构相关文献，发现现有静态分割视角间存在着战略管理领域的"柔性—效率"核心争论。关于能力重构外部推动因素和组织学习机理中的战略性学习的研究都强调"能力价值由外部环境决定，企业能力异变需要具备适应环境的柔性"的逻辑；关于能力异变内部推动因素和组织学习机理中效率学习的研究则强调"能力异变决策需以价值创造各环节协同效率提升为导向"的逻辑。如表 1 - 1所示。

表 1-1   创新质量提升导向下企业创新能力重构
                         研究中的"柔性—效率"核心争论

导向	研究领域	观点
柔性	能力重构外部推动因素	能力价值由外部环境决定，企业需要遵从环境选择异变方向、时机和幅度，以获得合法性
	能力重构机理中的战略性学习	通过战略性学习，及时捕捉财务危机信号，基于环境中价值评价准绳，灵活调整异变方向
效率	能力重构内部推动因素	对能力价值的主观感知是促发能力异变的内因，基于价值创造各环节的不同子群基于价值取向判断能力价值、异变时机与幅度
	能力重构机理中的效率学习	通过惯例学习和能力学习，实现个人能力到组织能力的高效转化，提高能力异变效率

虽然上述研究存在"柔性—效率"核心争论，但实际上，创新能力重构过程涵盖了价值创造过程中战略、组织、技术和市场等多方面，促进柔性和促进效率的不同资产间的交互和协同是保证企业成功度过能力结构转变"生死一跃"的关键（Ma，2003；Eisenhardt，Fur & Bingham，2010；Szeto，2000；Dutta，Narasimhan & Rajiv，2005；Crossman，2010；Forsman，2011）。企业不仅需根据环境需要灵活调整创新方向，搜寻和选择合适的知识源用于研发和知识创造；还需在确定方向后，高效率地完成对知识商业化应用（Cantarello，Martini & Nosella，2014；Hussinger & Pacher，2019；Loon & Chik，2019）。

1.2.4　基于"柔性—效率"均衡视角，创新质量提升导向下企业创新能力重构研究缺口

针对三个实际问题（时机选择错误、重构过程中惯性突破幅度控制不当、价值认知构架选择及激活情境），现有研究尚未完全解决，局限性有如下几点。

（1）研究缺口一：创新质量提升导向下企业创新能力重构时机选择和惯性突破机制不明

动态能力观虽提供了能力发展的逻辑，但解释的是企业是否适应变化的环境，仍未反映出能力的动态异变过程（Barreto，2010；Wang & Ahmed，2007；Lavie，2006）。能力演化理论为解释企业创新能力重构过程提供了理论基础，但也存在不足。第一，企业的能力异变是决策层认知的结果，也受到了外部环境的刺激。财务状况直接反映了企业能力和外部环境的匹配程度，为企业转变能力结构提供了信号（陈力田，2015）。那么，企业在判断能力价值时所基于的认知构架特征和财务激活情境的不同组合，会对企业创新能力重构过程产生怎样不同的影响呢？其本质和战略管理领域的基础争论"选择－适应"争论一致（Andrews，1971；Hannan & Freeman，1984）。第二，演化理论的文献虽指出了能力异变的大致方向，但对能力异变机理的理解尚不清晰。拉维（Lavie，2006）提出了三种能力重构机制：能力替换、能力转变和能力进化，但未揭示能力异变的过程的机理。从时机选择和惯性突破角度切入（Swift，2016），有助于创新能力重构机制的深入探究。

（2）研究缺口二：企业创新能力重构幅度和高质量创新效率之间关系存在争论

创新能力重构幅度对企业高质量创新效率的作用存在争论。一方面，基于动态能力理论，秉承正向关系的学者认为，大幅度的创新能力重构是企业主动破坏惯性，以应对环境不确定性的有效方式。在研发过程中，企业可通过由突破式创新转向渐进式创新防止高阶能力的锁定，从而缩短研发周期、节省资源，提升高质量创新效率（Mudambi & Swift，2014；Teece，2014；Hussinger & Pacher，2019）。企业可通过由渐进式创新转向突破式创新防止操作能力的锁定，识别和把握环境中具更高商业价值的新能力发展机会，实现技术多样性和面向多样市场的产品线，提升高质量创新效率（Kortmann et al.，2014）。另一方面，基于风险决策中的前景（Prospect）理论，秉承负向关系的学者认为"理性技术"决策准则导致大幅度破坏惯性行为的时机常出现偏差，从而导致进行大幅度创新能力重构的企业的失败（March，1996；Swift，2016）。这一决策规则通常建立在企业与参照点的距离上。当企业的绩效超过预期参照点时，会出现风险规避行为。因此，对于大幅度突破转渐进这种放弃高阶能力、选择操作能力的风险决策过程，企业往往倾向于获利后过早进入利用，即使有前途的机会存在于研发过程中。对于大幅度的渐进转突破这种放弃操作能力、选择高阶能力的风险决策过程，企业往往会等到已有能力的价值已经很弱的情况下才进行探索（Swift，2016）。上述错误决策将带来企业因错过高商业价值机会带来的机会成本，降低企业应变环境的高质量创新效率（Loon & Chik，2019；Nan，Guang & Man，2018）。

（3）研究缺口三：价值认知构架特征对企业创新能力重构时机选择和惯性突破幅度选择决策效果的争论

由前文可知，创新能力重构促进高质量创新效率的关键在于正确选择时机和惯性破坏的幅度。这本质上是一个知识搜寻和选择的组织学习过程，受企业判断能力价值时基于的认知构架所影响（Menon，2018）。受效率导向绩效目标的影响，认知构架有可能考虑价值创造各个环节（研发、生产、销售等）整体效率的系统思考（Buyl，Boone & Matthyssens，2013；Sae-mundsson & Candi，2014；Smith，2005；Mom & Borsh，2009）。认知构架包括两个维度：复杂度和聚焦度（Nadkarni & Narayanan，2007）。复杂度指的是企业决策时对外部环境和自身能力价值感知的多样性程度，它反映了价值认知结构中的分化和整合（Nadkarni & Narayanan，2007；Walsh，1995）。聚焦度指的是企业决策集中于"核心"概念的程度（Nadkarni & Narayanan，2007；Eden，Ackermann & Cropper，1992；Porac & Rosa，1996）。认知构架是影响企业风险决策的重要因素（Hutzschenreuter & Horstkotte，2013）。但关于认知构架在风险决策中的作用，尚存争论。一方面，信息加工理论认为，相比于简单、聚焦的认知构架，具有复杂、分散认知构架的企业，具有更多样、完备的知识源，进而更准确识别和选择环境中的机会，提高风险决策质量，进而提高成功率（Menon，2018；Cooper，Patel & Thatcher，2013；Kock & Gemünden，2016；Chasanidou & Sivertstøl，2018）。这是因为，复杂、分散的认知构架带来了松散耦合的决策认知体系，能带来决策子群内更强的专业化和决策子群间信息的精细（Cooper，Patel & Thatcher，2013；Hogg &

Terry，2000；VanKnippenberg et al.，2004）。这种松散耦合的决策体系有助于有效利用和整合所有认知资源，促进差异化观点的讨论与信息整合，进而更准确识别和选择环境中的机会（Hutzschenreuter & Horstkotte，2013；Gibson & Vermeulen，2003；Tegarden，Tegarden & Sheetz，2009）。这将有助于提高时机正确选择的可能性，减少因短视贪利导致的时机偏差，进而提高团队决策水平和成功率。但另一方面，社会分类理论认为，相比于简单、聚焦的认知构架，具复杂、分散认知构架的企业，在决策过程中会产生更远的心理距离，从而提高本就很高的风险决策制定的成本（Hutzschenreuter & Horstkotte，2013）。这是因为，复杂、分散的认知构架使得决策子群之间更难实现认同（Hutzschenreuter & Horstkotte，2013；Mack & Landau，2018）。认同的缺失将引发不同决策子群之间的偏见与刻板效应，增加团队任务冲突和关系冲突，减少团队成员为完成共同目标所要作出的信息交换与分享等努力（Jehn & Bezrukova，2010；Li & Hambrick，2005）。当团队将时间和精力花费在解决成员间冲突时，将会提高本就很高的风险决策制定的成本，工作效率会进一步降低（Li & Hambrick，2005）。

（4）研究缺口四：缺乏对于激活价值认知的情境因素的研究

由缺口四可知，在判断能力价值时，认知构架的特征既有光明面也有黑暗面。问题的核心在于：在何种情境下，可以激活认知架构特征的光明面，抑制黑暗面？财务情境是在高风险转型过程中难以忽视的情境因素，也是能力价值是否与环境匹配的重要信号。但关于财务危机是否能在风险决策时机选择中激活复杂多样的认知构架的光明面，尚缺乏研究（Menon，2018）。前景理论的另一个观点是：当企业面临损失时，会出现风险偏好行为（March，2006）。那么，当企业感知到由于先前经验导致的临近破产这一灾难性后果时，会对创新能力重构时机选择产生怎样的影响？这一问题的本质为前景理论边缘条件带来的困境。针对这一问题，已有研究存在争论。一方面，企业绩效表征着企业对环境的适应程度。越临近破产，企业能力和环境的要求越远。因此，当破产距离越近，意味着企业若延续已有能力，则会带来更大的损失。故临近破产的企业会风险偏好的行为倾向，从而减少因短视贪利导致的能力异变时机偏差。由于临近破产的威胁，企业将更易发挥复杂认知构架的信息加工优势，提高风险偏好的问题导向型远距离搜寻效率（Nadkarni & Narayanan，2007）。但另一方面，也有研究认为，当企业识别了过去决策带来的灾难性后果后，越倾向于风险规避，不愿冒险（Bernile，Bhagwat & Rau，2017），倾向于会过早地从探索转向利用，过晚地从利用转向探索，降低企业开展多样化产品、提升高质量创新效率的机会。

（5）研究缺口五：缺乏在各种激活情境下，调节认知构架的复杂度和聚焦度，促进创新能力重构对高质量创新效率作用效果跃迁的研究

为了实现把控创新能力重构时机和惯性突破幅度，从而实现创新能力重构过程中"柔性—效率"的均衡，促进创新能力重构对高质量创新效率作用效果的跃迁，根本途径还是在微观层次上识别在不同危机情境下最适合的企业认知构架的复杂度和聚焦度区间。但是，此领域研究不仅很少，且更重要的是"调节到什么程度合适呢，其中的'度'如何把握？"的问题尚未解决（Ganco，2013；Qian，Cao & Takeuchi，2013）。一方面，时机选择是实现"柔性—效率"均衡型创新能力重构的关键因素之一。这就需要从动态的视角来看到创新能力重构过程。但现有研究多聚集在静态实证分析上，缺乏动态视角，无法揭示调节认知构架复杂度和聚焦度引发企业创新能力重构时机选择的途径（Helfat & Peteraf，2014；Hermann & Nadkarni，2014；Helfat & Winter，2011；Hodgkinson & Healy，2011）。此类研究的缺乏，严重限制了学界和业界对于"柔性—效率"均衡型创新能力重构所需要的认知构架复杂度和聚焦度的理解。另一方面，惯性幅度控制是实现"柔性—效率"均衡型创新能力重构的另一关键因素。这就需从能力发展潜力的视角来研究创新能力重构过程。但现有研究多关注于能力发展速度，缺乏关注能力发展潜力（给定时间内企业可通过重复活动而积累的能力上限）（Rockart & Dutt，2015）。这导致不同情境下，认知构架特征对创新能力重构幅度的差异性难以确定。

（6）已有研究现状对本研究的启示

本研究基于现实和理论问题的交集，提出研究问题："柔性—效率"均衡导向下，在不同激活情境中，企业如何通过调节认知构架特征，促进创新能力时机选择和惯性突破，以实现创新能力重构对高质量创新效率作用效果

的跃迁？

这一问题可细分为以下三个子问题。子问题一："认知构架－激活情境"的不同组合对企业创新能力重构时机选择和惯性突破有效性的差异化作用机制如何？子问题二：在认知构架和财务危机的联合交互作用的调节下，创新能力重构幅度对高质量创新效率产生怎样的影响？①创新能力重构幅度对高质量创新效率的影响；②认知构架特征对创新能力重构幅度和高质量创新效率关系的调节；③财务危机对认知构架特征调节作用的激活效应（联合交互作用）。子问题三：在各种激活情境下，应分别将认知构架的复杂度和聚焦度调节至何种区间，促进创新能力重构对高质量创新效率作用效果的跃迁？

第2章　研究设计

2.1　研究内容

2.1.1　研究内容一："认知构架－激活情境"组合对企业创新能力重构有效性差异化作用机制的探索性案例研究——基于时机选择和惯性突破的视角

实践和理论上都存在企业创新能力重构时机选择和惯性突破机制不明的问题。针对研究缺口，基于案例研究方法，围绕"认知构架－激活情境"组合对企业创新能力重构时机选择和惯性突破的差异化作用机制展开探索性案例研究。具体而言，本研究基于多种数据源（如档案、访谈），使用案例研究方法，进行案例数据、理论阐述和研究模型相印证的探索性多案例研究，通过本土企业的资料编码和分析归纳，揭示和对比各企业创新能力重构阶段，不同情境和认知构架的组合对企业创新能力重构的作用，识别因果条件。首先，识别企业的创新能力重构事件及其发生的时间点。结合事件产生的效率性绩效结果，判断事件的有效性。其次，识别创新能力重构事件时机选择和惯性突破的过程因素。最后，对比各企业创新能力重构阶段，识别不同情境和认知构架组合对企业创新能力重构时机和惯性突破的作用。

17

2.1.2 研究内容二：认知构架激活、企业创新能力重构对高质量创新效率影响作用的实证研究

企业难以均衡"柔性—效率"矛盾，是创新能力重构成为危险的"生死一跃"的原因。在研究内容一识别了创新能力如何异变（how）之后，研究内容二实证分析促发创新能力有效异变的认知构架特征（what）及激活情境因素（when）。首先，针对研究缺口二（创新能力重构幅度对企业高质量创新效率作用的争论），本研究首先验证创新能力重构幅度对企业高质量创新效率的影响作用。其次，针对研究缺口三和缺口四（认知构架特征及激活情境对创新能力重构时机和惯性突破幅度选择决策的争论），本研究验证认知构架对创新能力重构和企业高质量创新效率关系的调节作用，以及破产距离在此过程中的调节。

2.1.3 研究内容三：在不同激活情境下，调节认知构架特征程度促进创新能力重构有效性跃迁的途径——基于系统动力学的理论建模和仿真研究

研究内容二发现认知构架及其激活情境对创新能力重构有效性的作用，但仍缺乏操作意义上的"度"的把握，即途径研究。针对研究缺口五（缺乏调节认知构架复杂度和聚焦度，促进企业创新能力重构有效性提升的研究），本研究围绕子问题三"应该将认知构架复杂度和聚焦度调节至何种区间，以促进企业创新能力重构？"展开研究。基于系统动力学方法，构建搜寻知识到创造知识的系统动力学模型，通过量化认知构架、激活情境、创新能力重构时机、创新能力重构幅度和高质量创新效率之间的关系，通过长期和短期分析，揭示不同破产距离情境下，通过认知构架推动"柔性—效率"均衡型创新能力重构的途径，确定认知构架复杂度和聚焦度的区间。研究内容之间的逻辑关系如图 2-1 所示。

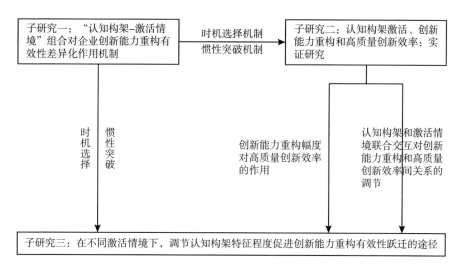

图 2 - 1　子研究之间的逻辑关系

2.2　研 究 目 标

　　第一，基于案例研究方法，深入比较在不同的"情境－认知构架"组合"如何"造成企业创新能力重构时机选择和惯性突破机制的差异，识别企业创新能力重构这一能力演进过程中转折环节发生的多样化驱动路径，填补动态能力和能力重构领域的研究缺口。

　　第二，基于前景理论、信息加工理论和社会分类理论，验证环境和认知构架联合交互调节下的创新能力重构幅度和高质量创新效率之间的关系，这将揭示创新能力异变对高质量创新效率的作用及边界激活条件，识别"何种"认知构架特征的积极面在"何时"被激活。这将基于前景理论平息信息加工理论和社会分类理论之间的争论。

　　第三，基于系统动力学研究方法，通过识别在不同激活情境下，引发创新能力重构有效性跃迁的认知因素——认知构架的复杂度和聚焦度的取值范围，指导企业明晰和构建在不同危机情境下有利于创新能力重构有效性跃迁的"程度合宜"决策认知构架特征。

2.3 拟解决的关键科学问题

沿着"认知架构激活→企业创新能力重构时机选择和惯性突破机制→高质量创新效率提升"的主导逻辑，本研究拟解决的关键科学问题是："柔性—效率"均衡导向下，在不同激活情境中，企业如何通过调节认知构架的复杂度和聚焦度，促进创新能力时机选择和惯性突破，以实现创新能力重构有效性跃迁？具体而言，拟解决三个关键科学子问题。

子问题一：对创新能力重构时机和惯性突破机制作深入刻画。"柔性—效率"相均衡的企业创新能力重构过程如何？异变时机选择和惯性突破如何受"激活情境－认知构架"组合类型的差异化影响？

子问题二：企业创新能力重构幅度和高质量创新效率呈何关系？财务危机情境是否能激活复杂认知构架在异变时机和惯性突破幅度选择的积极作用？

子问题三：为促进创新能力重构有效性的跃迁，认知构架的复杂度和聚焦度的最合适的"度"分布在何区间内？

2.4 研 究 方 法

本研究根据研究内容选择与之相适应的研究方法。创新领域的研究具有复杂性和跨学科的性质。因此，本研究将综合运用跨学科多类知识，对创新能力重构机制和驱动途径展开研究，以实现定性和定量结合，实证和理论推导结合、动态和静态结合、横向和纵向结合。为了实现和研究问题的匹配，本研究围绕"柔性—效率"均衡导向下，在不同激活情境中，企业如何通过调节认知构架特征，促进创新能力时机选择和惯性突破，以实现创新能力异变对高质量创新效率作用效果的跃迁这一问题，遵循"文献阅读与案例研究，提出命题，形成假设，搜集数据，假设检验，动态仿真模拟，形成结论"的思路进行研究。主要包括如下几类研究方法。

2.4.1　文献研究与理论分析

在搜集创新质量提升导向下企业创新能力重构相关文献基础上，本研究将在研究目标的引导下，系统、深入地总结前人研究成果，此过程中，采用文献研究和理论分析相结合的方法，分析企业创新能力重构的前因、结果、过程机理，系统搜寻、评述相关文献，找出研究基础和缺口。在此基础上，构建研究模型，为后续研究提供基础。

2.4.2　案例研究

在研究内容一中，本研究采用案例实证研究方法。案例实证研究可为本研究的构思和命题提供企业实际素材。本研究将采用理论构建式的多案例纵向研究方法，提出理论模型构建和相关命题。选择该方法的原因为：一是本研究要回答的是"如何"的问题；二是现有文献尚未详细解答我们提出的研究问题；三是多案例纵向研究方法比单案例研究具更强的普适性（Yin，2003）。为增强信效度，本研究重点考虑案例样本选取、数据搜集和资料编码分析三因素。本研究中的案例研究方法，是为了深入刻画创新能力重构时机选择和惯性突破机制。

（1）案例样本选取。为了兼顾案例典型性、数据可获得性和研究便利性，选研究样本。一是案例典型性（Eisenhardt，1989）。研究内容一关注企业创新能力重构机制，故所选企业应已具一定能力基础，且发生过创新能力重构。所选企业满足这一条件，可为案例研究提供较好的观察点。二是纵向数据可获得性（Yan & Gray，1994）。所选公司领导层较稳定，可保证变量数据的可获得性。三是研究便利性（Yan & Gray，1994）。课题组成员与所选公司具有直接和间接联系，有利于经常实地调研。

（2）数据搜集。使用多种数据来源使研究者能"三角验证"不同证据，避免共同方法偏差，提高信效度（Yin，2003）。因访谈不涉及敏感话题，故印象管理和回溯性释义带来的误差较小（Eisenhardt & Graebner，2007），故本研究以人员访谈为主，并辅以文献资料、档案记录、实物证据这三种来源公共数据来印证。访谈对象选为企业董事会成员、子公司总经理、产品线负责人。为确保良好效果，访谈将采用半结构化形式进行，访谈结束后研究者将通过电话或再次会面等形式，与相关人员进行再沟通，补充不足信息，并在访谈结束后的 24 小时内，作访谈记录整理。除此以外，研究者还将仔细解读企业的宣传手册、互联网公开信息、CSR 报告、社会议题管理档案等资料，以获得全面的数据支撑。

（3）资料编码分析。本研究采用分析性归纳（analytic induction）方法分析案例资料，对资料进行逐级编码。首先，将结合共演研究文献（Rodrigues & Child，2008）和核心能力研究文献（Meyer & Utterback，1995）的方式，根据创新能力重构这一显著的转折点和关键事件，将公司阶段进行划分。接着，从公司历史找出"企业创新能力重构过程中时机选择和惯性突破是如何发生的"这个问题的答案。这一过程中，课题组将就各种来源的证据作了交叉验证，并不断利用图表来促进分析（Meyer & Utterback，1995）。本研究拟通过跟踪企业核心产品演变及对应的创新能力发展，通过数据收集、数据分析和概念化之间的不断交叠（Eisenhardt & Graebner，2007），使关键构思及其相互关系逐渐浮现出来，直到理论达到一个满意的饱和程度。

2.4.3　数理实证研究

研究内容二采用数理实证研究方法，研究创新能力重构对高质量创新效率的影响作用，以及认知构架和财务危机等因素的调节作用。

样本选取。本研究选取问卷发放和上市公司二手数据收集的方式，获取选择过的创新型企业和上市企业作为研究样本。原因如下：第一，上市公司需要披露更为详细、准确和符合国际标准的研发与财务数据（Li & Liang，2015）。第二，高新技术企业样本符合本研究的研究主题。快速变化的能力价值评价准绳和高度的生存压力常常引发这类企业制定风险决策时的有限理性（Shimizu，2007）。第三，国家认定高新技术企业时，是基于研发投入强度、知识产权水平等指标进行删选的，这类企业样本主要分布于生物医药、电子信息等几大行业，有助于克服专利分析过程中因样本异化导致的选择偏误（张亚峰等，2018；杜丹丽、曾小春，2017；徐玲玲，2018）。此外，研究区间选择依据如下。第一，保证关键变量数据的准确性和可获得性。2008年 12 月由国家税务总局发布的《企业研究开发费用税前扣除管理办法》对企业研发费用计税方式作了明确规定，使更多上市公司在年报中披露研发投入信息。第二，研究时间区间与我国经济转型时期相符，可观测到更多企业研发波动等创新战略转型行为。研究所用数据主要来自国泰安数据库、Wind 数据库、巨潮资讯网、国家知识产权局数据库，并结合样本企业网站对企业年报等数据作了补充和验证。为避免信息披露不真实的影响，本研究剔除破产或倒闭的企业，保证样本研发投入数据连续可得，并剔除其他数据缺失或不全的企业。

2.4.4　动态仿真：系统动力学方法

企业创新能力重构系统是一个非线性的动态反馈系统。而系统动力学方法是描述和理解此类复杂非线性系统的基本工具（Sterman，2002），可以为企业创新能力演化系统提供政策实验室，通过调节系统环境参数预测某种政策在各种条件下的反应，从而为决策者认识系统行为、作出科学决策（Rahmandad & Repenning，2015；王超、穆东，2012）。因此，系统动力学可以有效模拟此系统，使本研究具有可行性。故本研究在文献、定性和定量研究的基础上，在研究内容三中，构建系统动力学模型，从动态角度探索创新能力重构有效性的跃迁途径，识别"柔性—效率"均衡导向下企业创新能力重构有效性跃迁所需的认知构架复杂度和聚焦度的区间及激活情境。所用软件为 Vensim PLE 6.0。首先，模型类型选择。本研究构建的 SD 模型为二阶模型（second order models），即根据相关理论基础，整合或重构不同理论之间的缝隙，构建并模拟抽象的理论模型，以实现构建新理论的目的（Sastry，1997）。该模型可保证理论建模和系统仿真的内部效度（Lomi &

Larsen，2001）。然后，建立子系统。"柔性—效率"均衡导向下企业创新能力重构系统存在多个复杂的动态子系统，并且影响其异变形态的因素可构成因果回路关系，因此基于知识管理理论和能力演化理论的整合，本模型将呈现出认知构架、激活情境、企业创新能力重构时机有效选择、企业创新能力惯性有效突破的演化过程。模型拟包含互动的动态子系统，它们之间相互作用和影响，形成一个有机总体。基于模型总体结构设计，本研究利用 Vensim PLE 6.0 软件进行存量和流量图绘制。然后，本研究拟按照子系统的设置，呈现各子系统的内部结构，包括模型的主要参数和仿真方程。其中仿真方程是根据相关理论基础和研究结果以编制各变量之间的关系。本研究通过构建 SD 模型，将认知构架、激活情境、企业创新能力重构时机有效选择、企业创新能力惯性有效突破纳入同一系统中。最后，通过输入主要参数和仿真方程，作仿真模拟，通过短期分析和长期分析，可发现"柔性—效率"均衡导向下的企业创新能力重构时机选择机制和惯性突破机制，以及促进该异变有效性跃迁的途径（认知构架复杂度和聚焦度的区间及激活情境）。同时，为了进行模型验证和校准，本研究将和企业实际数据结合，以实际数据检验模型预测走势的准确性。

2.5　技术路线

　　遵循"问题提出、问题分析和问题解决"的思路，本研究先将现实问题分析和文献分析结合起来找出待解决的科学问题；先通过探索性案例研究，基于扎根理论分析"柔性—效率"均衡导向下企业创新能力重构时机选择和惯性突破机制，再基于数理实证研究方法分析创新能力重构与高质量创新效率的非线性关系，以及认知构架特征及其激活情境对这一关系的调节作用，最后通过系统动力学模型，调节认知构架复杂度和聚焦度的区间，以揭示不同激活情境下"柔性—效率"均衡导向下企业创新能力重构有效性跃迁的途径。

第3章　企业创新能力重构的二元机理[*]

3.1　问题的提出

转型升级背景下的中国，转变经济发展方式的核心是增强自主创新。然而需要回答的焦点问题是：对停留在仿造战略的企业，如何实现战略转型，克服路径依赖，实现能力重构？

现有理论不能回答这一问题。基于知识观，学界提出了创新能力的概念：企业搜寻、识别、获得外部新知识，或发现已有知识的新组合，或发现知识的新应用，进而产生能创造市场价值的内生性的新知识所需的一系列战略、组织、技术、市场的能力（Szeto，2000；Dutta et al.，2005；Crossman & Mapaydin，2010；Forsman，2011）。不同技术创新战略需要不同构成的创新能力。在转型升级背景下，本研究中战略转型指的是企业创新能力的培育目标的转变过程。

但演化经济学和能力理论都强调能力具有一定的稳定性和惰性，并倾向于随时间的推移"传输"其特性（Nelson & Winter，1982；Barton，1992）。

　　* 本章内容已由本书作者发表于《科研管理》2014 年第 2 期上，转摘于《新华文摘》2014 年第 10 期，获 2014 年度中国商业联合会科学技术奖三等奖。战略转型背景下企业创新能力重构的二元机理：信雅达 1996 – 2012 年纵向案例研究［J］. 科研管理，2014，35（2）：1 – 9.（一作，1/2）

这需要动态能力来克服能力刚性（Teece et al.，1997）。动态能力观虽提供了能力发展的逻辑，但解释的是企业是否适应变化的环境，尚未反映出能力的动态重构过程（Barreto，2010；Wang，2007）。基于演化理论，能力重构是"变异→选择→保留与传衍"的过程（Cyert & March，1963；Andrews，1971；Hannan & Freeman，1984），解释的是能力结构的质变，弥补了动态能力研究的缺憾（Lavie，2006）。创新战略转型需要创新能力重构。演化理论的文献虽提出了能力重构，但机理尚不清晰。本研究目标即明晰战略转型过程中，通过变异产生的新能力的形成机理。

组织学习理论为本研究目标的实现提供了一定的理论支持。据目标的不同，存在两类、三层次的学习：能力破坏型学习（战略性学习）和能力增强型学习（能力学习及惯例化学习）（Andreu & Ciborra，1996；毛武兴等，2004）。其一，战略性学习是能力破坏型学习，追求动态效率，表现为持续监控能力与内外环境之间的关系，确定创新能力重构的正确方向，以快速响应环境变化的过程。其二，能力学习和惯例化学习是能力增强型学习，追求静态效率。惯例化学习表现为将个人工作实践抽象、重复，并形成惯例的过程。能力学习是连接战略性学习与惯例化学习的中间环节，表现为在对已有惯例内蕴含知识的有效激活、合成和复用的过程，以提高团队内的能力和促进团队间能力的扩散。现对创新能力重构中组织学习机理的研究存在两点局限（Henk & Volberda，2010）。其一，能力破坏型学习和能力增强型学习间是权衡还是二元的关系尚有争论（Karim S，Mitchell，2000；Karim，2006；Karim & Williams，2012），且对创新能力重构的作用机理不明（Henk & Volberda，2010）。二元关系意味着矛盾双方同时存在，权衡关系则意味着矛盾双方是此消彼长的关系。其二，在现有文献中，能力增强型学习（能力学习和惯例化学习）已被深入研究，但能力破坏型学习（战略性学习）却鲜被论及（赵晓庆，2011）。但实际上，由于战略转型背景下能力破坏型学习的有效执行与否决定了企业能否从技术引进过程中培育出高水平的原创能力，故对其研究的不足阻碍了各界对发展中国家企业组织学习机理的理解。

针对实际问题和理论问题的交集，本研究提出研究问题：战略转型背景下我国企业创新能力重构过程中是否存在能力增强型和能力破坏型学习并存的二元关系？若有，其机理是什么？分析思路为：选择一家由于战略转型，实现创新能力重构后的企业，观察其在变异产生新能力的过程中遇到的关键问题及其解决方法，进而揭示出能力重构过程中能力破坏型学习和能力增强型学习之间的关系及作用机理。

3.2　研究框架与方法

3.2.1　研究框架和分析思路

基于上文分析，本研究分析框架如图 3 − 1 所示。由于管理研究是"过去时"式的研究，本研究将采取"倒推"的逻辑，先根据企业创新战略转型的时间节点划分阶段（Yin，2003），再梳理各阶段企业创新能力重构情况，并在此基础上，分析不同阶段创新能力重构的机理。

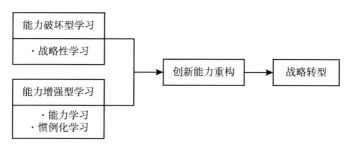

图 3 − 1　研究框架

3.2.2　方法选择和案例选择

首先，本研究采用理论构建式单案例研究，原因为：一是现有文献无法揭示我们提出的研究问题；二是本研究要回答"如何"的问题；三是相比于多案例研究，单案例研究更适用于研究有代表性的典型案例，保证案例研究的深度，加深对同类事件的理解（Yin，2003）。

其次，本研究为了兼顾案例典型性、数据可获得性和研究便利性，选择软件企业信雅达为研究样本。第一，案例典型性（Yan & Gray，1991）。本研究关注企业创新能力重构，故所选企业应已具一定能力基础。信雅达成立于 1996 年，是国内高技术软件企业，积累了一定的创新能力，为本研究提供了较好的观察点。第二，纵向数据可获得性（Yan & Gray，1991）。16 年来公司领导层稳定，可保证变量数据的可获得性。第三，研究便利性（Yan & Gray，1991）。研究组成员与信雅达同在一个地区，且双方关系良好，有利于经常实地调研。

3.2.3　数据收集和构思测度

使用多来源数据使研究者能"三角验证"不同证据，提高信度和效度（Yin，2003）。一是深度访谈：从 2008 年 11 月开始，笔者通过为期九个多月的蹲点调研的方式来跟踪和回顾企业 16 年创新的全过程，进行深入、分层次、跨部门的面对面企业人员访谈；二是问卷发放：向各层次管理者发放问卷，了解企业创新能力各阶段变化情况；三是文献资料：通过 CNKI、CNIPR 专利数据库和公司年报等检索相关文献、专利和财务数据。在研究过程中，保持与一些关键访谈对象的交流互动和验证（Yan & Gray，1991），以求数据真实。

在构思测度上，本研究调和两个原则［保持相对松散的概念类别（Laamanen & Wallin，2009），及有利于知识积累］之间的矛盾，在数据和文献不断比较的基础上确定了变量的衡量方式（Ozcan & Eisenhardt，2009；Eisenhardt & Martin，2000），如表 3 - 1 所示。

表 3 - 1　　　　　　　　　　相关构思的内涵和测度

构思	维度	测量关键词表
企业创新能力	战略制定和变革过程中的战略柔性	对环境变化作出快速的战略反应，发现外部新知识作为未来方向，发现已有知识的新组合作为未来发展方向，发现已有知识的新应用以更新已有方向

构思	维度	测量关键词表
企业创新能力	组织设计过程中的组织柔性	识别获取内、外部资源链的能力
	技术吸收、集成和研发能力	学习外部技术知识，集成多来源技术知识，内部研发技术知识
	市场营销能力	将技术知识应用于市场，满足客户需求
组织学习	战略性学习	识别技术创新能力重构的正确方向
	能力学习	将蕴含于组织惯例内的知识抽象为能力，并复用于别的产品线
	惯例化学习	将工作实践抽象、重复，形成惯例
技术创新战略	二次创新战略	获得外部新知识，发现新应用，并创造价值
	集成创新战略	发现已有知识的新组合，并创造价值
	原始创新战略	产生内生性的新知识，并创造价值

3.3　信雅达案例分析

信雅达核心产品线发展如图 3 - 2 所示。

随技术创新战略转型的创新能力重构过程如表 3 - 2 所示。本研究根据发展阶段定时点，请产品线负责人填写了问卷，直观显示出战略转型过程中企业创新能力构成的变化（见图 3 - 3）。接着，本研究借鉴前人研究，将各指标值进行加权平均，结合访谈情况，绘出了创新能力重构轨迹，如图 3 - 4 所示。可看出，各阶段的企业创新能力的斜率代表了其能力提升的速度。显然，二次创新战略阶段的能力提升速度小于原始创新战略阶段的能力提升速度，而集成创新战略阶段的能力提升速度小于原始创新战略阶段的能力提升速度。也就是说，虽然信雅达的创新能力在不断重构，但提升速度逐步放缓。

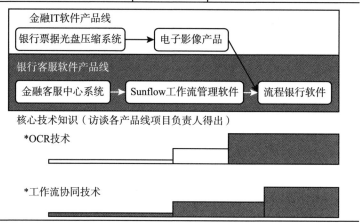

图3-2 信雅达产品族的演化及核心技术知识的发展

注：□表示该技术知识嵌入于金融软件产品线；■表示该技术知识嵌入于银行客服软件产品线。

表3-2 信雅达创新能力重构过程

技术创新战略		二次创新战略	原始创新战略	集成创新战略
能力重构机理		能力替代机理	能力进化机理	能力转变机理
组织学习和创新能力积累	搜寻	外部边界扩展搜寻，发现外部新知识；发现已有知识及新应用的能力	本地搜寻，发现产品线内知识的能力	内部边界拓展搜寻，发现跨产品线的新知识
	选择	识别外部新知识作为未来方向的能力	对市场、技术变化趋势作出快速的战略反应和转变，识别更新已有知识方向的能力	发现已有知识的新组合作为未来发展方向，对市场、技术变化趋势作出快速的战略反应和转变的能力
	获取	识别获取内、外知识的资源链的能力	识别获取内部知识的资源链的能力	识别获取内部知识的资源链的能力
	消化吸收	学习新技术知识的能力		学习新技术知识的能力

续表

技术创新战略		二次创新战略	原始创新战略	集成创新战略
能力重构机理		能力替代机理	能力进化机理	能力转变机理
组织学习和创新能力积累	集成			将学来的技术知识和已有技术知识集成的能力
	创造		研发技术知识的能力	
	应用	将学到的技术知识应用于新产品，满足市场需求	将研发的技术知识应用于新产品，满足市场需求	将产生的技术知识应用于新产品，满足市场需求
新产生的核心知识		无	OCR 电子成像技术、工作流协同技术	工作流协同技术

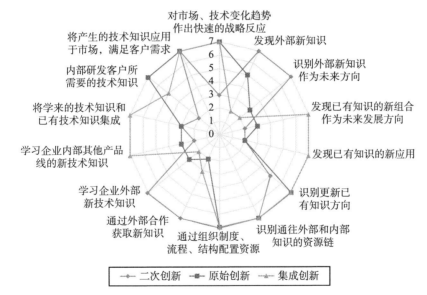

图 3 – 3　信雅达创新能力重构（问卷数据）

本研究通过分析变异新产生能力的形成过程中遇到的关键问题及解决方法，揭示创新能力重构机理。由表 3 - 2 的列进行依次相减，得到表 3 - 3，即能力重构过程中的变异能力。

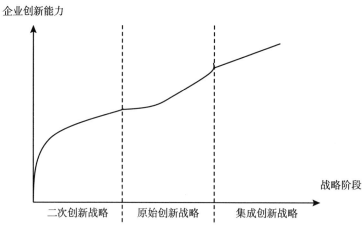

图 3 − 4   信雅达创新能力重构轨迹

表 3 − 3   能力重构过程中变异能力的产生及难点

变异能力及难点		从二次创新战略转向原始 创新战略：能力进化	从原始创新战略转向 集成创新战略：能力转变
搜寻	变异产生的能力		发现跨产品线的新知识
	难点		路径依赖，在企业范围内达成共识
	解决方案		自上而下的战略性学习
选择	变异产生的能力	对环境变化作出快速的反应，识别更新已有知识方向的能力	发现已有知识的新组合作为未来发展方向
	难点	路径依赖，技术变化预测困难	路径依赖，明晰市场需求
	解决方案	复杂的战略构想导致战略柔性，高效率的团队沟通	复杂战略构想导致战略柔性
集成	变异产生的能力		将多来源技术知识集成的能力
	难点		粘滞知识和隐性知识难以获取、消化吸收、集成的问题
	解决方案		产品线内和产品线间的知识显性化（知识库）和共享

续表

变异能力及难点		从二次创新战略转向原始 创新战略：能力进化	从原始创新战略转向 集成创新战略：能力转变
创造	变异产生的能力	研发客户所需的技术知识 的能力	
	难点	缺乏有创意的人才	
	解决方案	招聘、激励	

3.3.1 从二次创新战略转向原始创新战略：能力进化过程机理

信雅达的电子影像产品线和 Sunflow 工作流软件产品线，经历了从二次创新战略向原始创新战略的转型。所形成的新能力是"识别更新已有知识方向的能力"和"研发客户所需的技术知识的能力"。

（1）战略性学习：自上而下的能力重构机理

信雅达通过战略性学习敏锐识别了客户需求和自身知识基础之间的知识缺口，确定了能力重构的方向。2002 年后 OCR 技术的替代性和累积性大大提高，环境的动态性增强了。信雅达敏锐意识到这点，并采取了行动，从二次创新战略转向原始创新战略，实施能力进化的重构方式。电子影像产品经理王勇："我们先进行内部搜寻，发现虽在电子成像方面积累了一定的技术知识，但还不足以满足银行客户改进流程中的需求，于是开始外部搜寻，发现了金融行业外的 OCR 技术。但该技术只是尚未引入金融业的一个概念，且无公开代码，故只能对其进行自主研发，培育创造能力。"在这个过程中，信雅达内部关于"创新战略转型与否，创新能力重构与否"这一问题一直进行着持续的讨论，其复杂的战略构想为克服传统技术的路径依赖，以及提升企业战略柔性起到了关键作用。魏总："董事会决策时有着不同的声音，我始终主张作为软件企业，我们一定要有自己的核心技术。董事会展开了争论，真理是越辩越明的。"

（2）能力学习与惯例化学习：自下而上的能力重构机理

信雅达通过惯例化学习和能力学习从工作实践中抽象出共性并提高能力

构建的静态效率，形成个人能力，并促进其向团队层和企业层扩散。

首先，信雅达通过惯例化学习将工作实践抽象、重复，并形成惯例。具体而言，一是通过激励机制促进创意产生行为惯例化。Sunflow 工作流软件产品经理陈铭："我们通过激励制度激发创意，每年会收集在产品性能上的建议，再通过例会通过量化指标客观评价员工创意的可行性，激发创意。"二是通过设计技术导向组织结构，使研发行为惯例化。三是董事会定期例会使得识别已有知识更新方向行为惯例化。

其次，信雅达通过能力学习将蕴含于组织惯例内的知识抽象为共性的能力，并复用于别的产品线，实现企业层次能力的积累。一是产品研发小组通过团队内部和团队之间的例会制度促进知识共享，实现个人的"研发客户所需的技术知识的能力"在团队内部乃至企业内部扩散。二是定期举行各层管理者例会，通过集体学习的方式提高各层次管理者的悟性和智慧，使高层管理者的"识别已有知识更新方向的能力"在各层管理者中扩散。

3.3.2 从原始创新战略转向集成创新战略：能力转变过程机理

信雅达从原始创新战略转向集成创新战略，新形成的能力是"发现已有知识的新组合作为未来发展方向的能力"，以及"将多来源技术知识集成的能力"。

（1）战略性学习：自上而下的能力重构机理

有着复杂战略构想的信雅达通过战略性学习，全面感知到了市场需求变化，从原始创新战略转向集成创新战略，实施能力转变的重构方式。流程银行产品经理姚辉："2007 年由于流程银行涉及较大改动，故银行做主导，我们进行配合，在工作中构建集成能力。银行领导更关注流程银行的蓝图，我们会请像 IBM 或者埃森哲之类的咨询公司进行战略规划。这一过程中，我们在各方干预下决定将两个基础产品线（电子影像和 Sunflow 工作流产品线）中的一些人抽出来集成为新的应用型产品线，并加强双方的沟通配合。"

（2）能力学习与惯例化学习：自下而上的能力重构机理

母公司负责流程银行产品的研发，有意识地通过能力学习与惯例化学习把工作实践升华到能力层次，保证能力可以复制到不同产品线中去，从团队层面上升到企业层面。

首先，信雅达通过惯例化学习将工作实践抽象、重复，并形成惯例。一是通过产品线内外的知识显性化和共享，解决了粘滞知识和隐性知识难以获取、消化吸收、集成的问题，形成集成多来源技术知识的惯例。流程银行产品经理姚辉指出，对一般隐性技术知识，会将其文档化以显性化，以方便知识共享，促进工作惯例的学习；对转化成本较高的技术知识，在遇到问题时会将其反推给电子影像和工作流这两个基础产品线，让他们帮助解决。二是董事会、咨询公司以及客户之间通过定期的沟通，发现在当前形势下，组合已有知识作为未来发展方向是一个正确决定，因此通过不断的会面讨论使此行为惯例化。

其次，信雅达进行能力学习，将蕴含于组织惯例内的知识抽象为共性的能力，并复用于别的产品线，实现企业层次能力的积累。通过例会制度，客户需求、新机会、不同产品线的技术等粘滞的知识在市场营销部门、技术研发部门和战略规划部门间得到共享，从而有利于其在技术研发和战略转向中实现应用。信雅达"发现已有知识的新组合作为未来发展方向的能力"和"将多来源技术知识集成的能力"也因此而得到了积累和巩固。

总之，企业创新能力重构是一个问题解决的双环学习过程。包括两条主线。一是自上而下的战略性学习：从企业家团队的战略构想到技术创新战略转型，进而决定企业创新能力重构方向。二是自下而上的能力学习和惯例化学习：（1）通过惯例化学习从工作实践中抽象为惯例；（2）通过能力学习对已有组织惯例内蕴含知识的有效激活、合成和复用，以实现个人能力向团队能力乃至企业能力的扩散。如图3-5所示。

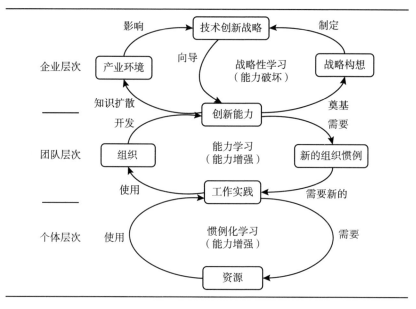

图 3-5　战略转型背景下，信雅达创新能力重构的二元机理

3.4　主要研究结论

3.4.1　主要结论

本研究通过对软件企业信雅达的探索性纵向案例研究，发现了战略转型背景下企业创新能力重构过程中的"破坏-增强"二元机理。企业创新能力重构是知识重构过程，是自上而下和自下而上两条信息流的动态融合。

一是创新能力重构过程中存在自上而下的能力破坏机理。当环境发生变化时，有着复杂战略构想的企业通过战略性学习感知到环境中的新机会，进而自上而下地引发创新能力作主动有意识的变异，确定了创新能力的重构的方向。接着，组织跟随战略进行变革，公司的创新能力作主动有意识的变异，技术知识得以获取、重新组合和创造。

二是创新能力重构过程存在自下而上的能力增强机理。在日常工作中通过惯例化学习形成惯例，再通过能力学习将惯例中蕴含的知识抽象为能力，并通过复用，实现能力从个人层面向企业层面的扩散，实现自下而上的能力变异和积累。

3.4.2　理论贡献和实际意义

首先，本研究对动态能力观、能力重构领域和组织学习领域有一定理论贡献。针对现有动态能力文献不能反映出能力的动态演化过程（Tushman & Anderson，1986），能力重构研究未分析其内部机理，企业创新能力演化过程中组织学习机理不明（Henk & Volberda，2010），且存在"能力增强"和"能力破坏"关系争论（Karim & Williams，2012）的问题，本研究响应了列维（2006）和卡瑞姆和威廉姆斯（Karim & Williams，2012）的号召，通过纵向案例研究，将能力破坏型的战略性学习和能力增强型的能力学习、惯例化学习结合起来，不仅发现了创新能力重构过程中能力破坏型和能力增强型学习间的二元关系，且深化了其匹配均衡的二元机理。

其次，本研究结论从另一个侧面得到了和《中长期发展纲要》中提到的"能力应从消化吸收再创新能力向集成创新能力再向原始创新能力演进"相同的发现。在本研究案例中，当企业技术创新能力沿"吸收→原创→集成"重构时，提升速度由高到低。因此，从能力演进的角度出发，若沿"消化吸收再创新→集成创新→原始创新"路径演进，提升速度会增加，是一条最优路径。

再次，本研究对处于战略转型，实现上述最优路径的企业创新活动具有实际意义。企业创新能力重构过程中存在能力破坏和能力增强二者同时存在，且是矛盾双方对立统一的二元关系。在实践中，只依靠其中一个视角（能力增强或能力破坏）会产生冲突的预测（Carroll et al.，1996）。因此，企业需有意识地在个人、团队和组织层面同时加强能力破坏型的战略性学习和能力增强型的能力学习和惯例化学习。具体而言，需通过频繁的产品线内例会促进惯例养成，通过跨产品线例会促进能力复制，通过保持企业家团队的异质性来维持复杂的战略构想，在动态环境中不断发现新的机会和能力重构的方向。

3.5　不足和未来方向

由于案例研究方法本身存在概化效度不足的局限，下一步将通过系统动力学仿真和统计方法结合的方式，对其作进一步研究。

第4章　企业创新能力测量与比较评价研究*
——基于"柔性—效率"均衡视角

4.1　问题的提出

经济转型中的中国，中小型制造企业创新能力亟需提升。解决这一问题的前提是明确转型经济情境下中小型制造企业创新能力内涵、构成、测量体系和构建现状。这一领域研究具有一定基础，但也有不足。政府和市场关系逐渐转变带来的动态环境是转型经济情境的一大特征，而动态环境下"柔性"和"效率"这对矛盾一直是战略和创新领域的研究热点（Eisenhardt et al.，2010；Brown & Eisenhardt，1997；Tushman，1996）。越来越多的学者认为，在动态环境下，企业创新需兼顾"柔性"和"效率"（Eisenhardt et al.，2010；Cantarello et al.，2014；Turner et al.，2013）。由于制造企业创新显著异于服务企业的特性，均衡"柔性"和"效率"更加重要（Driessen & Ende，2014）。这种均衡本质上并非行为，而是能力（Cantarello et al.，2014；Turner et al.，2013）。能力是隐性的，和企业内部经验紧密相

---

　　* 本章内容已由本书作者发表于《管理工程学报》2016年第3期上。转型经济情境下中小型制造企业创新能力测量与比较评价研究：基于"柔性—效率"均衡视角［J］. 管理工程学报，2016，30（3）：1–8.（一作，1/2）

关（Guan & Ma，2003）。基于知识观和"柔性—效率"均衡视角，学界提出企业创新能力的内涵：企业搜寻、选择和获取外部新知识，或发现已有知识的新组合和新应用，进而产生能创造市场价值的内生性新知识的能力（陈力田、吴志岩，2014；陈力田，2012；Forsman，2011）。这一能力内涵涵盖了战略、组织、技术和市场等多方面，体现了促进柔性和促进效率的两类互补性资产的重要性。研究显示，多种互补性资产间的交互和协同是促进中国企业竞争能力的主要因素（Guan & Ma，2003）。促进"柔性"和"效率"的细分能力是创新能力结构中的互补性资产，具有均衡"柔性"和"效率"的创新能力的企业，一方面能根据环境需要灵活调整创新方向，搜寻和选择合适的知识源，具有"柔性"；另一方面能在确定创新方向后高效率地完成内化、集成和创造知识的创新活动，具有"效率"（Cantarello et al.，2014）。但现有企业创新能力的测量和评价研究仍存在以下缺口。

第一，现有研究多从投入产出效率角度来测量创新能力，缺乏"柔性"和"效率"的均衡视角（Lin et al.，2013）。表现在两方面。一是前人研究多基于静态的资源禀赋视角（Sidhu et al.，2007；Smith & Tushman，2005；Uotila et al.，2009），对企业重构资源组合的能力关注较少（Wei et al.，2014）。在这一视角引发下，创新能力往往用技术创新的投入产出"效率"来进行测量，鲜有兼顾"柔性"和"效率"的创新能力研究（Wang et al.，2008；邵云飞、唐小我，2005）；二是在"柔性和效率如何均衡"这一问题上，现有研究仍存在概念上的混淆（Cao et al.，2009；He & Wong，2004；Atuahene - Gima & Murray，2007）。有些研究认为"柔性"和"效率"的均衡指的是"柔性"和"效率"都很重要（Cao et al.，2009；He & Wong，2004），而有的研究认为"柔性"和"效率"的均衡指的是高（低）柔性要和低（高）效率配合（Atuahene - Gima & Murray，2007；Benner & Tush-man，2003；Nerkar，2003）。为调节这一争论，有必要将战略柔性、组织柔性的概念引入创新能力领域，对企业动态重构资源组合作研究，拓展现有文献秉承的静态资源禀赋假设，为企业创新能力构建提供更具柔性的维度（Wei et al.，2014）。柔性视角和效率视角分别提供了对创新能力构成提供了不同、互补但彼此缺乏连接的观点。它们之间的矛盾贯穿于企业创新能力研究领域。将柔性视角和效率视角结合起来，研究企业创新能力构成和测量，有助于均衡"柔性—效率"这对二元关系，更全面深入地测量创新能力。

第二，现有创新能力测量研究在指标权重设置时多使用主观赋值，人为影响过大（李长青等，2014；吴延兵，2014）。

第三，不同年龄、性质和行业类型的企业之间创新能力的比较研究较少，且已有研究存在争论。首先，已有文献多侧重创新能力的前因结果研究，缺乏创新能力在具有不同特征的样本内部的差异性比较研究（Guan et al.，2006）。其次，已有比较研究存在争论，争论的本质集中在资源基础和创新能力之间的关系。创新需要资源基础，国企、成立时间较长和高技术企业，在资源基础上会比民企、成立时间较短和非高技术企业更具优势（Henderson & Clark，1990；林春培，2012）。但创新所需的灵活性则不一定和资源基础成正比（Barton，1992）。现有研究在构建并测量创新能力时往往秉承单一的柔性或效率视角，造成互相矛盾的结果（McCarthy & Gordon，2011）。因此，基于"柔性—效率"均衡视角，将有助于调节这些争论，连接彼此矛盾的结论，提高本领域研究的自洽性。

基于实际问题和理论问题的交集，本研究基于"柔性—效率"均衡视角，结合转型经济情境下中小型制造企业创新的特点，本研究在前人研究的基础上进行了量表整合，将企业创新能力分解为战略柔性、组织柔性和技术创新能力。然后，于浙江省、福建省、江苏省共搜集了 260 份中小型制造企业有效问卷，作了信度和效度分析。然后，基于主成分分析方法设置权重，得出企业创新能力的测量模型。最后，针对样本特征（企业年龄、企业性质、行业类型），采用单因素方差分析法，对 260 家中小型制造企业创新能力作比较评价，揭示了转型经济情境下中小型制造企业创新能力构建现状，从而为后续理论研究提供了切入点。

4.2　企业创新能力内涵和结构

4.2.1　转型经济情境的中小型制造企业创新的特征

首先，转型经济情境的一大特征是快速变化又具有大量机会的动态环境，需要制造企业具有均衡柔性和效率的创新能力（陈力田、吴志岩，2014）。转型经济情境的特征包括以下四点：①政府和市场关系转变带来的新市场需求；②科技发展带来的新技术机会和竞争；③社会发展带来的人的观念和需求的变化；④经济转型的政策带来的制度压力和机会（陈力田，2012）。因此，在该情境下，企业产品生命周期显著缩短，企业需要明晰更好地适应快速变化的环境的创新能力结构（Wei et al.，2014；Sheng et al.，2011；Li et al.，2010），均衡柔性和效率（Jansen et al.，2009；Simsek et al.，2009）。

其次，中小型制造企业创新能力是一个多层次能力体系，需兼顾柔性和效率。第一，兼顾柔性和效率对制造企业创新的促进作用要显著大于服务企业（Driessen & Ende，2014）。制造企业竞争优势来源于产品创新和质量，而服务企业竞争优势则来源于人力资源战略（Driessen & Ende，2014）。为获取持续竞争优势，制造企业不仅需要加快创新效率以获得由时机竞争带来的优势，还需要加强创新的柔性以更快速地搜寻和选择满足环境需求及变化趋势的创新方向（Driessen & Ende，2014）。第二，兼顾柔性和效率对中小企业的促进作用要显著大于大型企业。一方面，对于企业规模较大的企业而言，在柔性上必定不如企业规模较小的企业。随着企业规模的增大，企业资源正不断增加，这在为创新提供了必需的资源基础的同时，由于沉没成本和路径依赖的作用，也增加了资源重构的难度（Eisenhardt et al.，2010）。另一方面，对于企业规模较大的企业而言，在效率上未必比企业规模较小的企业高（Henderson & Clark，1990）。效率可用投入产出比来衡量，而企业规

模的增大，会带来可投入创新资源量的增大，但对转化的效率却未必有显著
的提升作用。因为规模较大的企业进行创新时往往需从各部门跨界调度资
源，而这些跨界行为会带来更高成本，从而降低行为的效率。在技术创新能
力演进过程中，除了提高技术创新层面的效率外，还需增强对选择和调整技
术创新方向起到决定作用的战略层能力，以及为技术创新能力的积累提供灵
活资源调度的组织层能力（Simsek et al.，2009）。在技术创新能力演进过程
中，除了提高技术创新层面的效率外，还需增强对选择和调整技术创新方向
起到决定作用的战略层能力，以及为技术创新能力的积累提供灵活资源调度
的组织层能力（陈力田、吴志岩，2014）。

4.2.2　转型经济情境下中小型制造企业创新能力内涵和结构

基于知识链视角，创新是一个适应环境的动态系统过程，包括知识的搜
寻、内化、集成和创造（陈力田，2012）。政府和市场关系转变下，基于
"柔性—效率"均衡视角，一方面，企业须具备根据环境灵活调整创新方向
和配置资源，搜寻和选择合适知识源的能力；另一方面，企业须具备确定创
新方向后高效率地完成内化、集成和创造知识的能力（Tushman，1996）。
本研究结合该情境下中小型制造企业创新能力的特征，从对知识的"搜
寻—选择—获取—集成—利用"链出发，认为创新能力由战略柔性、组织
柔性和技术创新能力三部分构成。

战略柔性是嵌入于创新源搜寻和选择过程的高级知识，是企业快速根据
环境变化，搜寻和选择合适知识源的战略适应能力（Sanchez，1997；Sucheta & Narayanan，2007；许庆瑞等，2012）。基于战略内容观和战略过程观融
合的观点，本研究将战略柔性分为三种能力：跨外部边界搜寻能力、跨内部
边界搜寻能力和本地搜寻能力（许庆瑞等，2012）。三者目的均为通过搜寻
和选择创新源以适应环境，区别在于方法不同，分别为：在企业外部搜寻和
选择新知识作为创新源，跨企业内部边界（产品线间、部门间）搜寻和选
择新知识作为创新源，在产品线内部搜寻和选择新知识作为创新源（陈力
田，2012；Sanchez，1997；Rosenkopf & Nerkar，2001；陈力田、许庆瑞，

2014）。

组织柔性是嵌入于创新源获取过程的高级知识，是企业根据战略，快速获取和内化多来源知识的组织适应能力，包括：配置资源链以获取内外部知识源的能力，和通过组织制度/流程布置资源的能力（陈力田，2012；许庆瑞等，2012；Eisenhard & Martin，2000；Miller & Cardinal，1994）。

技术创新能力是嵌入于吸收、集成和创造一般知识的高级知识（陈力田、吴志岩，2014；陈力田，2012；Miller & Cardinal，1994；Yam et al.，2004；Fosfur & Tribó，2008）。转型经济情境的动态性要求企业打破边界，更高效地进行开放式创新。此背景下，根据产生知识的新颖度不同，技术创新能力包括吸收能力、集成能力和原创能力（陈力田，2012）。三种能力的目的均为提升技术创新效率，区别在于方法不同，分别为提升外部技术内化效率（陈力田、许庆瑞，2014；Lane et al.，2006），提升不同来源技术集成效率（Abreu & Pearce，2007；Almirall & Casadesus - Masanell，2010），和提升内生性新技术创造效率（陈力田，2012；陈力田、许庆瑞，2014；万君康、李华威，2008）。

4.3　企业创新能力测量和比较评价方法

4.3.1　调查程序与样本情况

2011～2014 年，作者以浙江、福建和江苏省制造企业为对象，发放 900 份问卷，回收 425 份，剔除质量低和大企业问卷后，剩余 260 份有效问卷（有效回收率 28.9%），空白项无规律，答卷者知识与问卷一致（陈力田，2012）。为防止共同方法偏差，高管作答战略柔性部分，中基层管理者作答组织柔性、技术创新能力部分。

4.3.2 分析方法

本研究的分析方法和步骤为："基于信度和效度分析方法确定测量量表→基于主成分分析法确定评价体系指标权重→基于方差分析法进行企业创新能力比较评价。"首先，本研究采用 SPSS 19.0 软件作信效度分析、探索性因子分析；其次，本研究采用 AMOS 7.0 软件作验证性因子分析；再次，本研究采用 SPSS 19.0 软件，基于主成分分析法确定评价指标权重（李靖华、郭耀煌，2002）；最后，基于方差分析法作出企业创新能力比较评价（赵晶等，2010）。

4.4 企业创新能力测量研究

4.4.1 变量指标的选择与测量

基于"柔性—效率"均衡视角，本研究将创新能力构成分为三层：一是最高层的战略柔性；二是中间层的组织柔性；三是基层的技术创新能力。战略柔性的测量参考了罗森科普夫和内卡尔（Rosenkopf & Nerkar，2001）、桑切斯（Sanchez，1997）和利塔尔（Li et al.，2010）的指标；组织柔性的测量参考了李（Li，2010）的指标；技术创新能力测量参考了阿布鲁等人（Abreu et al.，2007）、朱和扎亚克（Zhu & Zajac，2011）和史密斯等人（Smith et al.，2005）等的指标。信效度检验结果见表 4 – 1 和表 4 – 2。Cronbach's $\alpha > 0.7$，信度较好。三因子模型中因子载荷 > 0.4，能有效反映同一构念。理论上 RMSEA < 0.08，TLI 和 CFI > 0.9 说明模型拟合度较好（商玲，2011；李璟琰，2010）。三因子模型比其余模型的拟合度指标更优，为：$X^2/df = 3.072$，RMSEA $= 0.075$，TLI $= 0.943$，CFI $= 0.963$。本研究数据具较高信效度，可支撑后续研究。

表 4-1 企业创新能力信度和效度分析

因子	No.	指标	CITC	因子载荷	KMO	Cronbach's α
战略柔性（SF）	SF1	企业搜寻并选择技术许可的技术与知识	0.599	0.779		
	SF2	企业搜寻并选择专利公告披露的技术知识	0.732	0.907		
	SF3	企业搜寻并选择出版物及会议的技术知识	0.694	0.886		
	SF4	企业搜寻并选择行业性展览会中的技术知识	0.644	0.897		
	SF5	企业以客户需求为导向，发现不同技术知识的新组合	0.658	0.897		
	SF6	企业搜寻并选择其他部门的技术知识	0.589	0.804		
	SF7	企业更侧重部门内关键技术的创新	0.653	0.837		
	SF8	企业更侧重内部知识的搜寻和选择	0.743	0.915		
	SF9	企业较关注内部技术发展的新机会	0.734	0.938	0.881	0.912
	SF10	企业很关注已有业务领域的开拓	0.747	0.940		
组织柔性（OF）	OF1	企业的职能部门之间的沟通顺畅	0.505	0.943		
	OF2	企业组织结构具有很高的扁平化程度	0.528	0.937		
	OF3	企业具有清晰的组织流程	0.513	0.948		
	OF4	企业常通过外部合作获取新知识	0.529	0.945		
	OF5	企业允许各部门打破正规工作程序，保持工作灵活性和动态性	0.573	0.933		
	OF6	企业建立了完善的管理机制鼓励员工创新	0.483	0.900		
技术创新能力（TIC）	TIC1	企业能很快吸收、掌握和运用引入的技术	0.427	0.951		
	TIC2	企业能很快集成内外部技术	0.464	0.904		
	TIC3	企业能很快地内部研发技术	0.429	0.889		

表 4 - 2		验证性因子分析结果 （N = 260）					
	模型	χ^2	df	χ^2/df	RMSEA	TLI	CFI
1	三因素模型： SF；OF；TIC	380.970	124	3.072	0.075	0.943	0.963
2	两因素模型 - 1： SF + TIC；OF	717.320	126	5.693	0.113	0.871	0.914
3	两因素模型 - 2： SF；OF + TIC	744.900	126	5.912	0.116	0.865	0.910
4	两因素模型 - 3： SF + OF；TIC	1 296.332	126	10.288	0.159	0.744	0.830
5	单因素模型： SF + OF + TIC	1 633.010	127	12.858	0.180	0.673	0.782

4.4.2　基于主成分分析法计算指标权重

在测量研究中，指标权重设置可使用主观和客观赋值两种方式。两种方式各有利弊，主观赋值方式受人为影响过大，客观赋值方式则不体现人为观念上对指标间重要性差异的前期预判。由于本研究基于"柔性—效率"均衡视角，在柔性和效率的重要性上并无前期预判倾向。故针对本研究研究问题，客观赋值法是适合的权重计算法。本研究基于 PCA 法，采用 SPSS 19.0 软件计算企业创新能力各指标权重，计算步骤分为 4 步。

步骤一：计算主成分方差贡献率。通过 SPSS 19.0 软件计算各成分的公因子方差，得到各主成分对应的特征根及其方差贡献率，确定可替代指标的主成分。根据表 4 - 3，前 3 个主成分特征根 >1，且累计方差贡献率 >80%（为 83.449%）。故前 3 个主成分可替代原有 19 个指标。主成分数 $k = 3$，指标数 $p = 19$。

表4-3　　　　　　　　　各成分的公因子方差

成分	初始特征值			提取平方和载入			旋转平方和载入		
	特征根	方差贡献率%	累积方差贡献率%	特征根	方差贡献率%	累积方差贡献率%	特征根	方差贡献率%	累积方差贡献率%
F1	4.657	40.049	40.049	4.657	40.049	40.049	4.086	35.139	35.139
F2	3.613	31.067	71.116	3.613	31.067	71.116	4.021	34.574	69.713
F3	1.434	12.333	83.449	1.434	12.333	83.449	1.597	13.736	83.449

步骤二：计算各指标在各主成分线性组合中的系数。分析中，主成分的标准差数值即特征根的平方根$\sqrt{\lambda_j}$，于是可除以其标准差（单位化）转化成合适的公因子，即令$F_j = Y_j/\sqrt{\lambda_j}$，$a_{ij} = \sqrt{\lambda_j}\gamma_{ij}$。得第$i$个指标在第$j$个主成分线性组合中的系数计算公式：

$$\gamma_{ij} = a_{ij}/\sqrt{\lambda_j} \tag{4-1}$$

公式（4-1）中，$i = 1, 2, \cdots, p$；$j = 1, 2, \cdots, k$；$p = 19$；$k = 3$。据表4-2，本研究已确定3个主成分，且各主成分特征根平方根$\sqrt{\lambda_j}$已得。还需求得负载值。本研究基于SPSS软件，对企业创新能力进行主成分分析，得到19个指标对主成分的负载值a_{ij}，见表4-3的主成分矩阵。然后，将各指标在各主成分的负载值a_{ij}和各主成分特征根平方根$\sqrt{\lambda_j}$代入公式（4-1），得到各指标在各主成分线性组合中的系数γ_{ij}，见表4-3中的各指标在各主成分线性组合中的系数矩阵。

步骤三：计算各指标在综合模型得分系数。前3个主成分可替代原有19个指标，故各指标在综合模型得分系数等于以主成分方差贡献率为权重，对指标在主成分组合中系数的加权平均。故第j个主成分权重计算公式：

$$W_j = \frac{\lambda_j}{\sum_{i=1}^{p} \lambda_j} \tag{4-2}$$

第i个指标在综合模型得分系数计算公式：

$$\omega_i = \sum_{j=1}^{k} \frac{\gamma_{ij} W_j}{\sum_{i=1}^{p} W_j} \tag{4-3}$$

公式（4 - 2）和公式（4 - 3）中，$i = 1, 2, \cdots, p$；$j = 1, 2, \cdots, k$；$p = 19$；$k = 3$。本研究将表 4 - 2 中得到的 λ_j 代入公式（4 - 2），得到各主成分权重 W_j，再将 W_j 和步骤二中得到的 γ_{ij} 一起代入公式（4 - 3），得到综合模型得分系数 ω_i 组成的矩阵，如表 4 - 4 所示。

步骤四：指标权重归一化。归一化后的第 i 个指标权重计算公式：

$$m_i = \frac{\omega_i}{\sum\limits_{i=1}^{p} \omega_i} \qquad (4 - 4)$$

公式（4 - 4）中，$i = 1, 2, 3, \cdots, p$；$p = 19$。本研究将步骤三中得到的各指标在综合模型得分系数 ω_i 代入公式（4 - 4），得到归一化后的指标权重 m_i。m_i 的取值见表 4 - 4 中指标权重矩阵。

表 4 - 4　　　　　　　　　　权重计算中涉及的数据矩阵

指标	主成分矩阵			各指标在各主成分线性组合中的系数矩阵			所有指标在综合得分模型中的系数矩阵	
	F1（SF）	F2（OF）	F3（TC）	F1（SF）	F2（OF）	F3（TC）	综合模型得分系数矩阵	指标权重矩阵
SF1	0.779	0.025	0.189	0.167	0.007	0.132	0.102	0.051
SF2	0.907	0.074	0.151	0.195	0.020	0.105	0.117	0.058
SF3	0.886	0.066	0.101	0.190	0.018	0.070	0.109	0.054
SF4	0.897	- 0.006	0.044	0.193	- 0.002	0.0307	0.096	0.048
SF5	0.897	0.011	0.039	0.193	0.003	0.027	0.098	0.049
SF6	0.804	0.044	0.001	0.173	0.016	0.001	0.087	0.044
SF7	0.837	0.057	0.089	0.180	0.016	0.062	0.101	0.050
SF8	0.915	0.094	0.101	0.196	0.026	0.070	0.114	0.057
SF9	0.938	0.052	0.104	0.201	0.014	0.073	0.113	0.056
SF10	0.940	0.084	0.078	0.202	0.023	0.054	0.114	0.056
OF1	0.044	0.943	0.011	0.009	0.261	0.008	0.103	0.051
OF2	0.058	0.937	0.023	0.012	0.259	0.016	0.105	0.052

续表

指标	主成分矩阵			各指标在各主成分线性组合中的系数矩阵			所有指标在综合得分模型中的系数矩阵	
	F1 (SF)	F2 (OF)	F3 (TC)	F1 (SF)	F2 (OF)	F3 (TC)	综合模型得分系数矩阵	指标权重矩阵
OF3	0.025	0.948	0.031	0.005	0.262	0.022	0.103	0.051
OF4	0.053	0.945	0.035	0.011	0.262	0.024	0.106	0.053
OF5	0.114	0.933	0.038	0.024	0.258	0.026	0.112	0.056
OF6	0.041	0.900	0.003	0.008	0.249	0.002	0.097	0.048
TIC1	0.107	0.055	0.951	0.023	0.015	0.663	0.115	0.057
TIC2	0.151	0.06	0.904	0.032	0.017	0.630	0.115	0.057
TIC3	0.161	−0.018	0.889	0.035	−0.005	0.620	0.106	0.053

4.4.3 企业创新能力测量方程

对于均衡效应的测量，本研究沿用了现有研究的普遍做法。由于均衡意味着柔性和效率作为一个整体而提升，故本研究将创新能力的概念分为柔性和效率两个部分，采用通过分别测量柔性和效率的指标相加的方式，实现对于"柔性—效率"均衡的测量（Driessen & Ende, 2014; Smith & Tushman, 2005）。对于单个企业样本而言，企业创新能力的计算公式为：

$$y = \sum_{i=1}^{p} m_i x_i \qquad (4-5)$$

公式（4-5）中，$i=1, 2, \cdots, p$；$p=19$。将表 4-4 中求得的指标权重 m_i 代入公式（4-5），可知：

$$y = 0.051x_1 + 0.058x_2 + 0.054x_3 + 0.048x_4 + 0.049x_5 + 0.044x_6 + 0.050x_7$$
$$+ 0.057x_8 + 0.056x_9 + 0.056x_{10} + 0.051x_{11} + 0.052x_{12} + 0.051x_{13}$$
$$+ 0.053x_{14} + 0.056x_{15} + 0.048x_{16} + 0.057x_{17} + 0.057x_{18} + 0.053x_{19}$$

4.5　企业创新能力比较评价：基于单因素方差分析法

本研究样本企业年龄以 10 年为分界点，分为少于 10 年、大于等于 10 年。样本企业性质有两种：民营企业和国有企业。样本企业行业类型分为高技术企业（研发投入大于等于 5%）和非高技术企业（研发投入小于 5%）。本研究首先对样本作描述性统计分析，如表 4 - 5 所示。

表 4 - 5　　　　　　　　　创新能力的均值与标准差

变量	样本特征		N	Mean	SD
企业创新能力	企业年龄	成立时间 < 10 年	185	5.051	0.888
		成立时间 > = 10 年	75	4.931	0.843
	企业性质	国有企业	95	4.939	0.866
		民营企业	165	5.152	0.881
	行业类型	高技术企业	217	5.074	0.877
		非高技术企业	43	4.730	0.820
战略柔性	企业年龄	成立时间 < 10 年	185	5.066	1.131
		成立时间 > = 10 年	75	4.046	1.061
	企业性质	国有企业	95	4.968	1.169
		民营企业	165	5.221	1.066
	行业类型	高技术企业	217	5.139	1.065
		非高技术企业	43	4.665	1.252
组织柔性	企业年龄	成立时间 < 10 年	185	4.603	1.346
		成立时间 > = 10 年	75	4.386	1.375
	企业性质	国有企业	95	4.145	1.315
		民营企业	165	4.707	1.373
	行业类型	高技术企业	217	4.567	1.362
		非高技术企业	43	4.405	1.328

变量	样本特征		N	Mean	SD
技术创新能力	企业年龄	成立时间 < 10 年	185	4.934	1.164
		成立时间 > = 10 年	75	5.414	1.277
	企业性质	国有企业	95	4.921	1.265
		民营企业	165	5.435	1.160
	行业类型	高技术企业	217	5.415	1.190
		非高技术企业	43	4.100	1.217

由表 4 - 5 可知，各组样本企业创新能力平均值均高于中间值 3.5，说明样本企业的创新能力已达到了较高的水平，可归因为：样本主要涉及生物医药、机械、电子、轻工、纺织这 5 个行业，其中生物医药、机械、电子行业均属于高技术行业，创新能力较强。接下来，本研究将采用单因素方差分析法，针对样本特征（企业年龄、企业性质和行业类型），对样本企业创新能力作比较评价，以揭示制造企业创新能力构建现状。

4.5.1 不同企业年龄的中小型制造企业创新能力比较评价结果讨论

本研究对企业年龄进行单因素方差分析，其结果如表 4 - 6 所示。

表 4 - 6   企业年龄的单因素方差分析

变量		平方和	df	均方	F	Sig.
企业创新能力 × 企业年龄	组间	0.767	1	0.767	1.000	0.318
	组内	197.868	258	0.767		
	加总	198.635	259			
战略柔性 × 企业年龄	组间	3.764	1	3.820	3.126	0.098
	组内	313.926	258	1.235		
	加总	317.690	259			

续表

变量		平方和	df	均方	F	Sig.
组织柔性 × 企业年龄	组间	2.510	1	2.510	1.368	0.243
	组内	473.372	258	1.835		
	加总	475.883	259			
技术创新能力 × 企业年龄	组间	3.872	1	3.869	3.168	0.073
	组内	314.821	258	1.225		
	加总	318.693	259			

由表 4-5 和表 4-6 可知两点。第一，从整体来看，根据企业年龄的不同，企业创新能力不存在显著差异（sig. = 0.318 > 0.1）。第二，从解构来看，根据企业年龄的不同，战略柔性和技术创新能力均存在显著差异。企业年龄越大，战略柔性越低（成立时间 >= 10 年的企业战略柔性均值小于成立时间 < 10 年的企业战略柔性均值，sig. = 0.098 < 0.1）；企业年龄越大，技术创新能力越强（成立时间 >= 10 年的企业技术创新能力均值大于成立时间 < 10 年的企业技术创新能力均值，sig. = 0.073 < 0.1）。

该发现与现有研究观点出现了不一致。关于企业年龄与企业创新能力间关系的多数研究认为，企业存在时间的长短与积累的知识与能力是正相关的，存在时间越长，知识积累量越多，对企业进行的组织学习与技术创新越有帮助，其创新能力越强（商玲，2011；李璟琰，2010）。

本研究和前人研究结论不同的原因可归结为不同研究视角所引发的对创新能力结构的不同见解。前人观点基于效率视角，而本研究基于柔性和效率的整合视角来测量制造企业的创新能力。该内涵既包括创新活动效率，也包括调整创新方向和资源重构的灵活性，这也就要求企业不仅需要随时间积累知识，还需要克服时间积累而带来的刚性（Eisenhardt et al.，2010；Henderson & Clark，1990）。对于年龄较大的制造企业而言，随着时间不断重复的惯例会提高创新效率，但在柔性上却不如年龄较小的企业（Henderson & Clark，1990）。随着企业年龄的增大，企业资源正不断增加，这在为创新提供了必需的资源基础的同时，由于沉没成本和路径依赖的作用，也增加了资源重构的难度（Eisenhardt et al.，2010）。诺基亚、朗讯等曾经的通信设备制造业领先企业案例亦印证了这一原因。以诺基亚为例，作为市场领先企业，诺基亚随着时间增长逐渐形成了惯性思维，以至于未认清 2007 年后触摸屏智能手机已成为行业新方向，仍执着于现有技术轨迹的渐进式改进，以牺牲柔性为代价来提高效率（陈力田，2012）。

4.5.2 不同企业性质的中小型制造企业创新能力比较评价结果讨论

本研究对企业性质作单因素方差分析，其结果如表 4 - 7 所示。

表 4 - 7　　　　　　　　　企业性质的单因素方差分析

变量		平方和	df	均方	F	Sig.
企业创新能力 × 企业性质	组间	2.740	1	2.740	3.608	0.059
	组内	195.896	258	0.759		
	加总	198.635	259			
战略柔性 × 企业性质	组间	3.864	1	3.864	3.166	0.076
	组内	314.847	258	1.220		
	加总	318.711	259			
组织柔性 × 企业性质	组间	4.160	1	4.160	2.975	0.098
	组内	471.723	258	1.828		
	加总	475.883	259			
技术创新能力 × 企业性质	组间	3.778	1	3.778	3.541	0.063
	组内	310.913	258	1.438		
	加总	314.691	259			

由表 4 - 5 和表 4 - 7 可知两点。第一，从整体来看，根据企业性质的不同，企业创新能力存在显著差异。民营中小型制造企业的创新能力高于国有中小型制造企业（民营中小型制造企业的创新能力均值高于国有中小型制

造企业创新能力均值，sig. = 0.059 < 0.1)。第二，从解构来看，根据企业性质的不同，战略柔性、组织柔性和技术创新能力均存在显著差异。相比国有中小型制造企业，民营中小型制造企业的战略柔性、组织柔性和技术创新能力都更强（战略柔性、组织柔性和技术创新能力均值均高于国有中小型制造企业，sig. < 0.1)。

现有研究在这一领域存在争论。大多数研究和本研究结果相一致，认为国企的创新能力低于民企。首先，基于效率视角，国企的创新效率要显著低于民企（Nerkar, 200；李长青等, 2014；Lin et al., 2010；Hu & Jefferson, 2009)。从公司治理的角度出发，其原因为国企存在的委托代理和预算软约束问题比民企更严峻（李长青等, 2014)，导致国企虽占据大量的资源，但其在新产品创新绩效等方面的产出不比民企的结果（李长青等, 2014)。其次，基于柔性视角，国企在柔性上也低于民企，原因为公有产权属性使其决策更为谨慎，难以主动把握环境新机会（李长青等, 2014；吴延兵, 2014)，进行创新方向的及时调整和所需资源的快速重构。国有企业进行创新时往往需从各部门跨界调度资源，而这些跨界行为会带来更高成本，从而降低行为的效率（Stettner & Lavie, 2013；Zhao, 2013；Sears, 2014)。通过比较同处通信设备制造行业的大唐电信和华为两家企业亦可发现，上述两家企业早在中小企业阶段，柔性和效率上就已出现了显著差异。由科研院所转制而来的大唐电信，在成立之初就对环境变化认识不足，数次错失快速发展的关键机遇，在柔性和效率上都落后于当时的华为。如 1995 年，大唐电信虽基于 GSM 数字蜂窝移动通信技术创新完成了移动交换机的样机，但却因资源配置重组灵活性不足而影响了研发和产业化进程。华为则准确预测通信业的 3G 发展趋势，先快速搜寻并选择了 R4 软交换技术，再通过组织结构（1994 年就在北京设立数据通信研究所，1997 年在上海设立移动通信研究所）和制度的动态调整，高效率地完成了创新目标，以先发优势进入了国内通信市场（陈力田, 2012)。

4.5.3 不同行业类型的中小型制造企业创新能力比较评价结果讨论

本研究对行业类型作单因素方差分析，其结果如表4-8所示。

表4-8　　　　　　　　行业类型的单因素方差分析

变量		平方和	df	均方	F	Sig.
企业创新能力×行业类型	组间	4.248	1	4.248	5.638	0.018
	组内	194.387	258	0.753		
	加总	198.635	259			
战略柔性×行业类型	组间	8.055	1	8.055	6.690	0.009
	组内	310.656	258	1.204		
	加总	318.711	259			
组织柔性×行业类型	组间	0.940	1	0.940	0.511	0.475
	组内	474.942	258	1.841		
	加总	475.883	259			
技术创新能力×行业类型	组间	3.558	1	3.558	2.494	0.116
	组内	368.133	258	1.427		
	加总	371.692	259			

由表4-5和表4-8可知两点。第一，从整体来看，根据行业类型的不同，企业创新能力存在显著差异。高技术中小型企业的创新能力显著高于非高技术中小型企业（高技术中小型制造企业的创新能力平均值高于非高技术中小型制造企业创新能力平均值，sig. =0.018 < 0.05）。第二，从解构来看，根据行业类型的不同，战略柔性存在显著差异，组织柔性和技术创新能力则不存在显著差异。相比于非高技术中小型制造企业，高技术中小型制造企业的战略柔性更强（高技术中小型制造企业的战略柔性平均值均高于非高技术中小型制造企业，sig. =0.009 < 0.01），而组织柔性和技术创新能力

则无显著区别（sig. >0. 1）。究其原因为高技术企业的战略柔性显著高于非高技术企业。相比于非高技术企业，高技术企业面临着更加动态的环境。这就要求高技术企业具有更加快速转变创新方向以适应环境变化的能力。以处于动态环境中的软件企业信雅达为例，自 1996 年创立开始，便不断根据环境中的新机会（OCR 技术变革、流程银行需求）作战略调整和组织结构调整，分别于 2002 年和 2006 年两次灵活有效地引发创新能力重构（陈力田、吴志岩，2014）。

4.6 研究结论及启示

在以动态环境为重要特征的政府和市场关系逐渐转变的转型经济情境下，提升制造创新能力具有重要的现实意义。但在该情境下制造企业创新能力测量评价领域，学界尚存三个研究缺口。针对实际问题和理论问题的交集，本研究基于柔性和效率的均衡视角，构建了转型经济背景下，制造企业创新能力测量模型，并针对样本特征（企业年龄、企业性质和行业类型），采用单因素方差分析法，对 260 家中小型制造企业创新能力作比较评价。主要研究结论如下。第一，在制造企业创新能力测量模型方面，针对"现有研究多从效率角度来测量创新能力，缺乏柔性和效率的均衡视角"研究缺口，本研究基于柔性和效率的均衡视角，揭示了企业创新能力内涵、结构和测量模型。证实该测量模型由 3 部分构成：战略柔性、组织柔性和技术创新能力，共包括 19 个测量题项，具有良好的信度和效度。第二，在制造企业创新能力评价方面，针对"现有创新能力测量研究在指标权重设置时多使用主观赋值，人为影响过大"和"不同年龄、性质和行业类型的企业间创新能力的比较研究存在争论"这两个研究缺口，本研究首先采用主成分分析方法计算了各指标权重，得出了企业创新能力测量方程，然后采用单因素方差分析法和典型案例分析，得出并解释了研究发现：一是不同年龄企业的创新能力不存在显著差异，年龄增长所带来的惯例重复、沉没成本和路径依赖会提高效率，但也会降低柔性；二是民营中小型制造企业的创新能力高于国有中小型制造企业，国有企业委托代理问题、预算软约束问题和公有产权属性会降低柔性和效率；三是高技术中小制造企业的创新能力高于非高技术中小型制造企业，高技术企业需通过提高柔性以适应所处动态环境。

　　本研究在理论上的创新点体现为三点。第一，动态环境下"柔性"和"效率"这对矛盾一直是战略和创新领域的研究热点。本研究将柔性视角和效率视角结合起来，研究企业创新能力构成和测量，有助于均衡"柔性—效率"这对二元关系，为分别基于柔性视角和效率视角的研究之间的争论提供了对创新能力构成彼此连接的观点。相比于前人研究，本研究更全面深入地测量了创新能力，进而为创新能力评价和提升提供基础，对动态能力理论和创新领域的研究具有理论贡献。第二，本研究采用 PCA 方法对创新能力测量模型中的各指标赋予了权重，弥补了现有创新能力测量研究在指标权重设置时多使用主观赋值，人为影响过大的不足。对创新能力测量研究有贡献。第三，本研究基于柔性和效率的均衡视角，比较分析了不同年龄、性质和行业类型的企业间创新能力的差异，一方面对具有不同特征的细分样本的创新能力结构和总体水平差异的了解，有助于深化不同类型企业差异的认识；另一方面相比于单一的柔性或效率视角，秉承均衡视角更能平息不同年龄、性质和行业类型的中小型制造企业创新能力研究存在的争论，因其能更全面客观地分析资源基础和创新能力之间的辩证关系，连接彼此矛盾的结论，提高创新能力比较评价领域研究的自洽性。

　　本研究实际意义为通过揭示转型经济情境下制造企业创新能力测量体系和构建现状，为制造企业创新能力提升研究提供基础。具体而言，一方面，在政府和市场关系转变情境下，为了缩短和高技术企业及民营企业创新能力的差距，获取更多的竞争优势，国有制造企业和非高技术企业均需进一步提升创新能力，特别是战略柔性和组织柔性，克服资源基础给其带来的刚性；另一方面，创新能力随企业年龄不同并无显著不同，成立时间长的在位企业需要及时监控能力现状，提升创新能力，才能获取和维持竞争优势，避免"在位者失败"的困境。

4.7　研究不足与未来展望

首先，未来研究可针对本研究在抽样范围、问卷数量以及问卷发放方式上存在的缺憾，扩大抽样的范围和数量，并尝试一个企业多份问卷的方式，以提高数据的质量。其次，未来研究可对"如何均衡柔性和效率，实现企业创新能力提升"的问题作进一步深化研究。

第5章　企业创新能力对环境适应性重构的实证研究[*]
——基于376家高技术企业的证据

5.1　问题的提出

当今企业面临全球化竞争带来的不稳定、难预测的环境。创新驱动战略有助于企业应对该环境，因创新能有效满足客户的现有和未来需求。企业创新绩效提升的前提是技术创新能力与环境相适应，而我国企业在创新效益和效率等创新绩效方面仍与发达国家创新型企业差距很大，这表明我国企业技术创新能力并不适应环境。成功的创新活动起始于企业内外搜寻新创意来更新自己的过程（Verganti，1997）。根据嵌入技术知识源的不同，企业技术创新能力可分为吸收能力、集成能力与原创能力（Yam et al.，2004；许庆瑞等，2013）。由于知识特性（累积性、替代性、独占性）、交易成本、环境需求的不同，不同技术创新能力产生的创新绩效是不同的（安东内利，2006；Mudambi & Swift，2014）。为适应环境，企业需转变技术源，实现创

---

　　[*]　本章内容已由本书作者发表于《科研管理》2015年第8期上，获浙江省商业经济学会第五届优秀科研成果一等奖。企业技术创新能力对环境适应性重构的实证研究——基于376家高技术企业的证据［J］. 科研管理，2015，36（8）：1-9.（一作，1/1）

新能力重构。造成我国企业创新绩效不足的重要原因之一是企业不明确转型背景下技术创新能力对环境适应性重构方案，即不明确在环境动态性的调节下，使创新绩效递增的技术创新能力结构变化（陈力田，2012）。

而学界对此现实问题存在研究缺口。首先，不同构成的技术创新能力会产生不同技术源，而学界对不同技术源导致的创新绩效高低仍有争论，进而引发了技术创新能力和创新绩效关系的争论（Martine，2010）。这也是当今权衡/均衡对核心知识的利用和对新机会的探索这一战略性核心争论的起源（Cantarello et al.，2012）。一是基于自我管理视角的研究认为，相比于外部知识，内生性知识对创新绩效的促进作用更大（Langfred，2000）。但对该观点的实证结果尚存争论，有研究认为，内生性知识促进长期创新绩效，但不一定促进短期创新绩效（Cohen & Bailey，1997）。二是对"跨组织边界"的研究将注意力转到组织外（Calighirou et al.，2004），认为激烈的国际竞争和快速的技术变革使得企业仅从组织边界内获取知识是不够的，而应跨组织边界搜寻外部知识（Cassiman & Veugelers，2006），切斯布洛（Chesbrough，2003）称之为开放式创新。外部知识源包括企业、高校或政府实验室，有研究认为，获取外部知识（工作有关信息、诀窍、组织外反馈）在全球化、技术竞争激烈，技术扩散和商业模式创新的情境下是不可避免的（Lichtenthaler & Ernst，2009；Lichtenthaler & Lichtenthaler，2009），有助于促进创新绩效（Reagans et al.，2004）；但也有研究认为外部知识并不总提升组织有效性，有时甚至会降低其有效性（Cummings，2004）。

其次，内生性知识和外部知识可能对组织有利有弊，对知识密集型的技术创新而言，一个重要的研究缺口是：学界尚未知何时内生和外部知识带来的利益高于危险（Martine，2010），即技术创新能力重构的边界条件不明。外部环境是能力重构的重要权变因素，竞争者模仿行为使企业能力价值出现波动（Rishikesha & Krishnan，2011）。但该领域的现有研究多关注技术创新能力的量变，很少关注技术创新能力的质变，且很少从技术源变迁的角度，考虑技术创新能力重构过程中的情境性因素（Martine，2010）。

针对现实和理论问题的交集，本研究提出研究问题：验证揭示高技术企业技术创新能力对环境适应性重构的方案。厘清这一问题，有助于弥补现有研究缺乏技术创新能力重构及边界条件的实证研究的缺口，弥补能力重构和技术创新领域研究的不足，并对转型背景下企业创新与发展具有实践启示。为匹配研究问题，本研究采用数理实证方法，从技术创新、动态能力和组织二元性等理论视角，基于376家高技术企业数据，比较在环境动态性的调节下，技术创新能力的三种构成子能力对创新绩效的影响，来识别技术创新能力对环境适应性重构的方案。选择该分析思路的原因有两点。一是技术创新能力重构是为了适应动态环境，创新绩效的高低是技术创新能力和环境要求之间匹配程度的表征。二是能力重构由两因素决定：（1）重构动力；（2）重构收益的估计。由于能力重构是一个创造性破坏的过程，故只有当本次重构获得的收益增加值大于上次能力重构获得的收益增加值时，企业才会采取能力重构的决策和行为（Mudambi & Swift，2014）。

5.2　理论基础和研究假设

5.2.1　企业创新能力对创新绩效的作用对比：基于动态能力观和组织二元性理论

企业创新能力是嵌入于创新过程中的处理（吸收、集成、创造）一般知识的高级知识（Yam et al.，2004；Forsman，2011），故其提升基于从知识源处获取的一般知识。技术创新的本质是产生对企业而言的新知识，并利用以创造价值。根据产生知识新颖程度不同，企业创新能力可由3种子能力组成（Yam et al.，2004；许庆瑞等，2013）：吸收能力（realized absorptive capacity）、集成能力（knowledge integration capability）和原创能力（knowledge creation capability）。吸收能力指内化外部技术知识的能力（Lichtenthaler，2009；Lane et al.，2006）。集成能力指集成不同来源技术知识的能力（Smith et al.，2005）。原创能力即创造内生性新知识的能力（Wang & Ahmed，2007）。创新绩效指技术创新效率和效益（Fosfuri & Tribó，2008）。

多数研究认为，吸收能力、集成能力和原创能力均正向促进创新绩效（Fos-furi & Tribó，2008；Zahra & George，2002；Nonaka & Takeuchi，1995；张明等，2008）。技术创新是一个多阶段过程。嵌入于各阶段的能力对创新绩效存在不同影响。虽然我国多数企业还停留在仿造能力，但创新绩效的提升是激励企业推行自主创新的重要动力。研究显示，知识创造能力比外部知识利用能力更能促进创新绩效（张媛媛、张宗益，2009）。吸收能力、集成能力和原创能力体现的自主性呈现由低到高的趋势。自主性越高，创新绩效越高（杨燕、高山行，2011）。

H5-1：对创新绩效促进作用由低到高的企业创新能力分别为：吸收能力、集成能力和原创能力。

5.2.2　环境动态性对企业创新能力和创新绩效关系的作用：基于外部权变观、动态能力观

（1）吸收能力对创新绩效：环境动态性的作用

环境动态性是产业环境的变化速度，可从技术和市场两方面进行剖析（Nadkarni & Narayanan，2007；马文聪、朱桂龙，2010）。对外部技术知识的利用能力可能会在动荡的环境中变得更加重要（Cassiman & Veugelers，2006；Reilly & Tushman，2004）。动态环境下，企业只依靠内部知识无法应对技术与市场的快速发展，故企业会经常主动地获取和利用外部知识（Li-chtenthaler & Lichtenthaler，2009）。利用外部知识的能力是创新成功的决定因素。对已有环境（市场和技术）的过度关注，不利于企业在动态环境中获得可持续竞争优势（Reilly & Tushman，2004）。加强对外部知识的获取和利用，有助于企业降低组织惯性，扩展知识基础，适应环境变化（Cassiman & Veugelers，2006；Lane et al.，2006；Zahra & George，2002）。

H5-2：环境动态性正向调节吸收能力和创新绩效的关系。

（2）集成能力对创新绩效：环境动态性的作用

基于竞争所需知识结构视角，动态环境下，企业若仅依靠外部知识将难以获取竞争优势。基于研发效率视角，由于企业内部技术知识产生频率的有

限性，企业难以在短时间内创造出新技术知识，因此该情况下，通过内部知识来转化外部知识是更有效率的新知识产生方式（Cohen & Bailey，1997；Helfat & Peteraf，2003）。当互补性强的两种知识成为约束条件下倍增生产函数中的投入要素时，适当组合的互补性投入水平能使企业获得最优产出，集成创新战略的激励越强。在以激烈竞争为特征的动态环境中，技术集成能力有助于提高研发效率（张明等，2008）。即相比于静态环境，在动态环境中集成内外部技术知识更有助于企业产生适应环境需求的知识，故集成能力对创新绩效的促进作用更强（Helfat & Peteraf，2003）。

H5-3：环境动态性正向调节集成能力和创新绩效的关系。

（3）原创能力对创新绩效：环境动态性的作用

从竞争角度出发，环境的动荡会加快产品更新换代，高知识创造能力的企业能更快地通过新产品占领新市场，进而充分适应/应用环境的变化（Jansen et al.，2009）。在相对静态的环境中，知识创造能力和创新绩效之间的正向关系则会弱一些，因为企业的竞争优势可能来自较好的位势和资源禀赋。

H5-4：环境动态性正向调节原创能力和创新绩效的关系。

（4）环境动态性对不同技术创新能力和创新绩效间关系的作用的比较

基于知识特性视角，动态环境意味着产业中的技术知识具有累积性高、替代性强的特点（安东内利，2006），在具有该特点的环境下企业内生性创造新知识的内部激励较强。首先，当专用于企业的产品和生产过程的技术知识的累积性越高时，由于原创能力有助于完全控制生产过程，进而提高新技术知识的累积速度，故比吸收和集成能力的内部激励更强。当学习在新知识产生中起到关键作用时，这一观点尤为适用。其次，当知识之间的替代性越强时，任何特定知识群的应用和再结合的范围就越广，排他成本就越高，企业越倾向于知识生成的内部化（Mudambi & Swift，2014）。

H5-5：环境动态性的正向调节作用由小到大分别为：对吸收能力和创新绩效的调节作用、对集成能力和创新绩效的调节作用、对原创能力和创新绩效的调节作用。

5.3 研 究 设 计

5.3.1 调查程序与样本情况

为匹配研究问题，本研究采用数理实证方法。2011 年底，作者以浙江省和福建省高技术企业（研发投入 > 5%）为研究对象，发放了 850 份问卷，回收 437 份，剔除非高技术企业、数据不完整和质量不高的问卷后，有效问卷数为 376 份。有效回收率为 44.2%。被剔除问卷的空白项分布不成规律，所答者知识水平和问卷涵盖领域匹配。为避免共同方法偏差，在问卷设计时注明回答人员。环境动态性涉及战略制定过程中对外部环境的感知，请高层管理者作答；技术创新能力和创新绩效涉及战略执行过程中创新行为和产出，由中基层管理者作答。

5.3.2 分析方法

本研究采用多元线性回归分析来作数据分析，采用信度和效度分析来作测量评估，采用 SPSS 19.0 软件作内部一致信效度分析、探索性因子分析、描述性统计分析、相关分析和多元线性回归分析。采用 AMOS 7.0 软件作验证性因子分析。

5.3.3 研究量表及其信度效度分析

本研究整合成熟量表。因变量是创新绩效，采用王和陈（Wang & Chien，2006）和利希滕塔尔（Lichtenthaler，2009）的指标。自变量是吸收能力、集成能力和原创能力，参考利希滕塔尔（2009）；雷尼（Lane，2006）和阿布鲁等（Abreu et al.，2007）的研究测度吸收能力；参考马赫莫德等（Mahmood et al., 2011）的研究测度集成能力；参考史密斯等（Smith et al., 2005）的研究测度原创能力。调节变量是环境动态性，采用艾森哈特（Eisenhardt, 2009）、马文聪和朱桂龙（2010）的指标。控制变量有企业年龄、企业规模，均为虚拟变量。当成立时间≤10年，则企业年龄＝0，反之为1；当员工人数≤500，则企业规模＝0，反之为1。采用7点Likert量表。所有样本数据的KMO值＞0.7，Bartlett球体测试统计值在0.001的水平上显著异于0，修正后量表满足因子分析条件。采用SPSS 19.0软件对量表进行探索性因子分析、信度和效度检验。各量表Cronbach's α值均＞0.6，项目CITC值均＞0.4，信度较高。采用AMOS 7.0软件对各量表进行验证性因子分析。统计量（P＞0.05），拟合优度指数（GFI＞0.9），调整的拟合优度指数（AGFI＞0.9），近似均方根误差（RMSEA＜0.1）。标准拟合指数（NFI＞0.9），相对拟合指数（CFI＞0.90），递增拟合指数（IFI＞0.9）。简效标准拟合指数（PNFI＞0.5），简效拟合优度指数（PGFI＞0.5）。各因子负荷均大于0.5，且拟合指数符合要求。CFA的结果较理想，辨别和聚合效度良好。见表5-1。

表5-1　　　　　　　变量的信度和效度分析结果

变量	测度题项	CITC	Cronbach's α if item deleted	KMO	因子负荷	α系数
吸收能力	我们能很快吸收、掌握和运用引入的生产设备和工艺	0.591	0.615	0.688	0.899	0.823
	我们善于吸收和利用来自外部的技术知识	0.598	0.609		0.888	
	我们具有较强的设备改进能力	0.478	0.674		0.801	
集成能力	我们企业产品的系统集成能力较强	0.635	0.691	0.684	0.845	0.782
	企业有较强技术整合能力	0.679	0.640		0.870	
	我们善于吸收和利用来自其他部门的技术和知识	0.555	0.773		0.789	

续表

变量	测度题项	CITC	Cronbach's α if item deleted	KMO	因子负荷	α 系数
原创能力	我们有充足的技术人员进行新产品的研发	0.693	0.786	0.831	0.830	0.831
	我们企业具备较为先进的产品研发设备	0.692	0.787		0.821	
	内部研究开发是产品开发过程中的主要技术知识来源	0.579	0.813		0.725	
	我们善于利用来自部门内部的新技术知识	0.505	0.824		0.652	
	我们的产品在技术上是行业领先的，起到了示范作用	0.710	0.783		0.841	
创新绩效	来自新产品的销售额不断上升	0.724	0.949	0.943	0.769	0.952
	新产品开发周期不断缩短	0.773	0.947		0.814	
	来自新产品的利润不断上升	0.783	0.947		0.821	
	新产品开发的成功率不断提高	0.826	0.946		0.859	
	专利申请数量不断增加	0.582	0.955		0.633	
	新产品达到了预期的利润目标	0.828	0.946		0.861	
	新产品的推出达到了预期的市场占有率	0.813	0.946		0.852	
	整体而言，我们推出的新产品满足了顾客需求	0.814	0.946		0.851	
	总体上新产品开发成本保持在预算之内	0.774	0.947		0.815	
	我们比行业竞争对手更快地推出新产品	0.763	0.948		0.804	
	公司高层对新产品开发的速度较为满意	0.782	0.947		0.824	
	新产品开发很好地满足了企业发展战略的需求	0.811	0.946		0.848	

续表

变量	测度题项	CITC	Cronbach's α if item deleted	KMO	因子负荷	α 系数
环境动态性	在本产业中技术变化得非常迅速	0.579	0.698	0.800	0.899	0.762
	在本产业中存在许多新的技术机会	0.598	0.674		0.899	
	市场需求量常常发生变化	0.569	0.660		0.878	
	市场的用户偏好和性能需求经常发生变化	0.563	0.669		0.878	

5.4 实 证 分 析

5.4.1 描述性统计分析和三大检验

构建回归模型前，先对各变量作描述性统计和相关分析，见表 5 - 2。回归前检验三大问题：回归模型均满足 $0 < VIF < 10$，且 $TOL > 0.1$，故不存在多重共线性；DW 值都介于 1.5 和 2.5 之间，故不存在序列相关性；残差散点图均无序，故不存在异方差。

表 5 - 2　　　　　　　变量的均值、标准差相关系数

变量	均值	标准差	1	2	3	4	5	6	7
企业规模	0.27	0.445	1	0.182**	0.140*	0.131*	0.183**	-0.044	0.120*
企业年龄	0.63	0.483		1	0.018	0.016	0.042	-0.053	0.035
吸收能力	5.5708	0.91469			1	0.769**	0.717	0.544**	0.678**
集成能力	5.7425	0.86909				1	0.711**	0.460**	0.735**
原创能力	5.5106	0.98397					1	0.435**	0.772**

续表

变量	均值	标准差	1	2	3	4	5	6	7
环境动态性	5.1383	0.96375						1	0.492**
创新绩效	5.4439	0.96035							1

注：* 表示 $p < 0.05$，** 表示 $p < 0.01$。

5.4.2　假设检验

本研究检验吸收能力、集成能力和原创能力对创新绩效的影响，及环境动态性在这一过程中的调节作用。分层回归前，先标准化变换各变量数值。采用强迫进入法分 4 步进行回归，见表 5 – 3。由模型 4 知，吸收能力回归系数为 0.101（$p < 0.1$），集成能力回归系数为 0.117（$p < 0.05$），原创能力回归系数为 0.439（$p < 0.001$）。吸收能力、集成能力、原创能力均显著促进创新绩效，且作用递增。为检验递增效果是否显著，将吸收能力、集成能力和原创能力逐一放入模型，如模型 2、模型 3、模型 4 所示，模型的 ΔR^2 都显著且递增。H1 成立。由模型 1、模型 4、模型 5、模型 6 知：一是吸收能力和环境动态性的乘积项进入方程，乘积项回归系数为 – 0.131（$P < 0.05$），环境动态性显著负向调节吸收能力和创新绩效的关系，H2 被拒绝；二是集成能力和环境动态性的乘积项进入方程，乘积项回归系数为 0.025（$p < 0.1$），环境动态性显著正向调节集成能力和创新绩效关系，H3 成立；三是原创能力和环境动态性的乘积项进入方程，乘积项回归系数为 0.110（$p < 0.05$），环境动态性显著正向调节集成能力和创新绩效关系，H4 成立。四是吸收能力、集成能力、原创能力分别和环境动态性的乘积项回归系数逐渐递增（但吸收能力和环境动态性的乘积项回归系数为负）。且原创能力和环境动态性的乘积项回归系数显著性水平亦大于集成能力和环境动态性的乘积项回归系数显著性水平，H5 部分成立。综上，H1、H3、H4 均成立，H5 部分成立，H2 被拒绝。

表 5 - 3　分层回归分析结果

因变量：创新绩效

因变量	模型 1			模型 2			模型 3			模型 4			模型 5			模型 6		
	Beta	Tol	VIF	Beta	Tol	VIF	Beta	Tol	VIF	Beta	Tol	VIF	Beta	Tol	VIF	Beta	Tol	VIF
1. 控制变量																		
企业规模	0.076*	0.918	1.090	0.039	0.903	1.108	0.033	0.900	1.111	0.001	0.886	1.129	0.007	0.881	1.135	0.002	0.872	1.146
企业年龄	0.000	0.963	1.039	0.011	0.961	1.040	0.013	0.961	1.041	0.007	0.960	1.041	0.011	0.958	1.044	0.018	0.950	1.053
2. 自变量																		
吸收能力 (AC)				0.454***	0.366	2.729	0.369***	0.293	3.410	0.101+	0.354	2.825	0.073+	0.353	2.830	0.020	0.327	3.060
集成能力 (IC)							0.388***	0.365	2.738	0.117*	0.220	4.546	0.111*	0.209	4.791	0.145**	0.192	5.205
原创能力 (CC)										0.439***	0.306	3.270	0.447***	0.305	3.279	0.458***	0.271	3.696
3. 调节变量																		
环境动态性 (ED)													0.097*	0.633	1.580	0.096*	0.612	1.634
乘积项 AC×ED																-0.131*	0.376	2.661
IC×ED																0.025+	0.350	2.855
CC×ED																0.110*	0.262	3.811

续表

因变量	模型 1			模型 2			模型 3			模型 4			模型 5			模型 6		
	Beta	Tol	VIF	Beta	Tol	VIF	Beta	Tol	VIF	Beta	Tol	VIF	Beta	Tol	VIF	Beta	Tol	VIF
DW 值		1.989			1.976			2.018			2.122			2.105			2.116	
R^2		0.515			0.586			0.662			0.742			0.748			0.754	
ΔR^2		—			0.074 ***			0.076 ***			0.080 ***			0.006 ***			0.006 ***	
Adjusted R^2		0.508			0.578			0.655			0.736			0.739			0.746	
F		78.530 ***			88.678 ***			90.042 ***			93.247 ***			89.963 ***			88.638 ***	

创新绩效

注：+ 表示 $p < 0.1$，* 表示 $p < 0.05$，** 表示 $p < 0.01$，*** 表示 $p < 0.001$。

5.5 研究结论及启示

5.5.1 研究结论

分析表明两点结论。一是吸收能力、集成能力和原创能力均促进创新绩效，且其促进效用递增。即"吸收能力→集成能力→原创能力"是一条优越的技术创新能力重构方案。二是环境动态性在各种技术创新能力（吸收能力、集成能力、原创能力）对创新绩效的作用过程均起到调节作用，其中负向调节吸收能力和创新绩效间关系，正向调节其他两种技术创新能力（集成能力、原创能力）和创新绩效间关系，且对原创能力和创新绩效关系的正向调节作用比对集成能力和创新绩效间关系的正向调节作用更大更显著。即环境越动态，"吸收能力→集成能力→原创能力"这种技术创新能力重构方案优越性越显著。

（1）吸收能力、集成能力和原创能力均促进创新绩效且其促进效用递增，"吸收能力→集成能力→原创能力"是一条优越的技术创新能力重构方案

本研究发现，吸收能力、集成能力和原创能力均促进创新绩效，且其促进效用递增。该结论填补了现有研究缺口。拉夫（Laive，2006）提出了能力重构的三种方式，但缺乏从技术创新角度，对能力重构方案的研究。国内学者识别了吸收、集成、原创能力的提升对创新绩效的重要作用，但缺乏三者效用的对比（张媛媛、张宗益，2009；杨燕、高山行，2011）。由于技术创新能力重构有助于动态适应环境变化，而创新绩效的高低是技术创新能力和环境要求之间匹配程度的表现，故创新绩效效用递增的方向即技术创新能力对环境适应性重构方案。故"吸收能力→集成能力→原创能力"为一种优越的技术创新能力对环境适应性重构方案。此方案中，每次能力重构获得的收益增加值大于上次能力重构获得的收益增加值。

（2）"吸收能力→集成能力→原创能力"重构方案优越性随环境动态性的增强而更显著

鲜有对环境动态性对各种技术创新能力（吸收能力、集成能力、原创能力）与创新绩效间关系起到的调节作用进行整合对比分析的实证研究。本研究响应了文献号召（Davis et al.，2009；Escribano et al.，2005）。

首先，本研究发现环境动态性显著负向调节吸收能力和创新绩效之间关系。与环境动态性高时相比，环境动态性低时，吸收能力对创新绩效的边际产出更高，见图 5 - 1。基于技术知识特征视角，环境越静态，技术知识的变化速度就越缓慢，说明该技术的累积性、替代性、专用性弱，复杂性越高（安东内利，2006）。直接利用该技术成本最低，因此外部知识应用能力对创新绩效的影响更加显著。

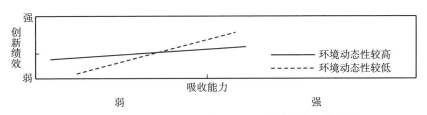

图 5 - 1　环境动态性对吸收能力和创新绩效关系的调节

其次，本研究发现环境动态性显著正向调节集成能力和创新绩效间关系。这表明：与环境动态性低时相比，环境动态性高时集成能力对创新绩效的边际产出更高，见图 5 - 2。该结论与现有研究逻辑一致（Cassiman & Veugelers，2006；Helfat & Peteraf，2003）。原因为：一是基于知识结构视角，环境变化速度较快时，需企业集成内外互补技术知识，形成更有利于持续竞争优势获取的知识结构；二是基于研发效率视角，当互补性强的两种知识成为约束条件下倍增生产函数中的投入要素时，适当组合的互补性投入水平能使企业获得最优产出，提高技术创新效率，进而快速适应动态环境。

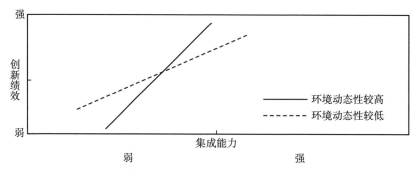

图 5 – 2　环境动态性对集成能力和创新绩效关系的调节

再次，本研究发现环境动态性正向调节原创能力与创新绩效间关系。与环境动态性低时相比，环境动态性高时，原创能力对创新绩效的边际产出更高，见图 5 – 3。该结论与现有研究逻辑一致（安东内利，2006；Jansen et al.，2009），本研究贡献在于通过对高技术企业样本验证了该逻辑。对高技术企业，原创能力本就是其获得创新绩效，保持可持续竞争优势的重要来源，应从竞争带来的外生激励角度出发，动态环境下产品易过时，高技术企业可通过提高原创能力促进知识创造，脱离现有的技术和市场（Jansen et al.，2009），获得可持续竞争优势。

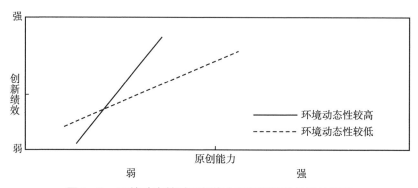

图 5 – 3　环境动态性对原创能力和创新绩效关系的调节

最后，通过环境动态性对三种技术创新能力（吸收能力、集成能力、原创能力）与创新绩效间关系的调节作用对比，本研究发现，随着环境动态性的提高，集成能力的边际产出增量大于吸收能力的边际产出增量（见图 5 - 1 和图 5 - 2 的对比），原创能力的边际产出增量大于集成能力的边际产出增量（见图 5 - 2 和图 5 - 3 的对比）。这表明：环境越动态，"吸收能力→集成能力→原创能力"这种技术创新能力重构方案优越性越显著，企业能获得的创新绩效增加值越大。原因为：基于知识特性视角，迅速变化的环境意味着产业中技术知识具有累积性高、替代性强的特点（Mudambi & Swift，2014），企业利用外部技术知识的能力不足以应对竞争（Lavie，2006），产生知识的内生性越强，企业就能获得更高的创新绩效。

5.5.2　研究启示

本研究理论贡献：针对现有研究缺乏技术创新能力重构及边界条件实证研究的问题（Lavie，2006），结合动态能力（Helfat & Peteraf，2003）和组织二元性（Jansen et al.，2009）等理论视角，识别了企业技术创新能力对环境适应性重构方案，弥补了能力重构和技术创新领域研究的不足，为后续技术创新能力重构机理研究提供了基础。

本研究实际意义：一是企业在能力发展初期就需有能力重构的意识，并不断强化这一意识，避免认知刚性，有意识地进行能力重构；二是由于资源有限性和阶段局限性，企业需有重点地、分阶段实现"吸收能力→集成能力→原创能力"这一优越重构方案；三是企业需明晰情境，当环境变化速度加快时，需加快能力重构，以更好地适应动态环境。

第6章 价值创造效率导向下企业创新能力异变策略*
——价值认知与环境丰裕性的匹配

6.1 问题的提出

我国经济转型拐点的到来迫使企业价值创造方式从追求数量转向追求效率和质量，企业需进行价值创造效率导向下创新能力结构性异变。根据间断均衡理论，探索式和利用式创新可在时间上交替进行而获得平衡。两者依托不同创新能力创造价值。前者通过探索新技术、惯例、流程和产品的能力来创造价值（LinH & Mcdonough，2014）。后者通过强化现有的技术、市场的能力来创造价值（Kortmann，2015）。两者间的转换表征着创新能力结构性异变，目的为动态把握高价值能力以形成更高质量的价值创造方式（Mudambi & Swift，2014；Swift，2016）。但创新过程涵盖研发、生产、营销、运营等各价值创造环节，在创新能力异变过程中，需均衡价值链条中各环节的"柔性—效率"矛盾（陈力田、许庆瑞，2016）。运营效率，这种价值创造过程中时间和成本效率，在很大程度上反映了价值创造效率（Kort-

---

* 本章内容已由本书作者发表于《科学学研究》2021年第5期上。价值创造效率导向下企业创新能力异变策略［J］. 科学学研究，2021，39（5）：951–960.（一作，1/2）

76

mann et al.，2014；高振等，2019）。平衡创新能力异变和价值创造效率关系中的"柔性—效率"核心矛盾，是转型期企业获得动态竞争优势的关键（Lee，Kwon & Pati，2019）。但已有研究尚存研究缺口。

创新能力异变幅度和运营效率关系存争论。有研究认为，企业创新能力异变幅度能够提高流程效率（吴建祖、肖书锋，2016），但也有学者指出，由于难以判断能力价值，企业难以把握创新能力异变时机，这降低了投入产出效率（Swift，2016）。基于此，有学者认为企业创新能力异变幅度与组织效率呈倒"U"型关系，能力异变幅度在一定范围内能提升组织效率，过度则会降低效率（贾慧英、王宗军，2018）。

由此可见，准确判断能力价值是大幅度企业创新能力异变促进企业效率目标的前提。能力价值由外部环境和内部认知共同决定，除了外部环境决定的客观能力价值，还有决策层对能力价值的主观认知。故需结合这内外两方面特征，研究企业创新能力异变幅度与企业运营效率间关系的边界条件，但该领域仍存缺口。多数研究认为在丰裕环境下，企业更易获得资源，创新行为风险小（Jancenelle，2019；陈怀超等，2019；Chen et al.，2017）。但也有研究认为，丰裕环境下，企业无须依托高风险创新行为就可生存，故不具有高认知水平的企业未培养创新能力异变所需要的潜在能力，这将降低创新能力异变幅度对企业运营效率的促进作用（Sanchez et al.，2019）。因此，问题核心在于企业是否具有匹配环境特征的价值认知水平，从而能够适当配置资源用于高价值能力结构（Wittman，2019）。这就需研究环境丰裕性和价值认知特征交互作用对创新能力异变幅度有效性的影响，但目前尚缺乏此类研究，已有研究多关注于冗余资源、行业动态性、吸收能力等内部边界条件（Swift，2016）。

针对研究缺口，基于间断均衡理论和动态能力观，本研究基于 257 家创业板上市公司数据，研究创新能力异变幅度与运营效率间关系，及环境丰裕性和价值认知复杂度对该关系的调节作用。

6.2 理论基础和假设提出

6.2.1 企业创新能力异变幅度对运营效率的影响

由于探索式和利用式创新所基于的能力结构不同，企业在探索式和利用式创新之间的转换表征着企业创新能力的结构性异变，这是一种高风险行为（Swift，2016）。首先，风险来自对异变时机的错误判断，如果企业在现有能力仍存很高价值时就大幅度从利用式创新转向探索式创新，将带来很高的机会成本。如果企业在创造新的竞争优势之前就大幅度从探索式创新转向利用式创新，则难以获得研发投资的显著回报（Mudambi & Swift，2014）。其次，风险来自对异变幅度的不当控制，创新能力异变幅度越大，组织在探索与利用之间转换的幅度就越大，在一定时间内对能力路径惯性的破坏程度也就越大（贾慧英、王宗军，2018；Teece，2014）。而探索式创新和利用式创新所需要的资源配置存在很大差异，在两者之间大幅转换需要克服组织结构、流程规范和文化等各方面惯性，克服能力路径依赖等问题（Ahuja & Lampert，2001），这会带来很高的沉没成本。因此，创新能力异变的幅度越大，组织的协调成本就越大，资源重新分配所耗费的时间也会越久，从而降低运营效率。基于此，提出以下假设：

H6-1：企业创新能力异变幅度负向影响运营效率。

6.2.2 环境丰裕性对创新能力异变幅度与运营效率关系的影响

环境的丰裕性描述了外部市场上资源的丰富性和可用性，反映了企业所处外部环境支持企业成长和可持续发展的机会和能力（Ahuja & Lampert，2001；Pati et al.，2018；Fainshmidt et al.，2019）。高丰裕性环境下，企业可供选择的机会比较多（尹苗苗、马艳丽，2014；罗仲伟等，2014），通过维持或小幅度微调现有能力结构，也可使企业稳定发展并取得持久效益（Walsh，1995）。这些保守行为所取得的收益，对于大幅度转换能力结构的高风险行为而言，就是很高的机会成本。当环境丰裕性低时，市场上资源稀缺，可供选择的机会较少，通过加大创新能力异变幅度，大幅度进行探索和利用之间的转变，可有助于企业修正原有低价值的能力结构，从而提高价值创造过程中资源的投入产出比，提高运营效率（Nadkarni & Barr，2008）。基于此，提出以下假设：

H6 - 2：环境丰裕性负向调节企业创新能力异变幅度与运营效率之间的负向关系，即当环境丰裕性更高的时候，更易加强创新能力异变幅度与运营效率之间的负向关系。

6.2.3　环境丰裕性和价值认知复杂度的联合交互对创新能力异变与运营效率关系的影响

价值认知复杂度是指管理者知识结构中所涵盖的知识的广度（尚航标等，2014；Daniella & Brusoni，2018），结合价值创造视角，即管理者关注价值链上环节的数量。价值认知复杂度高意味着管理层认知到的核心概念较为多样（Stabell，1978），这将迫使企业注意到更多的外部刺激并对其产生反应（何姗，2016；雷海民等，2014）。在低丰裕性的环境下，企业面临的机会少，进行探索和利用大幅转变的企业需要集中资源以抓住本就很少的机会（Fainshmidt，2019）。如果这些企业价值认知复杂度高，就会关注过多价值环节，将带来分布于多个价值环节的资源的重新配置，这不仅不利于企业资源集中，还会带来很大沉没成本，降低运营效率。反之，当价值认知复杂度低时，企业管理者关注的价值环节比较少，资源相对集中，在大幅度创新能力异变的过程中需要改变的制度等惯性较少，灵活性高，沉没成本较低，利于运营效率的提高。基于此，提出以下假设：

H6 - 3：环境丰裕性和价值认知复杂度的联合交互正向调节创新能力异变幅度与运营效率的关系。即在环境丰裕性低且价值认知复杂度低时，创新能力异变幅度与运营效率的关系是积极的。

本研究理论模型如图 6 - 1 所示。

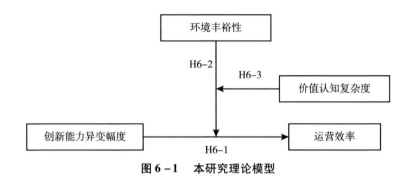

图 6 - 1　本研究理论模型

6.3　研究方法

6.3.1　样本和数据来源

本研究选择创业板上市的 257 家企业为研究对象，理由如下：①数据可靠性高。因受到严格政府监管，上市公司公布完整、准确的公司研发与绩效数据；②研究问题匹配性高。创业板企业面临更动荡的环境，需通过创新能力异变来获得竞争优势，故创新能力异变更容易在这些企业观测到。考虑研发数据的完整性，本研究的研究时间区间为 2011～2016 年，为避免信息披露不真实的影响，本研究剔除研究周期内破产或倒闭的企业，保证样本数据连续可得，并剔除其他数据缺失或不全的企业。同时，考虑到创新能力异变对运营效率存滞后影响，本研究以 1 年作为滞后期，自变量、调节变量、控制变量使用数据为 2011～2015 年，因变量使用数据为 2012～2016 年。剔除数据缺失的企业，最终获得 257 家企业样本，1285 条具体观测值。本研究数据来源于国泰君安数据库、Wind 数据库和东方财富数据库，从中下载企业研发费用支出、独董比例、机构投资者持股比例、国有股比例、企业年龄、企业规模等指标数据，并结合企业网站对企业年报和社会责任报告等对数据进行了手工编码和验证。

6.3.2　变量测量

（1）因变量：运营效率（OE）

企业运营效率表征着在一定的经济条件下，企业在生产经营过程中合理配置资源，最大限度地提供满足市场需求的产品并获得高额利润，高效推动组织目标达成的能力（Kortmann et al.，2014）。本研究延续战略管理领域常用的对企业运营效率的测量方式（Nadkarni & Narayanan，2007；吴东，2011）。基于企业财务报告相关营运能力数据的财务指标分析法来衡量企业的运营效率，选择企业资本运转速度表征运营效率，选择总资产周转率为测度指标。总资产周转率＝营业收入/资产总额年平均占用额。

（2）自变量：创新能力异变幅度（RDL）

创新能力异变是指企业在利用式创新与探索式创新转变中，突破原有惯性转变能力轨迹。企业在利用和探索之间转换时，可观察到研发投入随时间的波动。穆丹比和斯威夫特（Mudambi & Swift，2014）将研发投入波动最极端的情况，即某一年研发投入与历史趋势不符的、显著紧凑的最大波动定义为研发投入跳跃，该指标可用于衡量利用式和探索式创新能力相互转变的幅度（Swift，2016）。本研究借鉴穆丹比和斯威夫特（2014），斯威夫特（2016）和吴建祖、肖书锋（2016）的测量，运用 2011～2015 年 5 年共 20 个季度的研发投入数据通过广义自回归条件异方差模型（GARCH 模型）得出研发投入的时间趋势，找出其学生化残差的最大值测量研发投入跳跃。这是因为 GARCH 模型对误差项的方差进行建模，特别适用于波动性的分析和预测，能识别观测期内研发投入变动最极端的幅度及时间点。考虑到时间序列数据的自相关性，本研究对观测期内每个企业研发投入数据进行自相关检验，以提高模型准确性。具体包括以下四步。

步骤一：计算第 i 个企业第 t 年第 n 个季度的自回归模型残差 u_{itn}。对观测期内每个企业研发投入进行偏相关检验，若显著偏相关，则对该数据进行自回归；若无显著偏相关，则不进行自回归。根据自回归模型得出第 i 个企

业第 t 年第 n 个季度的残差 u_{itn}，进行下一步建模。

步骤二：计算第 i 个企业第 t 年第 n 季度的 GARCH 模型残差 e_{itn}。基于 GARCH 模型对 u_{itn} 建模得残差 e_{itn}。此为该季度该企业研发投入偏离历史趋势预测值程度，即研发投入变动。

步骤三：为便于比较，本研究将第 i 个企业第 t 年第 n 个季度的研发投入 GARCH 模型的学生化残差 $e_{itn}(stud)$ 计算出来。即

$$e_{itn}(stud) = \frac{e_{itn}}{s_i \sqrt{1 - h_{itn}}}$$

其中 s_i 是 e_{itn} 的标准差，h_{itn} 是第 i 个企业第 t 年第 n 个季度的 u_{itn} 对整个估计的影响。

步骤四：我们比较第 i 个企业 2011~2015 年每季度的 $e_{itn}(stud)$ 的绝对值，找到其最大值 $e_i(max)$，即为第 i 个企业的研发跳跃幅度。研发跳跃发生时间即创新能力异变事件发生时间。

（3）调节变量：环境丰裕性（EM）

环境丰裕性表示外部环境所能提供的支持企业成长的能力，本研究根据济慈和希特（Keats & Hitt，2018）的测量，采用行业过去 5 年平均销售增长率来衡量，该值越大，说明环境丰裕性程度越高。

（4）调节变量：价值认知复杂度（NC）

借鉴了纳德卡尔尼和纳拉亚南（Nadkarni & Narayanan，2007）和吴东（2011）的编码研究设计，本研究运用内容分析的方法，来描绘中国企业研发跳跃过程中的价值认知复杂度，包含以下步骤。步骤一：识别陈述阶段。阅读公司年报和社会责任报告，根据吴东（2011）研究归纳的价值创造环节编码词表（见表 6-1）科学地识别并记录每份年报中展示的企业进行创新战略规划时考虑价值创造各环节因素的语句。步骤二：在所选语句中，识别其考虑的价值创造链条中环节（如研发、生产、市场、人力、运营等）的数量，计数为价值认知复杂度的值。复杂度值越大，意味着在企业决策认知过程中，考虑的价值创造环节越多。

表 6 - 1　　　　　　　　　　　　价值创造环节编码词

价值创造环节	关键词
研发	研究、研发、科研、研制、开发、引进、获取、技术合作、升级、改造等
生产	加工、代工、冶炼、粗炼、精炼、组装、装配、合成、制造、生产、制作、制版、研制、出版、印刷、复制、建造、建设、施工等
市场	宣传、开拓、拓展、推广、市场、营销、广告、品牌、口碑、形象、承销、发行、渠道、经营、批售、批发、零售、分销、销售、买卖、交易、市场、谈判、进口、出口、贸易等
人力	募集、招聘、人才、教育、培训、交流、外派、劳务、人员等
运营管理	监管、监理、控制、财务、运营、项目管理等
设计	设计、规划等
供应	勘探、开采、采选、采伐、采购、采办、购买、运输、物流、货运、配送、存储、储存、冷藏、贮藏、仓库等
信息管理	信息收集、搜集、调研、考察、了解、机会、风险、分析、反馈、汇报、报告、掌握、人文、社会、文化、法律、政治、经济、政府、机构等
关系管理	联系、沟通、协调、关系、协调、组织、沟通、合作、联盟、招商等
服务	维护、维修、修理、安装、调试、租赁、出租、代表、代理服务、技术服务、技术支持、技术输出、技术咨询、转让、许可、顾问、售后服务等

（5）控制变量

本研究基于企业创新能力异变相关研究文献选取控制变量。首先，本研究将独立董事比例、机构投资者持股比例、国有股比例、高管团队人数这4个与企业战略部署有关的变量列为控制变量。机构投资者持股比例是指机构投资者持股数占企业总股数的百分比，国有股比例是国家持股数占企业总股数百分比（Mudambi & Swift，2011）。前期绩效会影响当期绩效（Dawson & Richter，2006），故对因变量的前一年绩效进行控制。行业环境会影响企业绩效（吴建祖、肖书锋，2015），故将制造业企业赋值为1，服务业企业赋值为0进行控制。考虑到时间对绩效的影响，对时间的虚拟变量进行控制。此外，参考先前研究（Mudambi & Swift，2014），控制了企业规模、企业年龄、冗余资源、资产负债、研发投入强度这些影响创新能力的变量。

6.4 数据结果

6.4.1 描述性统计

本研究首先对未中心化的变量作描述性分析，得到均值、标准差，并采用 Pearson 相关系数来描述变量间相关性。由表 6 - 2 可知，大部分变量的相关系数均小于 0.5。进一步地，检验发现所有变量方差膨胀因子 VIF 值都小于 5，平均值为 1.53，模型不存在严重多重共线性。

6.4.2 假设检验

面板数据可能存在异方差、序列相关和横截面相关问题，本研究利用 Stata14.0 使用 Driscoll - Kraay（简称 D - K）标准误差估计，具有无偏性、一致性和有效性。Hausman 检验结果拒绝原假设，采用固定效应模型。交互项通过将中心化的变量相乘得到，避免多重共线性。

（1）创新能力异变幅度对运营效率的影响作用检验

本研究在对企业规模、冗余资源等控制变量进行控制的基础上，对核心变量之间的关系进行了多元回归分析，结果见表 6 - 3。从模型 2 可以看出，创新能力异变幅度的回归系数为 - 0.004（$p < 0.05$），$\Delta R^2 = 0.0005$，说明创新能力异变幅度与运营效率之间显著负相关，H6 - 1 得到支持。

（2）环境丰裕性对创新能力异变幅度和运营效率关系的调节效应检验

为进一步检验环境丰裕性的调节作用，将该调节变量以及相应乘积项放入模型，从模型 3 可以看出，创新能力异变与环境丰裕性乘积项的回归系数为 - 0.008（$p < 0.05$），$\Delta R^2 = 0.0007$，（具体调节效应见图 6 - 2），表明环境丰裕性负向调节创新能力异变幅度与运营效率之间关系，即相比于高环境丰裕性，低环境丰裕性的情境下，进行大幅度创新能力异变更利于运营效率提高。H6 - 2 得到支持。

表6-2　变量的描述性统计及 pearson 相关性分析

变量	1	2	3	4	5	6	7	8	9	10	11	12	13	14
1. 运营效率	1													
2. 创新能力异变幅度	-0.010	1												
3. 企业规模	-0.025	0.028	1											
4. 冗余资源	-0.204***	-0.068**	-0.255***	1										
5. 资产负债率	0.209***	0.071**	0.329***	-0.858***	1									
6. 企业年龄	0.042	0.037	0.018	-0.182***	0.130***	1								
7. 高管人数	-0.003	0.070**	0.179***	-0.155***	0.140***	0.109***	1							
8. 前期绩效	-0.106***	0.010	0.080***	0.250***	-0.253***	-0.014	-0.036	1						
9. 独董比例	-0.035	-0.015	-0.088***	-0.063**	0.043	-0.013	-0.235***	-0.121***	1					
10. 机构比例	0.142***	0.011	0.186***	-0.040	0.033	0.088***	0.132***	0.093***	-0.086***	1				
11. 国有股比例	-0.027	-0.022	0.070**	0.071**	-0.064**	0.037	0.175***	0.039	-0.067**	0.112***	1			
12. 研发投入强度	-0.057**	-0.041	-0.011	0.037	-0.046*	-0.057**	-0.014	-0.008	-0.046*	0.050*	-0.018	1		
13. 环境丰裕性	-0.038	-0.014	0.175***	-0.105***	0.084***	-0.008	-0.038	-0.054**	-0.063**	0.049**	0.046*	-0.005	1	
14. 价值认知复杂度	0.024	-0.032	-0.051*	0.089***	-0.093***	-0.102***	-0.042	0.092***	-0.095***	0.012	0.046	0.025	0.021	1
均值	0.396	0.238	3.099	1.629	0.213	2.374	2.874	0.112	0.320	2.461	0.136	0.065	3.180	2.134
标准差	0.189	0.554	0.031	0.702	0.123	0.442	0.186	0.176	0.039	1.017	0.614	0.270	0.506	0.167

注：N=1 285。*表示 $p<0.1$，**表示 $p<0.05$，***表示 $p<0.01$。

価値認知、企業創新能力重構与高質量創新効率研究

表6-3　分层回归分析结果

类别	模型1 β	模型1 T	模型2 β	模型2 T	模型3 β	模型3 t	模型4 β	模型4 T
企业规模	-0.375**	-1.990	-0.374**	-1.980	-0.374**	-1.980	-0.370*	-1.970
冗余资源	-0.035***	-5.510	-0.035***	-5.610	-0.036***	-5.800	-0.036***	-5.740
资产负债率	-0.017	-0.420	-0.015	-0.370	-0.016	-0.390	-0.018	-0.420
企业年龄	0.001	-0.130	0.000	-0.030	0.000	-0.060	-0.003	-0.460
高管团队人数	0.022**	-1.980	0.023**	-2.110	0.023**	-2.220	0.025**	-2.590
前期绩效	0.006	-0.440	0.006	-0.480	0.006	-0.470	0.007	-0.540
独立董事比例	-0.131***	-10.610	-0.133***	-11.830	-0.133***	-11.470	-0.152***	-10.620
机构持股比例	0.002	-1.500	0.002	-1.550	0.002	-1.450	0.002	-1.470
国有股比例	0.006***	-3.900	0.006***	-3.860	0.006***	-3.820	0.007***	-3.680
研发投入强度	-0.002	-0.540	-0.002	-0.540	-0.002	-0.530	-0.002	-0.530
创新能力异变幅度			-0.004**	-2.390	-0.004**	-2.680	-0.004**	-3.120
环境丰裕性					0.008	-0.410	0.011	-0.550
创新能力异变幅度 × 环境丰裕性					-0.008**	-2.320	-0.007	-1.650
价值认知复杂度							0.000	-0.040

86

续表

类别	模型 1		模型 2		模型 3		模型 4	
	β	T	β	T	β	t	β	T
创新能力异变幅度 × 价值认知复杂度							0.010	− 0.720
环境丰裕性 × 价值认知复杂度							− 0.031	− 1.610
创新能力异变幅度 × 环境丰裕性 × 价值认知复杂度							0.046**	− 2.05
R^2	0.0493		0.0498		0.0505		0.0523	
ΔR^2	—		0.0005		0.0007		0.0018	
F 值	40.962***		46.251***		72.206***		48.98***	

注：$N = 1\ 285$。* 表示 $p < 0.1$，** 表示 $p < 0.05$，*** 表示 $p < 0.01$。

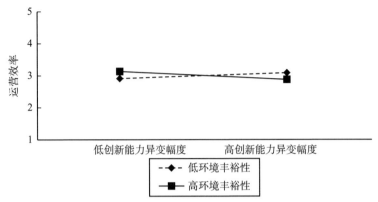

图 6 - 2　环境丰裕性对创新能力异变幅度与运营效率关系的调节作用

（3）环境丰裕性和价值认知复杂度的交互对创新能力异变幅度与运营效率关系的调节作用检验

为检验环境丰裕性和价值认知复杂度的交互对创新能力异变幅度与运营效率关系的调节作用，将价值认知复杂度这一调节变量以及相应的两次乘积项和三次乘积项放入模型，从模型4可以看出，创新能力异变、环境丰裕性与价值认知复杂度三次乘积项的回归系数为 0.046（p < 0.05），$\Delta R^2 =$ 0.0018，环境丰裕性与价值认知复杂度的联合交互作用正向调节创新能力异变幅度与运营效率之间关系。更直观的结果可看图 6 - 3，图 6 - 3 表明在低环境丰裕性且低价值认知复杂度的情景下，加大创新能力异变幅度更有利于运营效率的提高，H6 - 3 得到支持。

为了进一步检验 H6 - 3，我们采用道森和里希特（Dawson & Richter，2016）的方法进行斜率差异检验（见表 6 - 4）。对于 H6 - 3，低环境丰裕性且低价值认知复杂度和高环境丰裕性且低价值认知复杂度（t = - 5.043，p = 0.000）以及低环境丰裕性且高价值认知复杂度（t = - 3.394，p = 0.001）存在显著差异，但是和高环境丰裕性且高价值认知复杂度（t = - 1.569，p = 0.117）没有显著差异。

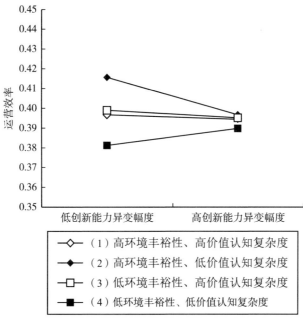

图 6 – 3 环境丰裕性和价值认知复杂度的交互对创新
能力异变幅度与运营效率关系的调节作用

表 6 – 4 环境丰裕性和价值认知复杂度斜率差异检验

斜率对比组	斜率差异 t 值	斜率差异 p 值
(1) and (2)	6.112	0.000
(1) and (3)	0.178	0.859
(1) and (4)	– 1.569	0.117
(2) and (3)	– 1.986	0.047
(2) and (4)	– 5.043	0.000
(3) and (4)	– 3.394	0.001

6.4.3 稳健性检验

为了验证上述研究结果的可靠性，本研究替换了代理变量进一步验证创新能力异变幅度对企业运营效率的影响。选用另一企业资本运转速度应收账款周转率作为替代测量方式作稳健性研究，由表 6 – 5 可知，上述研究结果仍然成立。

表6-5

稳健性检验分析结果

类别	模型 1		模型 2		模型 3		模型 4	
	β	T	β	T	β	T	β	t
企业规模	-0.397**	-2.460	-0.391**	-2.420	-0.380**	-2.290	-0.387***	-2.040
冗余资源	-0.026*	-1.880	-0.026**	-2.020	-0.026**	-1.990	-0.024*	-1.700
资产负债率	0.072	-0.430	0.083	-0.500	0.080	-0.470	0.098	-0.540
企业年龄	0.120**	-2.170	0.116**	-2.210	0.113**	-2.140	0.115**	-2.320
高管团队人数	0.010	-0.240	0.013	-0.340	0.012	-0.300	0.019	-0.520
前期绩效	0.003	-0.100	0.006	-0.200	0.002	-0.070	-0.002	-0.050
独立董事比例	-0.298***	-3.070	-0.306***	-3.030	-0.322***	-2.900	-0.354***	-2.850
机构持股比例	0.017*	-1.880	0.017**	-1.970	0.017*	-1.880	0.017*	-1.920
国有股比例	-0.003	-0.480	-0.003	-0.530	-0.002	-0.270	-0.001	-0.190
研发投入强度	0.029***	-4.330	0.028***	-3.580	0.026***	-2.840	0.027***	-2.940
创新能力异变幅度			-0.020***	-2.930	-0.020***	-3.800	-0.019***	-5.390
环境丰裕性					-0.070	-1.140	-0.064	-0.980
创新能力异变幅度 × 环境丰裕性					-0.032***	-3.410	-0.034***	-2.720
价值认知复杂度							-0.002	-0.130
创新能力异变幅度 × 价值认知复杂度							0.121	-1.380

续表

类别	模型 1		模型 2		模型 3		模型 4	
	β	T	β	T	β	T	β	t
环境丰裕性 × 价值认知复杂度							-0.018	-0.190
创新能力异变幅度 × 环境丰裕性 × 价值认知复杂度							0.167***	-2.160
R²	0.0677		0.0700		0.0722		0.0753	
ΔR²	—		0.0023		0.0022		0.0031	
F 值	184.334***		10.971***		16.087***		17.330***	

注: N = 1 285。* 表示 p < 0.1, ** 表示 p < 0.05, *** 表示 p < 0.01。

6.5 研究结论及启示

6.5.1 研究结论与讨论

本研究从间断均衡理论和动态能力视角分析并检验了企业创新能力异变幅度对运营效率的影响，并分析了组织外部的环境对创新能力异变幅度和运营效率间关系的调节，以及组织外部环境和内部认知特征的联合交互作用对创新能力异变幅度和运营效率间关系的调节。本研究得到三点结论。

（1）企业创新能力异变幅度会负向影响运营效率

在企业创新能力异变过程中，利用式和探索式创新相互转换，由于企业往往难以准确判断创新能力结构的价值，这种转换往往会给企业产生巨大的机会成本，从而带来风险。同时，能力异变的幅度越大，对企业能力路径的破坏程度就越大，随之产生的协调成本以及资源重新配置的时间相应增加，从而降低运营效率。该发现与大多数研究持有的对企业创新能力异变效果的乐观观点不同（Mudambi & Swift，2014；吴建祖、肖书锋，2016），拓展了对企业创新能力异变阴暗面的研究。这种消极观点和斯威夫特（Swift，2016）逻辑相似，但也有不同。斯威夫特（2016）发现了企业创新能力异变幅度与企业失败间的联系，但未分析其过程机理。本研究基于"柔性—效率"矛盾视角，揭示了企业创新能力异变幅度对运营效率的消极影响，为斯威夫特（2016）未完成的过程机理研究提供了分析的思路。

（2）环境丰裕性负向调节了企业创新能力异变幅度和运营效率之间的关系

当环境丰裕性高的时候，外部的机会比较多，进行大幅度创新能力异变可能会丧失原本的既得利益，带来机会成本，同时破坏原有的路径惯性降低效率。因此，促使创新能力异变幅度对运营效率的负向影响更大。该发现与大多数将环境丰裕性默认为企业创新有益条件的研究（Jancenelle，2019；

陈怀超等，2019；Chen et al.，2017）不同，发现过于丰裕的环境会增加企业的战略选择空间，此时企业大幅度转换能力轨迹将存在很高的机会成本。环境丰裕性低的时候，可供选择的机会较少，通过加大创新能力异变的幅度可有助于企业修正原有的低价值的能力发展路径，从而获得竞争优势。

（3）创新能力异变幅度与运营效率的关系由环境丰裕性和价值认知复杂度共同调节，在低环境丰裕性和低价值认知复杂度的情况下，创新能力异变幅度与运营效率的关系是积极的

在环境低丰裕的情况下，若企业价值认知的复杂度也低，则进行创新能力大幅度异变的企业考虑的价值环节越少，需调整改变的惯性和资源也就越少，这将节约时间、减少沉没成本，有利于运营效率的提高。该发现不同于以往单一研究环境因素或认知因素的研究（Wittman，2019），识别了有助于提高企业创新能力异变效果的"环境 – 价值认知"匹配模式。

6.5.2　理论贡献

第一，针对"创新能力异变幅度与运营效率间关系存在争论"这一研究缺口，深化并丰富了间断均衡理论的研究。以往对于创新能力异变幅度与运营效率之间的关系研究较少，并且多数研究基于间断均衡理论，从研发角度出发显示企业在利用和探索之间的转变有利于促进效率的提升（Mudambi & Swift，2014；Lee et al.，2019；吴建祖、肖书锋，2016；Mudambi & Swift，2011；吴建祖、肖书锋，2015），对于两者的负向关系研究更为稀少。本研究基于价值创造全链条中的"柔性—效率"矛盾视角，揭示了企业创新能力异变幅度对运营效率的消极影响，进一步拓宽了创新能力异变的相关研究。

第二，针对"环境丰裕性是否为企业创新能力异变效果的有益条件"这一研究缺口，深化了动态能力理论的研究。以往研究表明高丰裕性的外部环境能更好地提供企业成长和可持续发展的机会和能力，进而默认其为企业创新的有益条件（Jancenelle，2019；陈怀超等，2019；Chen et al.，2017）。本研究基于动态能力视角，发现高环境丰裕性并非运营效率提升导向下企业

创新能力异变的有益条件，进一步开拓了环境丰裕性及企业创新能力异变效果所需外部边界条件的研究。

第三，针对"尚无将环境丰裕性特征和价值认知特征匹配起来研究其对企业创新能力异变效果"这一研究缺口，从价值视角切入，发现了有助于运营效率提升的价值认知复杂度和环境丰裕性的配置方式，深化了价值认知的研究。以往价值认知研究大多集中于组织内部资源对于认知的影响（Stevens et al.，2015），管理者注意力配置对于企业绩效和研发跳跃的影响（Lee et al.，2019；吴建祖、肖书锋，2015），而忽视了认知作为一组认知模式，其整体特征与所处环境的配置对企业创新的影响作用。

6.5.3 实际意义

第一，企业不能对创新能力异变行为持过于乐观的估计，需要审慎考虑该行为的幅度和时机，以免对价值创造过程中的运营效率产生不良的影响。在创新能力异变这一变革过程中，价值创造链条中各环节的"柔性—效率"矛盾确实存在，创新能力异变时机和幅度把握不当会导致运营效率降低。

第二，企业不必等到环境中资源和机会丰裕时再开展创新能力异变行为。当企业所处环境不丰裕时，并非意味着企业不具备创新能力异变的环境条件。相反，在不丰裕环境中，企业更易通过大幅度创新能力异变提升运营效率的均衡，克服价值创造链条中各环节的"柔性—效率"矛盾。

第三，企业可通过减少价值认知复杂度的方式适应不丰裕的环境，促进价值创新效率提升导向下的创新能力异变。不关注价值创造链条中的过多环节，有助于企业在机会不充裕的环境下减少资源浪费，提高运营效率。

6.5.4 不足和未来方向

在样本数据方面，出于样本数据完整性和可靠性的考量，对中国创业板上市公司进行筛选后，得到的最终只有 257 个企业样本，样本量相对较少。其中部分数据，是通过对年度报告和社会责任报告手工编码而来，样本数据存在一定的偏差。对于创新能力异变幅度的这一自变量是作为一个整体来考察的，未对利用式创新转向探索式创新以及从探索式创新转向利用式创新这两种异变的具体方向进一步分析，未来希望可以从更多的角度对此展开研究。

第7章 价值创造导向下企业创新能力重构类型优先级重塑研究

7.1 问题的提出

转型经济情境中，企业面临着快速且不连续的技术进步。有研究发现，创新行为在探索和利用间相互转换过程中需要创新能力重构（Mudambi & Swift, 2014; Swift, 2016）。基于双元创新理论，这一过程中存在天然的"柔性—效率"矛盾。有研究认为，创新能力重构有助于将资源转移到开拓或深耕更高价值的技术领域，进而通过间断均衡的方式促进企业价值（Mudambi & Swift, 2014）。但也有研究认为，伴随着企业创新能力结构转变的大幅度研发跳跃本身具有极大的风险（Swift, 2016）。企业往往难以准确判断技术领域的商业价值，进而难以选择合适的技术领域进行研发，由此带来的机会成本将降低企业价值。针对此研究争论，本研究从两方面对已有研究进行拓展。

第一，造成创新能力重构和企业价值关系争论的原因可能在于不同类型的创新能力重构对企业价值具有不同作用，伴随着研发正向跳跃的创新能力异变的作用体现在资源分散于探索新方向的价值获取上，伴随着研发负向跳跃的创新能力选择性移除的作用体现在资源聚焦于深耕已有方向的价值获取上。可通过比较研发正向跳跃和研发负向跳跃对企业价值的不同作用，来平衡已有研究的争论。

第二,两种方向的创新能力重构对企业价值有促进作用的前提都是:企业能准确识别技术领域商业价值并有适当资源配置于高价值技术领域。在以环境难以预测性和生存压力为重要权变特征的经济转型期中国创业板企业,上述前提未必成立。首先,关于外部权变因素,虽然有研究认为,面临动荡环境的企业若不提高创新能力异变幅度,将难以抓住动态环境中的新机会,导致企业价值的下降(陈力田、张媚媚,2021),但也有研究认为,处于高度动荡的技术环境中的企业,往往难以准确辨别高价值技术领域(陈力田、岑杰,2018),此时若大幅度异变,提高的研发费用将极有可能成为沉没成本,难以带来商业价值。针对此争论,本研究环境难以预测性对不同方向创新能力重构幅度和企业价值关系的调节作用。其次,关于内部权变因素,有研究认为,企业面临的财务危机和生存压力约束了企业高管处理信息的认知带宽和资源基础,导致企业难以准确判断和把握技术领域的商业价值(Schilbach et al.,2016),所以会影响企业创新能力重构时机的选择,进而影响创新能力重构的有效性。但是,财务危机对于不同方向的创新能力重构幅度和企业价值间关系的研究尚缺。因此,本研究引入破产距离,研究其对不同方向的创新能力异变幅度和企业价值的调节作用。

综上所述,结合经济转型期企业面临的内外环境特征,本研究基于双元创新理论,采用在我国创业板上市的 223 家企业 2011~2016 年数据,实证研究在环境难以预测性和破产距离的调节下,不同方向的创新能力异变幅度对企业价值的影响。

7.2 研究假设

7.2.1 价值创造导向下企业创新能力重构类型优先级

由于探索式和利用式创新所基于的能力结构不同,二者之间的转换表征着企业创新能力的结构性变化,该行为伴随着大幅度的研发跳跃(Mudambi

& Swift，2014；Swift，2016；陈力田、张媚媚，2021）。创新能力异变伴随着研发费用与历史趋势不符的、显著紧凑的增多，意味着企业从深耕已有技术领域转向对开拓新技术领域，当这些新技术领域被证实比企业以往的技术领域具有更高的商业价值时，企业的产品线将得到快速扩展，有助于在更广泛的市场快速获得时基优势（Kim & Kim，2016）。从利用式研发转向探索性研发更容易产生突破性创新，如产生高质量的注册专利，并将注册专利与成功探索性研发联系起来，研发出了具有高商业价值的新产品，从而获得竞争优势，提升企业价值（Jiang & Kortmann，2014）。创新能力选择性移除伴随着与研发费用与历史趋势不符的、显著紧凑的减少，意味着这些企业快速从新技术领域开拓转向已有技术领域的深耕（Swift，2016）。企业在短时间内收缩并深耕技术领域，对低价值技术方向的放弃有助于公司摆脱以往经验束缚，快速减少不同产品线间的协调成本，将研发投入集中配置于高商业价值的产品产出中，提高研发投入的产出，进而获得竞争优势，提升企业价值（Mudambi & Swift，2014）。

相比于创新能力选择性移除，创新能力异变不仅要投入更多的研发费用进行试错学习尝试抓住多种技术机会（Swift，2016），还需要管理层付出更多的努力（如组织结构、激励制度和沟通制度的变革）平衡不同技术领域之间的资源争夺矛盾，产生了更大的沉没成本。在许多行业，包括制药、生物技术和汽车，探索性研发所产生的早期成本巨大（Mudambi & Swift，2014；Jiang & Kortmann，2014）。

而与创新能力异变相比，创新能力选择性移除意味着企业将资源从探索式研发转向利用式研发，所需配置的组织资源更少更集中。这将减少因多种技术领域而造成的资源分散，进而提高产品开发和推向市场的速度，获得竞争优势，促进企业价值。

H7-1：相比于创新能力异变，创新能力选择性移除对企业价值的正向促进作用更强。

（1）环境难以预测性对不同类型的创新能力重构与企业价值间关系的影响

对技术领域的商业价值时机的准确判断是企业创新能力重构得以提升企

业价值的基础。转型经济情境下，知识产权交易制度缺乏、提供技术机会质量信号的中介机构缺乏等制度缺位现象（institutional void）使得技术领域的商业价值信息不完备（Ault & Spicer, 2014；Khanna & Palepu, 2010；Gao et al., 2017）。这使得企业难以准确计算创新能力重构的收益和成本（Carson et al., 2012）。环境的难以预测性可能会对不同类型的创新能力重构和企业价值间关系产生不同的影响。

（2）环境难以预测性对创新能力异变幅度与企业价值间关系的影响

在创新能力异变过程中，企业资源配置的方向从深耕已有技术领域转移至开拓新技术领域（Mudambi & Swift, 2014）。换句话说，由于资源的稀缺性，企业将以已有领域内技术相对水平降低为代价，追求技术领域的广度。此时，能否准确识别和把握新技术领域高于原有技术领域的价值，决定企业能否从创新能力重构中获利（Swift, 2016）。价值的高低决定于新技术领域所在位置与市场需求和技术轨迹变化趋势的匹配程度（Mudambi & Swift, 2014；陈力田、张媚媚, 2021）。在易于预测的环境中，企业可基于完备的信息，快速判断新技术机会的商业价值，更理性地选择大幅度创新能力重构时机。在新技术领域的商业价值判断准确的情况下，加大创新能力异变幅度，虽会产生大量研发费用，但可先于竞争对手开发新技术领域，从而把握该技术机会，获得更大的市场收益，有助于企业价值的提升。

相比于易于预测的环境，难以预测环境中信息更不完备，技术机会价值信号可容纳更多样的解释。这使得企业越难快速并正确地解释环境信号、判断技术领域的价值，使得企业越难把握创新能力异变的时机（Carson et al., 2012）。此时，在新技术领域的商业价值判断不准的情况下，若扩大研发投入用于新技术领域开拓，将产生更高的机会成本，并浪费研发资源造成沉没成本，带来很大的风险（Ernst et al., 2016）。企业很难基于自身或他人经验认识新兴技术的商业价值，新技术可能难以快速被市场接受，研发投入和市场开发成本将比确定环境更多。因此，相比易于预测环境，在难以预测环境中，创新能力异变幅度的提升对企业价值的促进作用将会减弱。

H7 - 2（a）：环境难以预测性负向调节创新能力异变幅度与企业价值的关系。

7.2.2　环境难以预测性对创新能力选择性移除幅度与企业价值间关系的影响

在创新能力选择性移除过程中，企业资源配置方向从开拓新技术领域转向深耕已有技术领域。换句话说，由于资源的稀缺性，企业将以技术领域广度下降为代价，追求已有领域内技术相对水平的提高。此时，能否准确比较已有技术领域内多种技术的价值，并据此选择性移除技术，决定企业能否从创新能力选择性移除中获利（George et al.，2008；Carnabuci & Operti，2013）。相比于处于难以预测环境中的企业，在易于预测的环境中的企业更易快速判断已有技术领域的潜在商业价值，更理性地选择创新能力选择性移除的时机（Bass，2014；Liechty et al.，2005）。在已有技术领域商业价值判断准确的情况下，增加创新能力选择性移除幅度，可避免因误删高价值技术领域带来的机会成本，增强创新能力选择性移除对企业价值的促进作用。

相比于易于预测的环境，难以预测环境中的信息更不完备，已有技术领域的商业价值很难被快速准确地感知，企业往往不能准确把握时机。在已有技术领域商业价值判断不准的情况下大幅度减少研发费用以聚焦缩窄技术领域，将产生更高的因误删高价值技术领域带来的机会成本。因此，相比于易于预测的环境，在难以预测的环境中，增加创新能力选择性移除幅度对企业价值的促进作用将会减弱。

H7 - 2（b）：环境难以预测性负向调节创新能力选择性移除幅度与企业价值的关系。

7.2.3　破产距离对不同类型的创新能力重构幅度与企业价值间关系的影响

企业面临的财务危机是造成企业难以准确判断技术领域的商业价值，进而把握创新能力重构时机的另一因素。特别在资源匮乏的新创阶段，财务危机带来的生存压力会显著影响企业是否能够把握战略变革行动的时机

(Schilbach et al. , 2016；Chen & Miller, 2007；Iyer & Miller, 2010)。临近破产的企业，不得不被最紧急的任务拖累，而没有资源去安排更长远的发展、抓住更有价值的机会。当企业离破产距离越远，意味着企业面临更小的生存压力和更多的远见，有助于企业对技术领域的商业价值作出理性的决策判断。

（1）破产距离对创新能力异变幅度与企业价值间关系的影响

在创新能力异变过程中，企业将研发资源配置于对新技术领域的试错和拓展。相比于破产距离小的企业，破产距离较大的企业面临的生存压力较小，具有更多的可自由支配的资源，可以更加周全地考察新技术领域的商业价值。这时，企业将倾向于重新思考和讨论风险决策，在扩充产品线时更加审慎，把握创新能力异变的时机。在新技术领域商业价值判断准确的情况下进行大幅度研发正向跳跃，可减少因为错误投资带来的机会成本，从而提高了创新能力异变幅度对企业价值的促进作用。与之相反，破产距离较小的企业面临的生存压力大，不得不被最紧急的任务拖累，而没有研发资源去安排更长远的发展、抓住更有价值的机会。这类企业容易因为信息忽略（discounting）错过创新能力异变的最佳时机。此时，在新技术领域商业价值判断不准的情况下，若增加研发支出用于新技术领域开拓，将产生更高的机会成本，并浪费研发资源造成沉没成本，带来很大的风险，增加企业投资失败的概率，从而降低了创新能力异变对企业价值的促进作用。

H7 - 3（a）：破产距离正向调节创新能力异变幅度和企业价值的关系。

（2）破产距离对创新能力选择性移除幅度与企业价值间关系的影响

在创新能力选择性移除过程中，企业将研发资源配置于已有技术领域的减少和深耕。破产距离较大的企业生存压力更小，具有更多可支配的资源，这支持他们在创新能力选择性移除的决策过程中充分评估、比较已有技术领域和新技术机会的价值，使得他们更易识别低价值技术领域并将其剔除，从而将有限资源集中于深耕高价值技术领域，减少创新能力选择性移除的时机和幅度偏差，提高创新能力选择性移除幅度对企业价值的促进作用。对于破产距离较小的企业，其面临的生存压力较大，企业往往不得不为了短期利益忽略高价值技术机会信息，过早地将研发资源配置到利用式研发，增加创新能力选择性移除的时机偏差。在已有技术领域商业价值判断不准的情况下大幅度减少研发以聚焦缩窄技术领域，将产生更高的机会成本，从而降低了创新能力选择性移除幅度对企业价值的促进作用。

H7 - 3（b）：破产距离正向调节创新能力选择性移除幅度和企业价值的关系。

7.3 研究方法

7.3.1 样本选择

样本选自中国创业板上市公司 2011 ~ 2016 年数据。该样本是转型经济情境中的良好样本。中国改革开放政策促进了计划经济向市场经济转型，并鼓励创新型企业的发展（Zhang & Haiyang，2010）。由于激烈的竞争，这些企业开始尝试创新投入和转型，以避免"能力陷阱"（Xia et al. ，2014）。

选择中国创业板上市企业有如下原因。第一，数据可靠性更强。相比于非上市公司，上市公司为服从管制，必须发布完整和准确的研发和绩效数据，以符合国际标准（Huang，2015）。第二，这些企业符合研究主题。难以预测环境和高度生存压力往往导致企业决策制定过程中的有限理性。这些特征在创业板上市公司中很常见（Shimizu，2007）。研究数据覆盖了 2011 ~ 2016 年，原因如下。第一，这会导致数据的准确性和关键变量的可获得性。创业板正式成立于 2009 年 10 月，在此之后的数据可以获得。对于研发支出的披露规定公布于 2008 年 11 月，此规定执行两年后更多的企业开始以规范的方式披露研发费用数据。第二，这段时期符合研究目标。2011 年经济转型时期的中国实现了经济的稳定增长，创新投资和企业转型更为常见。这为本研究提供了合适的观测窗口。本研究数据来自国泰安数据库（CSMAR）、Wind 数据库和 CNINFO 网站。这些数据和年报数据、公司网站数据整合、互补后形成了数据库。参考库珀（cooper，2014）等，用于计算环境难以预测性的数据收集滞后五年，其他自变量、控制变量和调节变量滞后一年。首先，这段时间内倒闭的企业被研究剔除，以保证 2011～2015 年的研发数据和 2012～2016 年的绩效数据持续可得。其次，这些上市企业并未披露每年的研发支出，一些研发支出数据会缺失，缺失率为 5.2%。参考克罗斯兰（Crossland，2014）等的做法，缺失的研发支出数据被行业均值所代替。本研究识别 223 家企业发生研发跳跃的年份，然后保留样本企业该年份的自变量、控制变量和调节变量数值，以及后一年的因变量数值，将其他年份的样本观测值删除。因此，本研究最后得到 223 个"企业－年"观测值。

7.3.2　研究变量

（1）因变量

因变量为企业价值，用 Tobin's q 来测量（Chung & Pruitt，1994）。Tobin's q 被定义为上市公司的市场价值，被视作企业未来现金流量的无偏估计。

（2）自变量

企业创新能力重构：企业创新能力异变和企业创新能力选择性移除。

穆丹比和斯威夫特（2014）和斯威夫特（2016）将研发费用波动最极端的情况，用于衡量探索式和利用式创新相互转变的幅度。本研究借鉴其测量方式，结合数据可获得性，运用 2011～2015 年 5 年共 20 个季度的研发支出数据通过广义自回归条件异方差模型（GARCH 模型）计算创新能力重构幅度。这是因为 GARCH 模型对误差项方差进行建模，适用于分析和预测，能识别研发支出变动最极端的幅度及时间点（陈力田、岑杰，2018）。

步骤一：计算第 i 个企业第 t 年第 n 个季度的自回归模型残差 u_{itn}。考虑到时间序列数据的自相关性，先对观测期内每个企业研发支出进行偏相关检验，再进行自回归，得出 u_{itn}。

步骤二：计算第 i 个企业第 t 年第 n 个季度的 GARCH 模型残差 e_{itn}。基于 GARCH 模型对 u_{itn} 建模，得到残差 e_{itn}。即该季度该企业研发支出偏离历史趋势预测值的程度。

步骤三：计算第 i 个企业第 t 年第 n 个季度的 GARCH 模型的学生化残

差 $e_{itn}(stud)$。

步骤四：比较各企业 2011 ~ 2015 年各季度的 $e_{itn}(stud)$ 的绝对值，找到其最大值 $e_i(max)$，即第 i 个企业的创新能力重构幅度。该值发生时间即创新能力重构事件发生的时间。

步骤五：观察取绝对值前的 $e_i(max)$ 方向，若取值为正，即该观测样本发生了创新能力异变事件，将该观测样本的创新能力异变幅度变量赋值为 $e_i(max)$，创新能力选择性移除幅度变量赋值为 0。若取值为负，则该观测样本发生了创新能力选择性移除事件，将该观测样本的创新能力选择性移除幅度变量赋值为 $e_i(max)$，创新能力异变幅度变量赋值为 0。

（3）环境难以预测性

环境难以预测性指的是环境中不规则、非系统性的变动（Miller et al.，2006）。作为环境不确定性的一个维度，反映了企业难以根据过往经验预测一项行为的结果的程度（Cooper et al.，2014；Carson，2012）。相比于环境不确定的其他维度（如复杂度、变化速度），它更能直接反映转型经济情境下的主要特征——信息的不完备性。据库珀（2014）等的测量方式，基于二级行业代码，采用 5 年（20 个季度）时间窗口平滑移动，将本季度行业销售收入对上季度行业销售收入进行回归。基于 X – 11 – ARIMA1 模型，控制增长、下降和周期趋势，得到调整后的 R^2。用 $1 - R^2$ 表征决策当年参考的近 5 年环境难以预测性。

（4）破产距离

本研究采用 Z 指数测量破产距离（Chen & Miller，2007；Iyer & Miller，2008；Miller & Chen，2004）。指标数据取自当年发生创新能力重构的样本企业。Z 指数 = 1.2 ×（企业流动资产 – 流动负债）/总资产 + 1.4 × 企业未分配利润/总资产 + 3.3 × 企业息税前利润/总资产 + 0.6 × 企业净资产市场价值/总负债 + 1.0 × 营业收入/总资产。Z 指数取值越小，则企业面临的财务危机和生存压力越大（Chen & Miller，2007；Iyer & Miller，2008；Miller & Chen，2004）。

（5）控制变量

为了减少因数据缺失造成的内生性问题，本研究选择了集中且完备的控

104

制变量，包括：研发强度、企业规模、组织冗余、企业年龄、独董比例、机构持股比例、国有持股比例、行业虚拟变量、时间虚拟变量。第一，研究显示董事会特征会影响企业的风险决策过程（Cooper et al.，2014），因此创新能力重构当年的独董比例被选为控制变量，通过独立董事数占董事会总人数的百分比来测量（Cooper et al.，2014）。第二，研究显示所有制结构会影响企业风险决策过程，因此机构持股比例和国有持股比例被选为控制变量。前者是指机构投资者持股数占企业总股数的百分比，后者是指国家持股数占企业总股数的百分比（Cooper et al.，2014）。第三，企业年龄和规模会导致企业创新决策的差异化（Swift，2016），所以也被选为控制变量。企业年龄为观测企业发生创新能力重构事件的年份距离企业成立的年限，企业规模为观测年企业的总资产的对数化处理（Chesher，1979；Wernerfelt & Montgomery，1988）。第四，组织冗余也是一个重要的控制变量，因为它会影响创新投入和企业转型（Iyer & Miller，2008），采用流动资产除以流动负债的对数化处理方式进行测量。此值越高，企业面对紧急资源需求的能力就越强。第五，遵循已有研究，行业类型也被选为控制变量。这是一个虚拟变量，制造行业企业取值为 1，其他行业企业取值为 0。第六，考虑到创新能力重构事件时间分布于 2011～2015 年，时间因素可能会影响企业价值和研发投入决策制定，所以遵循已有研究，创新能力重构时间发生的时间也被选为控制变量。以 2011 年为基准值，4 个时间虚拟变量被设置。

7.4　研究结果

7.4.1　描述性统计分析

变量的描述性统计和 pearson 相关分析结果见表 7 - 1。如结果所示，两种类型的创新能力重构幅度与企业价值之间的相关性并非正向显著。其原因可能为研发投入等因素的干扰导致。在后续的回归分析中，将进一步控制研发投入等关键因素，作假设验证分析。

表7—1 描述性分析和 pearson 相关分析结果

变量	均值	标准差	1	2	3	4	5	6	7	8	9	10	11	12
1. 研发投入强度	0.043	0.09	1											
2. 企业规模（log）	1.33	0.01	0.12*	1										
3. 组织冗余（log）	0.53	0.38	-0.01	-0.45***	1									
4. 企业年龄	11.16	4.61	0.03	0.18***	-0.13**	1								
5. 独董比例	0.38	0.05	0.00	-0.08	-0.04	-0.02	1							
6. 机构持股数	17.02	15.67	0.07	0.11	0.04	0.15**	0.00	1						
7. 国有持股数	0.66	3.95	-0.03	0.06	0.06	-0.01	-0.10	0.21***	1					
8. 破产距离（log）	1.07	0.41	-0.03	-0.21***	0.41***	-0.02	0.03	-0.00	-0.15**	1				
9. 环境难以预测性	0.19	0.19	-0.10	0.15**	-0.10	0.20***	-0.02	-0.06	0.09	0.00	1			
10. 创新能力选择	3.46	6.06	0.06	0.09	-0.17**	0.08	-0.14**	-0.07	-0.01	-0.08	0.06	1		
11. 创新能力选择性移除	0.24	0.63	0.02	-0.09	0.07	0.03	0.02	0.04	0.07	0.08	0.03	-0.22***	1	
12. 企业价值	3.55	2.27	0.02	-0.16**	0.02	0.03	0.10	-0.07	-0.11	0.47***	-0.08	0.07	0.07	1

注：N=223。 *表示 $p<0.1$ ，**表示 $p<0.05$ ，***表示 $p<0.01$ 。

7.4.2   假设检验

本研究检验并比较了创新能力异变和创新能力选择性移除对企业价值的影响，并检验了环境难以预测性和破产距离对上述关系的调节作用。采用强迫进入法进入模型。如模型 2 所示，创新能力异变对企业价值无正向作用（回归系数：0.033，$p > 0.1$），创新能力选择性移除对企业价值有正向作用（回归系数：0.437，$p < 0.1$）。模型 2 的 ΔR^2 显著增加。因此，相比于创新能力异变，创新能力选择性移除于企业价值有更强的积极影响。H7 - 1 得到支持。

如模型 4 所示，创新能力异变和环境难以预测性的交互项的回归系数为 - 0.286（$P < 0.01$），而创新能力选择性移除和环境难以预测性的交互项的回归系数为 - 0.720（$P > 0.1$）。因此，环境难以预测行负向调节创新能力异变和企业价值的关系，但对创新能力选择性移除和企业价值的关系无显著调节作用。H7 - 2（a）被支持，H7 - 2（b）被拒绝。如模型 5 所示，创新能力异变和破产距离的交互项的回归系数是 0.156（$P < 0.01$），而创新能力选择性移除和破产距离的交互项的回归系数是 0.495（$P > 0.1$）。因此，破产距离正向调节创新能力异变和企业价值之间的关系，但对创新能力选择性移除和企业价值间关系无显著调节作用。H3（a）被支持，H3（b）被拒绝（见表 7 - 2）。

表 7 - 2　　　　　　　　　　　回归结果

变量名	因变量：企业价值				
	模型 1	模型 2	模型 3	模型 4	模型 5
常数项	67.889 *** (15.543)	65.900 *** (15.467)	49.467 *** (13.759)	48.722 *** (13.585)	47.197 *** (13.550)
1. 控制变量					
研发投入强度	0.719 (1.483)	0.484 (1.478)	0.343 (1.304)	- 0.048 (1.293)	0.234 (1.282)

续表

变量名	因变量：企业价值				
	模型1	模型2	模型3	模型4	模型5
企业规模（log）	− 50.212 *** (11.592)	− 48.967 *** (11.527)	− 38.322 *** (10.227)	− 37.923 *** (10.103)	− 36.750 *** (10.070)
组织冗余（log）	0.227 (0.413)	0.297 (0.416)	− 1.129 *** (0.408)	− 1.107 *** (0.402)	− 1.126 *** (0.401)
企业年龄	− 0.024 (0.032)	− 0.030 (0.031)	− 0.002 (0.028)	0.004 (0.028)	0.001 (0.028)
独董比例	1.427 (2.823)	1.901 (2.840)	2.688 (2.503)	3.342 (2.491)	3.117 (2.463)
机构持股比例	− 0.001 (0.009)	− 0.001 (0.009)	− 0.005 (0.008)	− 0.006 (0.008)	− 0.005 (0.008)
国有持股比例	0.020 (0.036)	0.014 (0.036)	0.043 (0.032)	0.046 (0.031)	0.041 (0.031)
行业虚拟变量	Included	Included	Included	Included	Included
年份虚拟变量	Included	Included	Included	Included	Included
2. 自变量					
创新能力异变		0.033 (0.023)	0.037 * (0.020)	0.099 *** (0.030)	0.083 *** (0.025)
创新能力选择性移除		0.437 * (0.225)	0.355 * (0.199)	0.458 ** (0.200)	0.404 ** (0.200)
3. 调节变量					
环境难以预测性			− 0.402 (0.705)	− 0.608 (0.703)	− 0.196 (0.698)
破产距离（log）			2.829 *** (0.359)	2.731 *** (0.356)	2.778 *** (0.353)
4. 交互项					
创新能力异变 × 环境难以预测性				− 0.286 *** (0.102)	

续表

变量名	因变量：企业价值				
	模型 1	模型 2	模型 3	模型 4	模型 5
创新能力选择性移除 × 环境难以预测性				−0.720 （1.049）	
创新能力异变 × 破产距离					0.156 *** （0.052）
创新能力选择性移除 × 破产距离					0.495 （0.416）
R^2	0.287	0.303	0.466	0.487	0.490
Adjusted R^2	0.246	0.256	0.425	0.441	0.445
ΔR^2		0.016	0.163	0.021	0.030
F	7.041 ***	6.467 ***	11.250 ***	10.737 ***	10.874 ***

注：* 表示 $p < 0.1$，** 表示 $p < 0.05$，*** 表示 $p < 0.01$。括号内为标准差。

7.4.3　稳健性检验

在本研究主要部分，已检验了两种类型的创新能力重构与滞后一年的企业价值之间的关系。时间滞后选择具有因果性。当选择不同的替代测量时，研究结果仍然稳健。Tobin's q 被 ROA 替代，如表 7 - 3 所示，结果和表 7 - 2 基本一致，关键变量的显著性及方向均一致。

表 7 - 3　　　　稳健性检验结果 1（Tobin's q 被 ROA 替代）

变量名	因变量：企业价值				
	模型 1	模型 2	模型 3	模型 4	模型 5
常数项	−0.195 （0.435）	−0.254 （0.430）	−0.578 （0.411）	−0.584 （0.409）	−0.615 （0.408）

变量名	因变量：企业价值				
	模型 1	模型 2	模型 3	模型 4	模型 5
1. 控制变量					
研发投入强度	-0.142 *** (0.042)	-0.149 *** (0.041)	-0.152 *** (0.039)	-0.159 *** (0.039)	-0.153 *** (0.039)
企业规模（log）	0.159 (0.325)	0.199 (0.321)	0.409 (0.305)	0.408 (0.304)	0.433 (0.303)
组织冗余（log）	0.018 (0.012)	0.019 * (0.012)	-0.009 (0.012)	-0.008 (0.012)	-0.009 (0.012)
企业年龄	0.000 (0.001)	5.318E-5 (0.001)	0.001 (0.001)	0.001 (0.001)	0.001 (0.001)
独董比例	0.035 (0.079)	0.042 (0.079)	0.058 (0.075)	0.076 (0.075)	0.067 (0.074)
机构持股比例	0.000 (0.000)	0.000 (0.000)	0.000 (0.000)	0.000 (0.000)	0.000 (0.000)
国有持股比例	0.000 (0.001)	0.000 (0.001)	7.934E-5 (0.001)	0.000 (0.001)	4.537E-5 (0.001)
行业虚拟变量	Included	Included	Included	Included	Included
年份虚拟变量	Included	Included	Included	Included	Included
2. 自变量					
创新能力异变		0.001 (0.001)	0.001 (0.001)	0.002 ** (0.001)	0.002 ** (0.001)
创新能力选择性移除		0.017 *** (0.006)	0.015 *** (0.006)	0.018 *** (0.006)	0.017 *** (0.006)
3. 调节变量					
环境难以预测性			-0.007 (0.021)	-0.013 (0.021)	-0.002 (0.021)

续表

变量名	因变量：企业价值				
	模型 1	模型 2	模型 3	模型 4	模型 5
破产距离（log）			0.056 *** (0.011)	0.054 *** (0.011)	0.055 *** (0.011)
4. 交互项					
创新能力异变 × 环境难以预测性				− 0.006 * (0.003)	
创新能力选择性移除 × 环境难以预测性				− 0.031 (0.032)	
创新能力异变 × 破产距离					0.004 ** (0.002)
创新能力选择性移除 × 破产距离					0.001 (0.013)
R^2	0.090	0.123	0.226	0.242	0.246
Adjusted R^2	0.038	0.064	0.166	0.175	0.180
ΔR^2		0.033	0.103	0.016	0.020
F	1.737 *	2.084 **	3.762 ***	3.625 ***	3.701 ***

注：* 表示 $p < 0.1$，** 表示 $p < 0.05$，*** 表示 $p < 0.01$。括号内为标准差。

除此之外，本研究还更换了回归方法，以测试稳健性。根据 $ei(\max)$ 的方向，我们将样本划分为两个子样本。如果 $ei(\max)$ 的观测值为正，我们将其放入创新能力异变样本，如果 $ei(\max)$ 的观测值为负，我们将其放入创新能力选择性移除样本。在创新能力异变样本中，本研究检验了创新能力异变对企业价值的影响，以及环境难以预测性和破产距离对该关系的调节作用。在创新能力选择性移除样本中，本研究检验了创新能力选择性移除对企业价值的影响，以及环境难以预测性和破产距离对该关系的调节作用。如表 7 - 4 所示，研究结果仍稳健。

表 7 - 4　　稳健性分析结果 2（基于两个子样本）

因变量：企业价值

变量名	模型 1	模型 2	模型 3	模型 4	模型 5	模型 6	模型 7	模型 8
常数项	67.136 *** (15.557)	50.258 *** (13.824)	49.403 *** (13.675)	49.202 *** (13.663)	67.084 *** (15.482)	50.912 *** (13.815)	51.159 *** (13.862)	50.621 *** (13.855)
1. 控制变量								
研发投入强度	0.619 (1.486)	0.468 (1.309)	0.155 (1.301)	0.446 (1.293)	0.637 (1.478)	0.521 (1.308)	0.528 (1.311)	0.502 (1.311)
企业规模（log）	-49.867 *** (11.594)	-38.941 *** (10.275)	-38.374 *** (10.163)	-38.265 *** (10.153)	-49.560 *** (11.548)	-39.066 *** (10.277)	-39.294 *** (10.319)	-38.844 *** (10.307)
组织冗余（log）	0.299 (0.419)	-1.145 *** (0.410)	-1.126 *** (0.405)	-1.146 *** (0.405)	0.201 (0.412)	-1.228 *** (0.407)	-1.231 *** (0.407)	-1.228 *** (0.407)
企业年龄	-0.026 (0.032)	0.001 (0.028)	0.006 (0.028)	0.004 (0.028)	-0.027 (0.031)	0.001 (0.028)	0.002 (0.028)	0.001 (0.028)
独董比例	1.900 (2.859)	2.719 (2.516)	3.108 (2.493)	3.033 (2.488)	1.272 (2.812)	1.975 (2.486)	2.081 (2.509)	1.992 (2.491)
机构持股比例	-0.001 (0.009)	-0.005 (0.008)	-0.006 (0.008)	-0.006 (0.008)	-0.001 (0.009)	-0.006 (0.008)	-0.006 (0.008)	-0.005 (0.008)
国有持股比例	0.020 (0.036)	0.048 (0.032)	0.052 (0.032)	0.048 (0.031)	0.015 (0.036)	0.044 (0.032)	0.043 (0.032)	0.043 (0.032)

续表

因变量：企业价值

变量名	模型 1	模型 2	模型 3	模型 4	模型 5	模型 6	模型 7	模型 8
行业虚拟变量	Included	Included	Included	Included	Included	Included	Included	Included
年份虚拟变量	Included	Included	Included	Included	Included	Included	Included	Included
2. 自变量								
创新能力异变	0.024 (0.023)	0.030 (0.020)	0.081*** (0.029)	0.065*** (0.024)				
创新能力选择性移除					0.372* (0.220)	0.281* (0.196)	0.286* (0.197)	0.264 (0.200)
3. 调节变量								
环境难以预测性		-0.274 (0.705)	-0.374 (0.699)	-0.054 (0.703)		-0.376 (0.709)	-0.403 (0.715)	-0.390 (0.711)
破产距离 (log)		2.870 (0.360)	2.785*** (0.358)	2.843*** (0.356)		2.813*** (0.361)	2.820*** (0.362)	2.811*** (0.362)
4. 交互项								
创新能力异变×环境难以预测性			-0.239** (0.100)					
创新能力选择性移除×环境难以预测性							-0.376 (1.063)	

续表

因变量：企业价值

变量名	模型 1	模型 2	模型 3	模型 4	模型 5	模型 6	模型 7	模型 8
创新能力异变 × 破产距离				0.124** (0.050)				
创新能力选择性 移除 × 破产距离								0.195 (0.414)
R^2	0.291	0.458	0.473	0.474	0.297	0.458	0.458	0.458
Adjusted R^2	0.246	0.419	0.432	0.433	0.253	0.418	0.416	0.416
ΔR^2	—	0.167	0.015	0.016	—	0.161	0.000	0.000
F	6.585***	11.665***	11.541***	11.591***	6.776***	11.642***	10.876***	10.888***

注：模型 1－模型 4，使用创新能力异变样本。模型 5－模型 8，使用创新能力选择性移除样本。* 表示 $p < 0.1$，** 表示 $p < 0.05$，*** 表示 $p < 0.01$。括号内为标准差。

7.5　讨论与结论

7.5.1　研究发现

为了避免能力陷阱，企业需要通过创新能力异变快速开拓新技术领域，并通过创新能力选择性移除快速选择和深耕已有技术领域。本研究缘起于该过程的核心难题：企业在选择创新能力重构类型时，需要考虑何种情境因素，才能提高企业价值？本研究产生 3 条结论。

第一，本研究识别了两种类型的创新能力重构对企业价值的作用差异，发现创新能力选择性移除比创新能力异变对企业价值的促进作用更显著。不同于前人研究对创新能力重构（无论何类型）和企业价值关系的乐观估计（Mudambi & Swift，2014），该结论显示创新能力重构具有高风险特征，双元创新理论得到的"探索和利用之间的转移有助于提升企业绩效"的观点需要修正。企业难以准确判断技术领域的商业价值，在获利后易产生风险规避倾向，过早从探索转向利用，或过晚从利用转向探索（Swift，2016）。此时，相比研发费用增多的创新能力异变，研发费用减少的创新能力选择性移除行为的风险更小。

第二，本研究识别了两种类型的创新能力重构分别对企业价值产生作用的外部边界条件，发现相比创新能力选择性移除，创新能力异变对企业价值的促进作用更需满足环境可预测这一边界条件。环境难以预测程度负向调节了创新能力异变和企业价值的关系，但对创新能力选择性移除和企业价值的关系无显著调节作用。这说明，在越难预测的环境中，创新能力选择性移除比创新能力异变对企业价值提升的作用优势越被扩大。在技术领域价值难以预测的情境下，大幅度缩窄和深耕已有技术领域的创新能力选择性移除，比大幅度探索新技术领域的创新能力异变更易促进企业价值。这是由于不同类型的创新能力重构的获利模式对环境中机会价值信息完备性的依赖程度不同造成的。相比于易预测环境，难以预测环境中的技术领域价值更难预测，企业更难识别具有商业价值的技术领域。创新能力异变以已有技术领域内技术深度降低为代价，追求技术领域的广度，对技术领域价值的可预测性依赖较强。创新能力选择性移除以技术领域广度的下降为代价，追求已有领域内技术水平的深化。此时，企业获利的来源有两种：准确比较已有多种技术领域的价值并据此选择性移除部分技术领域，以及在已有领域内深化技术深度。前者对技术领域价值的可预测性依赖较强，而后者和技术领域价值的预测性关联不大，其获利更多取决于技术领域内的相对竞争优势。因此，虽然在高度难以预测的环境中，由于技术领域价值难以预测，创新能力异变和创新能力选择性移除的机会成本都会增加，但对于创新能力选择性移除的企业，还可通过聚焦、快速地提升已有技术领域内的能力获利，这在一定程度上抵消了机会成本上升带来的负面影响。因此，环境不可预测性负向调节了创新能力异变和企业价值的关系，却对创新能力选择性移除和企业价值的关系无显著调节作用。该发现与基于双元创新的研究发现不同。已有研究认为，处于动态和不确定环境下的新创企业，若要有效地适应环境，其研发投入需要高幅度震荡。但该观点的前提是企业能够准确识别环境中的需求，判断技术领域价值。这在转型经济中国难以预测的环境中很难成立，该环境中技术领域的价值往往难以预测。因此，本研究将转型经济体难以预测的环境作为天然实验室，突破了双元创新理论"技术领域价值可被准确预测"前提，揭示了由于对技术领域价值的可预测性依赖程度不同，造成的两类的创新能力重构在难以预测环境中的不同价值表现，对创新能力重构和企业价值关系的外部边界条件研究有贡献。

第三，本研究识别了两种类型的创新能力重构分别对企业价值产生作用的内部边界条件，发现相比创新能力选择性移除，创新能力异变对企业价值的促进作用更需满足破产距离大这一边界条件。破产距离正向调节创新能力异变和企业价值的关系，但对创新能力选择性移除和企业价值的关系无显著调节作用。这说明，在生存压力越小的环境中，创新能力选择性移除比创新能力异变对企业价值提升的作用优势越被缩小。这是由于两类创新能力重构的获利模式对企业内部可调度资源的依赖程度不同造成的。相比于破产距离小的企业，破产距离大的企业具有更小的生存压力和更充沛的可调度资源，帮助企业更准确地判断技术领域的商业价值，从而在跳跃时机选择决策过程中作出更加准确的判断。创新能力异变依托技术领域扩张进行获利，其资源分散于各技术领域，需要调度更多的资源。而创新能力选择性移除的获利模式更倾向于对技术领域的深耕。由于资源的高度聚焦，这种以深度替代广度的获利方式需要调度更少的资源。这一发现和已有双元创新研究发现不同。已有研究认为，当财务状况未达预期参考点，企业更易识别和修正低价值技术领域，增强创新能力重构的有效性（Swift，2016）。但这一观点的前提是企业在判断技术领域的商业价值，选择创新能力重构时机时未受临近破产财务危机的干扰。这一前提对于生存压力大的企业并不完全成立。因此，本研究以创业板上市公司为研究样本，突破了双元创新理论"企业拥有适当的资源配置于技术领域"这一前提，揭示了由于对企业内部可调度资源的依赖程度不同，造成的两类的创新能力重构在财务困境情境中的不同价值创造表现，对创新能力重构和企业价值关系的内部边界条件研究有贡献。

7.5.2   理论贡献

第一，双元创新理论所强调的"柔性—效率"矛盾，为转型研究中创新能力重构对企业价值的"积极 - 消极"争论提供了解释，但其未识别不同类型的创新能力重构产生价值的差异。针对该缺口，本研究基于价值权变视角，根据研发跳跃的不同方向，将企业创新能力重构分解为创新能力异变和创新能力选择性移除，再比较解构后两类的创新能力重构对企业价值的差异化影响。这一发现填补了双元创新理论的研究缺口，有助于平衡"柔性 - 效率"争论。

第二，双元创新理论研究中隐含着"企业能准确识别技术领域商业价值"这一信息完备前提。但在以创新能力异变和难以预测环境为特征的情境下，来自组织内外的不确定性使得该前提并非完全成立。本研究基于价值权变视角，立足中国国情，通过比较环境难以预测程度对不同类型的创新能力重构和企业价值间关系的作用，识别了创新能力重构优先级重塑的外部激发情境。这一发现响应了高等（Gao et al.，2017）关于"未来研究可针对转型经济中因果模糊的环境特征，识别企业在适应环境过程中的战略选择行为"的呼吁（Gao et al.，2017），填补了陈力田（2021）关于"缺乏根据类型分解的企业创新能力重构对企业价值作用的激发情境研究"的缺口（陈力田、张媚媚，2021）。

第三，双元创新理论研究中隐含着"企业有适当资源配置于高价值技术领域"这一资源基础前提。但在以生存压力为重要权变特征的经济转型期中国创业板企业，上述前提未必成立。本研究引入破产距离，研究其对不同类型的创新能力重构和企业价值的调节作用，识别了创新能力重构优先级重塑的内部激发情境。这一发现填补了"财务危机对于不同类型的创新能力重构幅度和企业价值间关系的研究尚缺"的缺口。

7.5.3　管理意义

第一，在创新能力重构决策过程中，企业需要有意识地认识并纠正认知偏见。无论是企业面临损失时产生的风险偏好倾向，还是企业面临收益时产生的风险规避倾向，都会引发对技术领域的商业价值的错误判断，引发创新能力重构时机偏差，需要企业理性干预。

第二，由于创新能力重构类型和时机的理性选择对技术领域商业价值信息完备性和信息处理带宽的依赖大，所以当企业处于可预测环境中或较好的财务状况中时，应基于"居安思危"的理念前瞻性地考虑从利用转向探索的时机。具体可以通过忧患型领导风格的发挥，塑造员工面对成功的忧患意识，在财务状况较好、环境较为稳定时思考已有能力存在的潜在问题和解决方案。

第三，由于难以预测环境和破产距离对创新能力选择性移除和企业价值关系的影响不显著，面临快速变化环境和生存压力的创业企业可集中资源选择并深耕技术领域，营造差异性竞争优势，而非盲目扩张技术领域。2017年破产的悟空单车创始人雷厚义曾表示："创业不要盲目追风口。风口不是追上的，而是要等出来的，需要在一个行业深耕，机会来的时候才会有所准备。"

第8章　创新战略转型、难以预测环境与企业创新能力效用激发情境研究
——基于价值权变视角

8.1　问题的提出

在转型研究领域，技术创新能力对企业经济价值的"积极 – 消极"争论由来已久。一种观点认为，技术创新能力有助于企业提高研发投入产出效率，促进经济价值。另一种观点认为，技术创新能力易引发企业的路径依赖和经验锁定，降低柔性，产生机会成本，减弱经济价值（Mudambi & Swift，2014；Swift，2016）。动态能力理论为这一悖论提供了解释，但也存在不足。基于动态能力理论，企业不仅需增强操作能力以提高效率，也需根据外部环境变化灵活重塑操作能力（Eisenhardt et al.，2010）。这本质上在外部环境变化可被准确预测的前提下，揭示了效率提升能力的外部价值权变性。但该理论未区分效率提升的不同动因能力及在组织内转型情境和组织外难以预测环境中的价值差异。能力价值由内外情境共同决定，具权变特征（Crossan & Apaydin，2010）。创新战略转型和难以预测环境是转型期企业常面临的内外情境（Artz et al.，2010；Reitzig & Puranam，2009），引发动荡的能力价值判断准则。为持续创造高价值，企业需在特定情境中追求特定效率，重塑能力结构（Eisenhardt et al.，2010；Driessen & Ende，2014；Martini & Neirotti，2015）。这就需根据效率动因来分解技术创新能力，并扎根转型期实际情境，研究分解后能力对企业绩效作用的激发情境，但该领域尚存研究缺口（Gao et al.，2017）。

首先，缺乏根据效率动因分解的技术创新能力对企业绩效作用的比较研究。基于过程观，企业技术创新是企业在不同技术轨迹上投入和管理研发资源，以创造新技术知识的过程（Crossan & Apaydin，2010；Artz et al.，2010）。企业在资源投入控制、资源配置管理和技术轨迹革新这三个过程的能力，是企业技术创新效率的三种动因（Mudambi & Swift，2014）。根据这三种效率动因，技术创新能力可分解为规模调控能力、资源配置管理能力和技术变革能力（Wang & Huang，2007），分别旨在提升规模效率、纯技术效率和技术进步效率（Artz et al.，2010；陈力田、岑杰，2018）。上述三种能力在注意力聚焦上存在差异，对企业绩效产生不同影响。目前尚缺乏这三种能力对企业绩效影响效用的比较研究。而明晰该效用有助于比较不同效率动因能力价值的差异（March，1991），进而在能力重塑过程中调整能力优先级，以兼顾知识创造和经济效益（Crossan & Apaydin，2010）。

其次，缺乏根据效率动因分解的技术创新能力对企业绩效作用的激发情境研究。根据三种效率动因分解的三种技术创新能力将注意力配置于不同的技术轨迹。动态能力理论研究认为，所处环境越动荡企业越需从深耕已有技术轨迹转向探索新技术轨迹（Su et al.，2013），以抓住环境中的新机遇（Siggelkow，2002；Su et al.，2013）。此类表述隐含着"能力价值信息可被决策者准确预测"这一信息完备前提（陈力田、岑杰，2018）。但在以创新战略转型和难以预测环境为特征的转型情境下，来自组织内外的不确定性使得该前提并非完全成立。企业难以依靠过往经验预测某一特定行为的后果（Carson et al.，2012），准确定义和把握高价值能力的成本提高。但目前尚缺乏环境难以预测程度和创新战略转型幅度对三种技术创新能力和企业绩效关系的作用的比较研究。

综上所述，已有研究缺口为：在创新战略转型幅度和环境难以预测程度的激发下，根据效率动因分解的技术创新能力对企业绩效的效用如何？为填补研究缺口，本研究针对能力价值权变特征，基于 211 家创业板上市公司面板数据，先采用 DEA 方法，根据效率动因将企业技术创新能力解构为三种子能力，再比较这三种能力对企业绩效的效用，以及创新战略转型幅度和环境难以预测程度在此过程中的调节作用。研究结果识别了技术创新能力对企业绩效的积极和消极面的激活情境，突破了能力对绩效的"积极 – 消极"争论，具有理论与实践意义。

8.2　理论基础和假设提出

8.2.1　基于效率提升动因分解的三种技术创新能力对企业绩效作用的比较

具有较高规模调控能力的企业，通过高效寻找最优研发资源投入规模，来促进新技术产出的规模效率。为避免资源浪费和陷入资源规模拉动专利生产率增长的瓶颈，企业可基于分散化的研发网络，以资源编排替代资源占用的方式进行技术创新，打破资源规模门槛（王昊等，2017）。这样的能力对企业绩效的积极作用源于以产出为导向高效调控投入资源规模，而非改变投入资源种类。故这一能力的获利模式投入资源经济节约，且对技术机会价值稳定性的依赖小。

具有较高资源配置管理能力的企业，通过高效调度和重组有限资源，来提升已有资源的利用率，以促进新技术产出的管理效率（Su et al.，2013）。这一能力对企业绩效的积极作用源于在已有技术领域内，通过高效资源组合配置来降低内耗成本而带来的竞争优势（Ernst & Fischer，2014）。可一旦行业出现技术换代，这一优势将受到新兴主导技术的挑战和颠覆。故相比于规模调控能力，基于资源配置管理能力的获利模式对现有技术的商业价值稳定性依赖较高，带来了较大的机会成本。

具有较高技术变革能力的企业，通过高效搜寻、选择和深耕有助于创新产出的前沿技术领域，以促进新技术产出的技术进步效率（Hadley，2006）。在同等技术水平下，企业进入前沿技术领域获得的商业价值显著高于进入非前沿领域所获价值。当行业技术前沿已明确变更时，企业若只将注意力聚焦于通过资源配置管理能力提升原有技术领域内的技术水平，将使得技术领域局限于已有技术生产集内，进而限制产品和专利申请领域的多元化，降低技术影响力和企业绩效（陈力田、岑杰，2018；Hadley，2006；Aly et al.，1990）。故技术变革能力对企业绩效促进作用源于把握前沿技术机会而带来的竞争优势。但相比于规模调控能力，基于技术变革能力的获利模式对企业资源投入要求更高，带来了较大的转移成本和机会成本。

H8 - 1：相比资源配置管理能力和技术变革能力，规模调控能力更能促进企业绩效。

8.2.2　创新战略转型幅度调节下，三种技术创新能力对企业绩效作用效果的比较

能力具价值权变性，需与组织内部情境匹配。基于间断均衡理论，探索式和利用式创新战略之间的转变，带来了企业主导技术路径转换，是企业常面对的高风险的内部转型情境（Mudambi & Swift，2014）。由于时机把握的困难，该转型的收益并不确定（Swift，2016）。当创新战略转型幅度较小时，企业对已有技术路径的突破程度小，因此由惯性带来的路径转换成本较低。此时，基于技术变革能力的获利模式可以较低成本实现。企业可依托其技术变革能力，以较小的成本持续不断地高效搜寻和选择前沿技术，转换技术路径，加快绩效提升（Hadley，2006）。但当创新战略转型幅度较大时，企业需要突破已有路径的程度大，因此由惯性带来的路径转换成本较高。此时，技术变革能力的获利模式将受到成本上升的挑战。依托技术变革能力的企业将在技术前沿更替与升级中付出更大的转移成本，减缓绩效提升。故大幅度创新战略转型情境减弱了技术变革能力获利模式的有效性，激发了技术变革能力对企业绩效的消极影响，降低了技术变革能力的价值。

不同于技术变革能力基于高效更替技术前沿的获利模式，资源配置管

能力和规模调控能力的获利模式分别基于资源配置管理效率和规模调控效率提升，未将主要注意力聚焦于技术路径的转换与升级。故即便路径转换成本随创新战略转型幅度增加而上升，也不会对这两种能力和企业绩效的关系带来负面影响。相比于技术变革能力，规模调控能力和资源配置管理能力对企业绩效的作用受创新战略转型幅度影响较小。

H8 - 2a：相比于规模调控能力与企业绩效的关系，技术变革能力和企业绩效的关系更易受到创新战略转型幅度的负向调节。

H8 - 2b：相比于资源配置管理能力与企业绩效的关系，技术变革能力和企业绩效的关系更易受到创新战略转型幅度的负向调节。

8.2.3 环境难以预测程度调节下，三种技术创新能力对企业绩效作用效果的比较

能力具有价值权变性，需和外部环境相匹配（Crossan & Apaydin，2010）。经济转型期客户对高价值技术的界定尚不清晰，行业前沿技术存续时间短，技术机会价值难以预测（Gao et al.，2017）。这使企业难以准确估计重选或维持技术领域的收益与成本。[17] 环境难以预测程度会通过影响注意力聚焦收益和成本，影响技术创新能力和企业绩效的关系（Gao et al.，2017；Carson et al.，2012；陈力田、岑杰，2018）。

基于规模调控能力的获利模式在于高效寻找最有利于创新产出的资源投入规模，而非对高价值技术领域的选择和依赖。即便难以预测环境导致技术价值更难被估计（Bstieler，2005），也不会激发规模调控能力对企业绩效的积极作用。

基于资源配置管理能力的获利模式在于高效调度和配置资源，以获取竞争优势（Su et al.，2013；Hadley，2006）。在易于预测环境中，前沿技术易被准确解释（Bstieler，2005）。但在难以预测的环境中，由于技术机会价值不确定，企业在无法准确解释环境中因果关系的情况下关注于资源配置管理效率提升，有助于提高企业创新速度，从而激活、创造和引领市场需求，提高企业绩效（陈力田、岑杰，2018；Bstieler，2005）。故环境越难预测，资

源配置管理能力对企业绩效的积极影响越能被激发。

基于技术变革能力的获利模式在于高效搜寻、选择和深耕前沿技术，以提升创新产出效率。在易于预测的环境中，企业可准确识别高价值机会，较高技术变革能力带来的效率优势并不显著（陈力田、岑杰，2018）。而当环境难以预测时，企业技术轨迹发展趋势难以预测。此时，具有较高技术变革能力的企业将比竞争者更快地识别有助绩效提升的前沿技术领域和技术升级水平，提升企业绩效（Hadley，2006；Zhang et al.，2003）。故环境越难预测，技术变革能力对企业绩效的积极影响越能被激发。

H8-3a：相比于规模调控能力与企业绩效的关系，资源配置管理能力与企业绩效的关系更易受到环境难以预测程度的正向调节。

H8-3b：相比于规模调控能力与企业绩效的关系，技术变革能力与企业绩效的关系更易受到环境难以预测程度的正向调节。

8.3　研　究　方　法

8.3.1　样本和数据来源

本研究选择创业板上市的所有企业为研究对象。理由如下。一是数据可靠性较高。受严格监管的上市公司须公布完整准确的研发与企业绩效数据（陈力田、张媚媚，2021；Li & Liang，2015）。二是研究问题匹配性较高。创业板企业面临更不确定的环境。为避免陷入能力陷阱，更需进行技术创新和战略转型（陈力田、张媚媚，2021；Terziovski，2010）。

本研究观测区间为2011~2016年。理由如下。一是数据准确性和可得性较高。创业板正式上市于2009年10月，2009年制定的研发费用披露政策执行至2011年基本到位，2011年后企业研发数据较为完整。二是研究问题匹配性较高。中国在2011年左右努力实现稳增长前提下的经济转型，使得企业创新和转型行为较常见，提供了合适的观测时间窗口。

为避免同源偏差，本研究采用多源数据：从 soopat 专利数据库下载了样本企业专利数量数据；从国泰安数据库、中国工业企业数据库、Wind 数据库、东方财富数据库中下载了样本企业的研发费用支出、研发人员数量、独立董事比例、机构投资者持股比例、国有股比例、CEO 两职性、企业年龄、企业规模、行业销售收入等指标数据（陈力田、岑杰，2018；陈力田、张媚媚，2021），并结合样本企业网站进行补充和验证。为避免内生性问题，本研究参考库珀、帕特尔和塔彻（Cooper，Patel & Thatcher，2013）的做法，环境难以预测程度的数据收集滞后 5 年，其余自变量、控制变量和调节变量的数据收集滞后 1 年。

为避免信息披露不真实的影响，本研究剔除 2011～2016 年破产或倒闭的企业，保证样本 2011～2015 年的研发投入数据和 2012～2016 年的企业绩效数据连续可得。接着，考虑到企业绩效 2017 年的数据尚不可得，剔除创新战略转型发生在 2016 年的样本。然后，因测量技术创新能力的技术创新效率变化指数本质为后一年相对前一年的效率增加值，故 2011 年该指数数值缺失。这样，本研究共得到 211 家企业，844 个"公司 – 年"面板数据的数据库。

8.3.2　变量测量

（1）自变量：规模调控能力、资源配置管理能力、技术变革能力

自变量为 3 种技术创新能力：规模调控能力、资源配置管理能力和技术变革能力。分别用规模效率变化指数、纯技术效率变化指数和技术进步变化指数进行测量（Artz et al.，2010；王昊等，2017）。DEA 方法克服了传统方法将结果产生过程视为黑箱的局限，区分了不同效率动因的作用。本研究采用此方法，基于年报和专利数据库的样本企业自 2011～2015 年的研发投入和专利数量产出数据，参考距离函数 $D(x, y)$ 的定语与计算方法（Fare et al.，1994），进行计算。投入包含研发费用支出和研发人员数量；产出包含发明专利、实用新型专利和外观设计专利数量（Wang & Huang，2007；陈力田、岑杰，2018）。

第一，技术变革能力，用技术进步指数（technical change，简称 TC）测量，它反映了技术进步驱动专利数量增长效率提升的程度。第二，资源配置管理能力，用纯技术效率（pure technical efficiency，简称 PTEC）测量，反映了资源配置管理驱动专利数量增长效率提升的程度。第三，规模调控能力，用规模效率指数（scale efficiency，简称 SEC）测量，反映了规模调控驱动专利数量增长效率提升的程度。

$$TC = \left[\frac{D_C^t(x^t, y^t)}{D_C^{t+1}(x^t, y^t)} - \frac{D_C^t(x^{t+1}, y^{t+1})}{D_C^{t+1}(x^{t+1}, y^{t+1})} \right]^{1/2}$$

$$PTEC = \frac{D_V^{t+1}(x^{t+1}, y^{t+1})}{D_V^t(x^t, y^t)}$$

$$SEC = \frac{D_C^{t+1}(x^{t+1}, y^{t+1})/D_V^{t+1}(x^{t+1}, y^{t+1})}{D_C^t(x^t, y^t)/D_V^t(x^t, y^t)}$$

其中，(x^t, y^t) 表示第 t 期的投入和产出，$D_C^t(x^t, y^t)$ 表示在规模报酬不变的情形下在 t 期的距离函数，$D_V^t(x^t, y^t)$ 表示在规模报酬可变的情形下在 t 期的距离函数。

（2）调节变量：环境难以预测程度和创新战略转型幅度

环境难以预测程度：环境变化趋势中不可预测比例程度（Lang & Stulz，1994）。据以往研究的测量方式（陈力田、岑杰，2018；Carson et al.，2012），基于二级行业代码，采用 5 年（20 个季度）时间窗口平滑移动，将本季度行业销售收入对上季度行业销售收入进行回归。基于 X – 11 – ARI-MA1 模型，控制增长、下降和周期趋势，得到调整后的 R^2。用 $1 – R^2$ 表征决策当年参考的近五年环境难以预测程度。

创新战略转型幅度：本研究借鉴以往研究，将研发费用波动最极端的情况，用于衡量探索式和利用式创新战略相互转变的幅度（Mudambi & Swift，2014；Swift，2016；陈力田、张媚媚，2021）。结合数据可获得性，运用 2011 ~ 2015 年共 20 个季度的研发投入数据通过广义自回归条件异方差模型（GARCH 模型）计算创新战略转型幅度。

步骤一：计算第 i 个企业第 t 年第 n 个季度的自回归模型残差 u_{itn}。即先对第 i 个企业第 t 年第 n 个季度的研发费用进行偏相关检验，再进行自回归，

得出 u_{itn}。

步骤二：计算第 i 个企业第 t 年第 n 个季度的 GARCH 模型残差 e_{itn}。基于 GARCH 模型对 u_{itn} 建模，得到残差 e_{itn}。

步骤三：计算第 i 个企业第 t 年第 n 个季度的 GARCH 模型的学生化残差 $e_{itn}(stud)$。

步骤四：比较各企业 2011～2015 年间各季度的 $e_{itn}(stud)$ 的绝对值，找到其最大值 $e_i(max)$，即第 i 个企业的创新战略转型幅度。该值发生时间即创新战略转型事件发生的时间。

步骤五：将转型事件发生当年及以后各年的创新战略转型幅度值设为 $e_i(max)$，将转型事件发生之前各年的创新战略转型幅度值设为 0。

（3）因变量：企业绩效

参考以往研究，本研究采用投资回报率（ROA）测量企业绩效。ROA 计算方式为税前利润除以总资产，表明了公司资产利用的综合效果，故被本研究采用以测量企业绩效。

（4）控制变量

本研究基于企业绩效前因研究的文献选择控制变量。首先，由于战略部署影响企业绩效，本研究将独立董事比例、机构投资者持股比例、国有股比例、CEO 两职性、董事会规模这 5 个变量列为控制变量。独立董事比例通过独立董事数占董事会总人数的百分比来测量（Cooper et al., 2014）。机构投资者持股比例是指机构投资者持股数占企业总股数的百分比，国有股比例是国家持股数占企业总股数的百分比（陈力田、岑杰，2018；Cooper et al., 2014）。CEO 两职性为虚拟变量，当企业董事长兼职总经理时取值为 1，反之取值为 0（O'Brien & Davis，2014）。董事会规模是董事会内人数。其次，由于企业经验、资源基础会对企业绩效产生影响（王昊等，2017），本研究控制了企业年龄、企业规模、组织冗余、资产负债率、盈利能力、破产距离和研发投入强度。企业年龄观测年样本企业成立的年限。企业规模为观测年企业的总资产的对数化处理，组织冗余为流动资产除以流动负债的对数化处理（Dess & Beard，1984）。资产负债率为总资产除以总负债，盈利能力为销售净利润率（Crossan & Apaydin，2010）。本研究采用 Z 指数测量破产距离（Eisenhardt et al.，2010；Lang & Stulz，1994）。Z 指数 = 1.2 ×（企业流动资产 – 流动负债）/总资产 + 1.4 × 企业未分配利润/总资产 + 3.3 × 企业息税前利润/总资产 + 0.6 × 企业净资产市场价值/总负债 + 1.0 × 营业收入/总资产。研发投入强度为研发费用占营业收入的比例。最后，因行业差异影响企业绩效，本研究控制了行业环境的变化速度（Flannery & Rangan，2006）。测量方式为：以 5 年为时间窗口，将行业销售收入对时间进行回归，将得到回归系数的标准误除以行业 5 年滚动行业销售收入均值。

8.4　数据结果

8.4.1　描述性统计

在回归分析前，本研究首先对各变量利用 Stata 软件作了描述性分析，计算得到各变量的均值、标准差，并采用 Person 相关系数来描述变量间的相关性。由表 8 – 1 可知，通过相关系数的结果显示：规模调控能力、资源配置管理能力和技术变革能力均与企业绩效无显著关系。这可能由于未控制组织冗余等因素造成的。

8.4.2　假设检验

在假设检验前，本研究作如下数据处理：①对主要持续变量在 5% 水平上作缩尾处理（Driscoll & Kraay，1998）；②对交互项变量作中心化处理；③通过豪斯曼检验 [chi2（17）= 496.07，Prob > chi2 = 0.0000]，发现固定效应模型比随机效应模型更适于该模型。考虑到面板数据可能存在的时序相关、异方差和横截面相关问题，使用通常面板数据估计方法会低估标准误差，导致模型估计有偏，故本研究采用 Driscol – Kraay 标准差进行估计（陈力田，2015）。

表8-1 变量的描述性统计及 pearson 相关性分析

变量	均值	标准差	1	2	3	4	5	6	7	8	9	10	11	12	13	14	15	16	17	18	19
1. 企业绩效	0.05	0.05	1																		
2. 企业规模 (log)	4.40	0.04	0.05	1																	
3. 组织冗余 (log)	1.79	1.23	0.11***	-0.37***	1																
4. 负债率	0.26	0.16	-0.13***	0.43***	-0.87***	1															
5. 企业年龄	11.30	4.46	0.07*	0.13***	-0.13***	0.12***	1														
6. 董事会规模	17.22	3.48	-0.10**	0.24***	-0.16***	0.14***	0.09**	1													
7. 盈利能力	0.11	0.21	0.37***	0.09**	0.18***	-0.18***	0.03	-0.05	1												
8. 破产距离	22.14	36.80	0.37***	0.09	0.18***	-0.18***	0.03*	-0.05**	0.11***	1											
9. 独立董事比例	0.38	0.06	-0.03	-0.10***	-0.02	0.00	-0.02	-0.23***	-0.02	0.06*	1										
10. 机构投资者比例 (%)	17.11	16.24	0.10***	0.18***	-0.03	0.02	0.15***	0.16***	0.05	-0.03	-0.07*	1									
11. 国有股比例 (%)	0.68	4.71	-0.01	0.02	0.02	-0.03	0.02	0.16***	0.01	-0.04	-0.07*	0.14***	1								
12. CEO两职性	0.44	0.50	-0.06	-0.05	0.03	-0.02	-0.02	-0.10***	0.02	0.03	0.03	0.07*	-0.10***	1							
13. 研发投入强度	0.12	0.88	-0.03	-0.02	0.01	-0.02	-0.05	-0.04	-0.00	-0.02	-0.02	0.03	-0.01	0.07*	1						
14. 环境变化速度	0.02	0.02	-0.06	-0.07	0.03	-0.01	-0.10***	-0.03	0.00	-0.09**	-0.03	-0.10***	0.05	0.03	0.06*	1					
15. 规模调控能力	0.90	0.99	-0.01	0.02	0.01	-0.02	-0.01	0.04	-0.01	-0.03	-0.06	-0.01	0.02	-0.02	-0.00	0.01	1				
16. 技术变革能力	1.01	0.92	-0.01	0.16***	-0.01	-0.01	0.05	0.06*	-0.03	0.06*	-0.04	-0.04	-0.03	-0.04	0.02	-0.09**	0.46***	1			
17. 资源配置管理能力	1.13	1.84	-0.01	-0.02	-0.00	0.00	-0.0459	0.06*	-0.01	0.00	-0.03	-0.04	-0.03	-0.03	-0.04	0.01	0.18***	0.11***	1		
18. 创新战略转型幅度	2.22	3.49	-0.05	0.06*	-0.10***	0.08**	0.02	0.06*	-0.03	0.01	-0.08**	-0.08**	-0.05	-0.04	-0.06*	-0.04	-0.01	0.08**	0.05	1	
19. 环境难以预测程度	0.19	0.19	-0.08**	0.10***	-0.10***	0.06*	0.13***	0.04	-0.05	-0.02	0.01	-0.08**	-0.04	-0.03	-0.06*	0.13***	0.05	0.20***	-0.03	0.11***	1

注：N=844。*表示 $p<0.1$，**表示 $p<0.05$，***表示 $p<0.01$。

　　基于比较研究方法，本研究检验和比较三种技术创新能力对企业绩效的影响，并比较环境难以预测程度、创新战略转型幅度对这三对关系的调节作用。见表8-2。据模型2，规模调控能力回归系数为0.0028（p<0.05），资源配置管理能力回归系数为-0.0011（p>0.1），技术变革能力回归系数为-0.0019（p>0.1）。除规模调控能力对企业绩效具显著正向影响外，资源配置管理能力和技术变革能力均对企业绩效无显著作用。H8-1成立。据模型4，规模调控能力和创新战略转型幅度的乘积项回归系数为-0.0003（p>0.1），资源配置管理能力和创新战略转型幅度的乘积项回归系数为-0.0002（p>0.1），技术变革能力和创新战略转型幅度的乘积项回归系数为-0.0008（p<0.05）。H8-2a和H8-2b成立。据模型5，规模调控能力和环境难以预测程度的乘积项回归系数为0.0014（p>0.1），资源配置管理能力和环境难以预测程度的乘积项回归系数为0.0059（p<0.1），技术变革能力和环境难以预测程度的乘积项回归系数为0.0068（p<0.05）。H8-3a和H8-3b成立。综上，H8-1、H8-2a、H8-2b、H8-3a、H8-3b成立。为了更直观地展现检验结果，本研究画出调节效应图。如图8-1和图8-2所示。

表8-2　　　　　　　　　　回归分析结果

类别	企业绩效				
	模型1	模型2	模型3	模型4	模型5
常数项	0.1942 (0.2349)	0.1778 (0.2171)	0.1756 (0.2337)	0.1705 (0.2419)	0.1536 (0.2390)
1.控制变量					
企业规模	-0.0174 (0.0614)	-0.0145 (0.0573)	-0.0147 (0.0604)	-0.0136 (0.0619)	-0.0095 (0.0617)
组织冗余	-0.0012 (0.0013)	-0.0014 (0.0014)	-0.0015 (0.0015)	-0.0013 (0.0016)	-0.0016 (0.0016)
企业负债率	0.0409** (0.0117)	0.0386** (0.0114)	0.0360* (0.0140)	0.0372* (0.0144)	0.0333 (0.0144)

续表

类别	企业绩效				
	模型 1	模型 2	模型 3	模型 4	模型 5
企业年龄	− 0. 0046 (0. 0020)	− 0. 0044 (0. 0022)	− 0. 0039 * (0. 0016)	− 0. 0040 * (0. 0015)	− 0. 0036 (0. 0016)
董事会规模	− 0. 0004 ** (0. 0001)	− 0. 0003 ** (0. 0001)	− 0. 0003 ** (0. 0001)	− 0. 0002 ** (0. 0001)	− 0. 0003 ** (0. 0001)
盈利能力	− 0. 0402 (0. 0426)	− 0. 0407 (0. 0425)	− 0. 0404 (0. 0428)	− 0. 0407 (0. 0430)	− 0. 0406 (0. 0428)
破产距离	0. 0000 (0. 0000)	0. 0000 (0. 0000)	0. 0000 (0. 0000)	0. 0000 (0. 0000)	0. 0000 (0. 0000)
独立董事比例	− 0. 0513 (0. 0316)	− 0. 0482 (0. 0337)	− 0. 0487 (0. 0346)	− 0. 0508 (0. 0344)	− 0. 0538 (0. 0351)
机构投资者持股比例	0. 0004 ** (0. 0001)	0. 0004 ** (0. 0001)	0. 0004 ** (0. 0001)	0. 0004 ** (0. 0001)	0. 0004 * (0. 0001)
国有股比例	0. 0001 (0. 0002)	0. 0001 (0. 0002)	0. 0001 (0. 0002)	0. 0001 (0. 0002)	0. 0001 (0. 0002)
CEO 两职性	− 0. 0110 (0. 0061)	− 0. 0116 (0. 0057)	− 0. 0118 (0. 0057)	− 0. 0118 (0. 0059)	− 0. 0119 (0. 0057)
研发投入强度	− 0. 0011 ** (0. 0003)	− 0. 0012 * (0. 0004)	− 0. 0011 (0. 0005)	− 0. 0013 * (0. 0004)	− 0. 0012 (0. 0005)
环境变化速度	− 0. 0579 (0. 0616)	− 0. 0657 (0. 0536)	− 0. 0600 (0. 0697)	− 0. 0422 (0. 0528)	− 0. 0481 (0. 0623)
2. 自变量					
规模调控能力 （SEC）		0. 0028 ** (0. 0006)	0. 0028 ** (0. 0006)	0. 0024 ** (0. 0004)	0. 0029 ** (0. 0006)
资源配置管理能力 （PTEC）		− 0. 0011 (0. 0005)	− 0. 0011 (0. 0005)	− 0. 0009 (0. 0006)	− 0. 0010 (0. 0004)
技术变革能力 （TC）		− 0. 0019 (0. 0015)	− 0. 0017 (0. 0017)	− 0. 0011 (0. 0015)	− 0. 0021 (0. 0018)

续表

类别	企业绩效				
	模型1	模型2	模型3	模型4	模型5
3. 调节变量					
环境难以预测程度（EUP）			-0.0088 (0.0130)	-0.0088 (0.0127)	-0.0138 (0.0118)
创新战略转型幅度（SCM）			0.0001 (0.0006)	0.0002 (0.0006)	0.0001 (0.0005)
4. 乘积项					
SEC × EUP					0.0014 (0.0036)
TC × EUP					0.0068** (0.0016)
PTEC × EUP					0.0059* (0.0024)
SEC × SCM				-0.0003 (0.0003)	
TC × SCM				$-0.0008**$ (0.0002)	
PTEC × SCM				-0.0002 (0.0001)	
R^2 (within)	0.0703	0.0776	0.0785	0.0856	0.0826
F 值	5.38*	4.12	3.87	10.93**	3.96
样本观测数	844	844	844	844	844
企业数	211	211	211	211	211

注：$N=844$。* 表示 $p<0.1$，** 表示 $p<0.05$，*** 表示 $p<0.01$；括号内为 D–K 标准差。

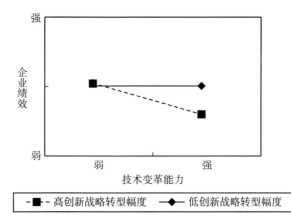

图 8-1 创新战略转型幅度对技术变革能力和企业绩效关系的调节

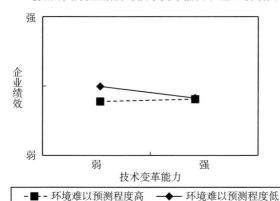

（a）环境难以预测程度对技术变革能力和企业绩效关系的调节

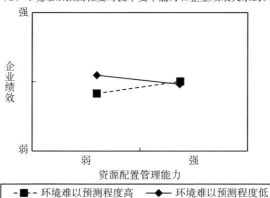

（b）环境难以预测程度对资源配置能力和企业绩效关系的调节

图 8-2 环境难以预测程度对技术变革能力、资源配置能力和企业关系的调节

8.4.3　稳健性检验

为检验研究结果的稳健性，本研究在上述研究模型的基础上，用下一期 ROE_{t+1} 代替下一期的 ROA_{t+1}，如表 8 − 3 所示。回归结果与表 8 − 2 的结果基本一致，回归系数的方向和显著性水平无明显变化，假设检验结果仍然一致，说明上述研究结论具有较强的稳健性。

表 8 − 3　　　　　　　　　　　　稳健性分析结果

类别	企业绩效				
	模型 1	模型 2	模型 3	模型 4	模型 5
常数项	0.0409 (0.3766)	0.0083 (0.3624)	0.0101 (0.4152)	− 0.0050 (0.4094)	− 0.0498 (0.4393)
1. 控制变量					
企业规模	0.0354 (0.1031)	0.0415 (0.1000)	0.0406 (0.1092)	0.0441 (0.1082)	0.0550 (0.1159)
组织冗余	0.0024 (0.0094)	0.0021 (0.0095)	0.0020 (0.0097)	0.0023 (0.0098)	0.0019 (0.0099)
企业负债率	0.1470 (0.0998)	0.1434 (0.0993)	0.1414 (0.1050)	0.1426 (0.1057)	0.1370 (0.1071)
企业年龄	− 0.0075 (0.0042)	− 0.0070 (0.0044)	− 0.0067 (0.0039)	− 0.0067 (0.0038)	− 0.0065 (0.0040)
董事会规模	− 0.0019 *** (0.0003)	− 0.0018 *** (0.0003)	− 0.0018 ** (0.0003)	− 0.0018 ** (0.0003)	− 0.0019 ** (0.0004)
盈利能力	− 0.1090 (0.0830)	− 0.1098 (0.0831)	− 0.1095 (0.0836)	− 0.1102 (0.0839)	− 0.1102 (0.0840)
破产距离	− 0.0000 (0.0000)	0.0000 (0.0000)	0.0000 (0.0000)	0.0000 (0.0000)	− 0.0000 (0.0000)
独立董事比例	− 0.1121 * (0.0497)	− 0.1081 * (0.0493)	− 0.1084 * (0.0525)	− 0.1114 * (0.0521)	− 0.1160 * (0.0546)

续表

类别	企业绩效				
	模型 1	模型 2	模型 3	模型 4	模型 5
机构投资者持股比例	0.0007 ** (0.0001)	0.0007 ** (0.0001)	0.0007 ** (0.0001)	0.0007 ** (0.0001)	0.0007 ** (0.0001)
国有股比例	0.0006 (0.0003)	0.0006 (0.0004)	0.0006 (0.0004)	0.0006 (0.0004)	0.0006 (0.0004)
CEO 两职性	−0.0289 (0.0162)	−0.0298 (0.0157)	−0.0299 (0.0156)	−0.0301 (0.0158)	−0.0299 (0.0156)
研发投入强度	−0.0009 (0.0006)	−0.0010 (0.0006)	−0.0009 (0.0009)	−0.0011 (0.0007)	−0.0011 (0.0009)
环境变化速度	−0.1943 (0.1737)	−0.2053 (0.1660)	−0.2017 (0.1957)	−0.1735 (0.1691)	−0.1907 (0.1903)
2. 自变量					
规模调控能力（SEC）		0.0040 *** (0.0004)	0.0040 *** (0.0005)	0.0036 *** (0.0002)	0.0043 *** (0.0005)
资源配置管理能力（PTEC）		−0.0014 (0.0008)	−0.0014 (0.0008)	−0.0012 (0.0008)	−0.0013 (0.0009)
技术变革能力（TC）		−0.0033 * (0.0014)	−0.0031 (0.0008)	−0.0025 (0.0014)	−0.0037 * (0.0018)
3. 调节变量					
环境难以预测程度（EUP）			−0.0072 (0.0230)	−0.0076 (0.0227)	−0.0121 (0.0244)
创新战略转型幅度（SCM）			0.0001 (0.0009)	0.0002 (0.0008)	0.0002 (0.0008)
4. 乘积项					
SEC × EUP					0.0017 (0.0065)
TC × EUP					0.0078 * (0.0043)

续表

类别	企业绩效				
	模型 1	模型 2	模型 3	模型 4	模型 5
PTEC × EUP					0.0118 * (0.0056)
SEC × SCM				− 0.0007 (0.0004)	
TC × SCM				− 0.0008 * (0.0004)	
PTEC × SCM				− 0.0002 (0.0002)	
R^2 (within)	0.0785	0.0812	0.0814	0.0835	0.0837
F 值	5.45e + 07 ***	14.73 **	1.39e + 08 ***	3.47e + 09 ***	1 468 289.72 ***
样本观测数	844	844	844	844	844
企业数	211	211	211	211	211

注：N = 844。* 表示 $p < 0.1$，** 表示 $p < 0.05$，*** 表示 $p < 0.01$；括号内为 D – K 标准差。

8.5　研究结论及启示

8.5.1　研究结论

本研究针对转型经济情境下，企业技术创新能力对企业绩效的积极面和消极面的激发情境问题，发现三点结论。

（1）规模调控能力对企业绩效提升具积极作用，且不受创新战略转型幅度和环境难以预测程度的影响

研究发现，根据效率动因分解的不同技术创新能力对企业绩效提升目标的通用程度不同。相比于技术变革能力和资源配置管理能力，企业规模调控

能力对企业绩效具有更加显著的正向作用，且该关系稳定，不受创新战略转型幅度和环境难以预测程度的影响。这一结论显示，安德里斯与法姆斯（Andries & Faems，2013）和斯威夫特（2016）等研究低估了专利数量导向下规模调控能力对企业绩效的积极作用（Swift，2016）。企业技术创新能力对企业绩效的影响作用是一个由效率提升带来的积极效用和由路径依赖带来的消极效用相互角力的过程。相比于技术变革能力和资源配置管理能力，规模调控能力对技术领域价值稳定的依赖性更低，因此更会减弱路径依赖带来的消极作用，更易促进企业绩效。

（2）创新战略转型幅度越大，越会激发技术变革能力对企业绩效提升的消极作用

研究发现，创新战略转型幅度会负向调节技术变革能力和企业绩效提升的关系，但对其他技术创新能力和企业绩效之间的关系无显著调节作用。这一结论显示，被已有动态能力研究（Eisenhardt et al.，2010；Bstieler，2005）所忽视的组织内部转型情境对技术变革能力效用激发具重要作用。相比于创新战略转型幅度小的企业，创新战略转型幅度大的企业需要突破已有路径的程度更大。此时，相比于其他效率提升方式，将注意力聚焦于技术变革的方式将使得企业在技术前沿更替和技术升级中付出更多转移成本，进而削弱企业绩效。

（3）环境难以预测程度越强，越会激发技术变革能力和资源配置管理能力对企业绩效提升的积极作用

研究发现，环境难以预测程度会正向调节技术变革能力和资源配置管理能力对企业绩效提升的作用，但对规模调控能力和企业绩效之间的关系无显著调节作用。该结论揭示了前人研究中"动荡环境中的企业需从深耕技术转向探索新技术，加大对新机会的投入"（Su et al.，2013；Siggelkow，2002）观点的局限性。难以预测环境下，能力价值信息难以被决策者准确预测。虽然动态能力理论秉承的信息完备前提被破坏，但企业可将难以预测环境视为机会，采取两种相反的模式来盈利。第一，企业可从满足需求满足转变为创造需求，通过提升内在资源配置管理效率来减少深耕技术领域的成本，比竞争者更快地激活、创造和引领市场需求，提高企业绩效。第二，企业可从适

应技术变革转变为创造技术变革，充分利用技术变革能力来提高探索新技术领域的速度和准确性，比竞争者更快地识别和创造有助绩效提升的前沿技术，提高企业绩效。

8.5.2 理论贡献

第一，动态能力理论所强调的"效率–柔性"矛盾，为转型研究中技术创新能力对企业经济效用的"积极–消极"争论提供了解释，但其未识别不同效率动因能力价值的差异（March，1991）。针对该缺口，本研究基于价值权变视角，采用 DEA 方法根据效率动因将企业技术创新能力解构为3 种子能力，再比较解构后子能力对企业绩效的效用，识别了 3 种子能力对企业绩效的差异化影响。该发现填补了动态能力理论领域的研究缺口，有助于平衡"柔性—效率"争论。

第二，动态能力理论研究中隐含着"能力价值信息可被决策者准确预测"这一信息完备前提。但在以创新战略转型和难以预测环境为特征的转型情境下，来自组织内外的不确定性使得该前提并非完全成立。本研究基于价值权变视角，立足中国国情，通过比较环境难以预测程度和创新战略转型幅度对三种技术创新能力和企业绩效间关系的作用，识别了技术创新能力的积极和消极面的激发情境。该发现响应了高等人（2017）关于"未来研究可针对转型经济中因果模糊的环境特征，识别企业在适应环境过程中的战略选择行为"的呼吁（Gao et al.，2017），填补了"缺乏根据效率动因分解的技术创新能力对企业绩效作用的激发情境研究"的缺口。

8.5.3 实际意义

由于在促进企业绩效方面，技术创新能力的积极和消极效用具有不同的激发情境，因此企业需要结合内外权变因素作出能力优先级选择。当大幅度创新战略转型发生，且环境难以预测程度较高时，企业可侧重资源配置管理能力，通过内部资源组合和调度的优化来降低成本，获得竞争优势。当小幅度创新战略转型发生，且环境难以预测程度较高时，企业可侧重技术变革能力，基于对信息价值的高效准确解释，把握进入新技术领域和提升技术水平的时机，提高转型的有效性。当环境难以预测程度较低时，无论其创新战略转型幅度如何，企业都可侧重规模调控能力，以高效产出为目标调控投入资源的规模。

8.6　不足和未来方向

本研究独立分析了 3 种技术创新能力对企业绩效的影响，未揭示能力间的动态关系。未来还可以基于动态、系统的视角，进一步研究不同能力的动态关系对企业绩效的影响。

第9章 战略可调性促进企业创新能力重构的机理*

——内外权变因素的影响

9.1 问题的提出

产品创新能力有助于企业形成可持续竞争优势（Romijn & Albaladejo, 2002）。据调研，我们发现阻碍产品创新能力提升的原因有两类：一是缺乏驱动的要素能力（战略可调性）；二是缺乏要素能力之间（战略可调性和组织可调性）的协调。

然而，对产品创新能力的驱动因素及其互动协调机理，学术界存在争论。首先，作为一种动态能力，战略可调性和产品创新能力的关系存在争论（Li et al., 2010）。针对这一争论，兴起了边界条件的研究。长期以来，战略管理领域对组织变革的驱动因素研究视角在外部权变视角和内部权变视角之间摇摆不定。现有研究多基于外部权变观等理论关注外部环境因素的调节作用，鲜有实证研究重视企业内部资源、能力在产品创新过程中的调节作用（Li et al., 2010；Li & Atuahene – Gima, 2001）。产品创新能力提升过程是

---

* 本章内容已由本书作者发表于《科学学研究》2012 年第 8 期。战略可调性提升产品创新能力的机理——内外权变因素的影响［J］. 科学学研究，2012，30（8）：1253 – 1362.（唯一通讯，2/3）

一个多因素驱动的复杂过程，需要多种能力和资源的整合（Li et al.，2010；许庆瑞，2007）。本研究认为应整合内外权变视角对其进行研究。其次，在识别内部权变因素的过程中，本研究发现作为一种要素能力，战略柔性未区分开战略可调性和组织可调性（Li et al.，2010；Sanchez，1997），以产品创新为目标讨论二者的协调关系（架构能力）的实证研究就更少了。而实际上，基于自组织理论和适合度景观理论，组织可调性是战略可调性和产品创新能力关系的重要情境变量。因此，针对这一不足，有必要关注战略可调性和组织可调性之间的协调对产品创新能力的作用。

　　基于以上分析，本研究为了更深入理解战略柔性对产品创新能力作用机理，以浙江省 541 家企业为研究对象，探讨战略可调性对企业产品创新的影响，及环境动态性和组织可调性对这二者关系的调节，试图发现战略可调性在内外组织情境下对产品创新能力的作用机制。

　　结构如下：第一，我们界定了构思的内涵；第二，结合文献回顾和探索性案例提出研究假设；第三，讨论了使用的实证研究方法；第四，展示并结合案例解释了研究结果；第五，对结果及其理论、实际贡献进行了讨论，并指出了不足和未来研究方向。

9.2　构思的内涵

　　产品创新能力本质上是嵌入于创新过程中的处理（集成、创造和利用）一般知识的高级知识（Yam et al.，2004；Dutta et al.，2005；Forsman，2011），故其提升基于从知识源处获取的一般知识。

　　战略柔性（strategic flexibility）是企业快速配置资源应对环境变化的能力。本研究根据参与要素距离环境变化的远近程度，将其重要组成部分"可调性"（coordination flexibility）细化为战略可调性（external strategic coordination flexibility）和组织可调性（internal strategic coordination flexibility）来进行研究。战略可调性是企业在战略制定和变革过程中，快速搜寻和选择多种知识源，以应对环境变化的能力。换句话说，现有文献从竞争行为角度出发，将其视为一种战略调适能力，嵌入于企业快速通过制定战略来拟定知识等资源的来源、用处或重新组合的方式，以应对环境变化的过程中（Sanchez，1997；Sanchez，1995；Sucheta et al.，2007）。组织可调性是企业在战略实施过程中，快速获取和消化多种知识源，以应对战略变化的组织适应能力。换句话说，已有文献从资源部署行为角度出发，将其视为与战略可调性相补充的组织能力（Li et al.，2010）。

环境动态性是产业环境的变化速度。本研究从技术和市场变化速度的角度来剖析它（Sucheta et al.，2007；马文聪、朱桂龙，2010）。

9.3　理论基础与研究假设

9.3.1　战略可调性对产品创新能力的影响：基于知识搜寻效率视角和知识结构视角

产品创新能力是处理（集成、创造、利用）一级知识的高级知识。要提升产品创新能力，首先应明确知识更新及应用的方向，并对企业知识库进行改造和重组。已有研究分别从知识的搜寻、选择效率视角和知识结构视角出发，解释战略可调性促进产品创新能力的现象。

首先，秉承知识搜寻、选择效率视角的研究通过分析设立创新目标的过程，解析产品创新能力的提升机理。战略可调性强的企业，可以根据环境变化及趋势快速选择知识源，从而快速确立和需求（现有和潜在）一致的创新方向，在技术创新过程中避免目标和需求南辕北辙造成的资源投入和机会成本的浪费，进而提升企业快速产生满足客户需要的新产品的能力（Paul & Omar，2011）。这类企业能够高效率地识别和抓住新的商业机会和服务，进行新实验，开发出不同种的产品，从而服务于潜在客户需求（Kevin & Fang，2010），获得先发优势，从创新中获利（Yuan Li et al.，2010）。

其次，秉承知识结构视角的研究通过揭示行为背后的知识基础，解析产品创新能力的提升机理。已有知识结构的柔性是新思想的源泉，其刚性阻碍创意的产生（Asta & Isaac，2004）。知识被组成各种分类，形成知识结构。跨分类边界整合的灵活性有利于创造新知识。在创新战略的制定过程中，通过灵活使用资源搜寻和选择外部新知识，战略可调性为企业克服惰性提供了基础，提供了更有利于吸收、使用新信息的内部环境，提升了企业潜在的吸收能力（用于探索性创新）（Matthyssens et al.，2005）。战略可调性促进产品创新的原因是企业知识结构更新的方向和环境要求一致（Verdu – Jover，2005）。针对新问题灵活地组合和重组已有知识，有利于新创意的产生（Asta & Isaac，2004）。

以软件公司信雅达为例，战略可调性促进了产品创新能力。首先，以光盘缩微产品为例，战略可调性体现在信雅达根据外部环境的变化制定了二次创新战略，选择外部知识作为创新源。在明确目标的指引下，反映产品创新能力的指标（新产品利润和专利数量等）得到了提高。其次，以电子影像产品为例，战略可调性体现在信雅达根据外部环境的变化调整了产品创新战略，从二次创新战略转变为原始创新战略进行电子影像产品的研发，将原本用于照相机行业的数字成像技术（OCR 技术）用于金融软件行业。在和环境要求相一致的目标的指引下，信雅达实现了电子影像产品的创新。

H9 – 1：战略可调性对产品创新能力起到积极影响。

9.3.2 战略可调性对产品创新能力的影响：基于知识搜寻效率视角和知识结构视角

在战略管理领域，对"战略柔性"的研究多出现在产业竞争的情境中。早期制度理论和定位观都非常强调环境对组织变革的决定作用（Magali & Michael，2008；Porter，1980）。早期制度理论认为组织若要生存，则必须遵循制度环境的规定而获得合法性。这与定位观、外部权变观逻辑上一致。某一特定环境中的知识特性决定了企业创新能力提升的方向。

在缓慢变化的环境中，企业可以通过缓慢构建和提高核心竞争能力来获得竞争优势（Eisenhardt & Martin，2000），战略性的保持很重要（Garg et al.，2003）。竞争优势的来源表现为传统的惯例（Nelson & Winter，1982），嵌入于管理者基于已有知识分析环境，计划和组织复杂、具体的战略行为过程。竞争优势不仅被外部影响，还受内部动态能力的消减的威胁（Garg et al.，2003）。企业难以保持竞争优势，必须在战略行为植入柔性（Brown & Eisenhardt，1997）。

在快速变化的行业中，竞争强度较大，企业很难获取有利于商业化产品的资源（Li et al.，2010）。有着强战略可调性的企业会获取更多的资源，并能够更好地重新配置和整合资源，可以更快地响应变革，发现新的市场机会，从产品中获利（Li et al.，2010）。

H9 - 2：环境动态性对战略可调性和产品创新能力关系有明显正向调节作用。

9.3.3 组织可调性对战略可调性和产品创新能力关系的调节：基于自组织理论、适合度景观理论和内部权变观

早期制度理论、定位观、外部权变观解释了不同环境下企业行为的异质性。但对复杂的能力演化过程，其解释力是不够的，因为它们忽视了相同情境下行为的异质性。资源基础观、知识基础观和动态能力观弥补了这一缺陷，识别了创新能力演化内在影响因素。和上述视角结合起来的自组织理论强调企业的创新系统是一种复杂系统（陆园园、郑刚，2009）。其特征之一是企业创新系统内的自组织行为。如组织要素如何自组织以适应战略，进而提升产品创新能力。这种自组织行为基于架构能力。架构能力的概念起源于亨德森（Henderson，1990）的技术架构能力，即协调技术组件知识之间关系的能力（Henderson et al.，1990）。亨德森（1990）进一步指出，除了技术活动，组织的其他活动（营销、制造）也可被视作在稳定框架中的相互交联的要素，架构能力就是协调这些要素能力的能力，体现为沟通渠道、信息过滤、解决问题的策略等惯例（Henderson et al.，1990）。创新系统中的自组织行为促使组织要素能力和战略要素能力得以有机链接和耦合。另外，基于适合度景观理论（fitness landscape theory），创新系统中各要素能力的不同配置决定了创新结果对外界环境变化的适应程度（Li et al.，2009）。内部权变观也呈现此逻辑：内部能力是其他因素起作用的前提。

在企业产品创新过程中存在两类浪费，阻碍了产品创新能力的提升。这两类浪费分别是目标和需求南辕北辙造成的资源投入和机会成本的浪费，以及目标确立后等待知识基础造成的时间、资源有效性的浪费。战略可调性避免了第一种浪费，组织可调性避免了第二种浪费。前者使企业可以根据环境变化快速搜寻、选择知识源，为改进知识结构提供了方向，进而保证创新目标设立的动态效率。后者使企业根据战略变化快速从源头获取知识，并为改进知识结构提供了异质性知识基础，进而保证实现创新目标所需要知识获取的动态效率。换句话说，在战略可调性促发创新知识源的快速设立后，组织可调性强的企业通过组织结构、制度和流程的变化来快速获取新知识来保证管理控制。[26]具体而言，这类企业通过跨内部边界共享知识，帮助新产品开发团队之间更好地协同彼此的任务和活动，保证新产品开发团队识别、组合和分配资源，将合适的人分配至合适的岗位。[27]组织可调性对战略可调性的配合会导致企业更快更好地获得合适创新目标所需的知识，进而为产品创新能力的培养提供了基础。

以信雅达为例，在经历了 OCR 技术的技术－经济范式变化后，信雅达根据环境变化调整了产品创新战略，将原来的二次创新战略转为原始创新战略。战略可调性蕴含在此过程中。接着，信雅达进行了组织结构的变革（从事业部结构转向项目组结构），通过组织可调性来保证战略可调性的结果（创新战略的转变）的实施。通过组织可调性和战略可调性这两种能力的配合，信雅达实现了电子影像产品的创新。

H9－3：组织可调性对战略可调性和产品创新能力关系有明显正向调节作用。

分析框架如图 9－1 所示。

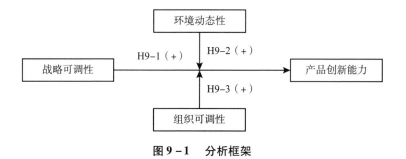

图 9－1 分析框架

9.4 研 究 方 法

9.4.1 调查程序与样本情况

在 2007 年底，研究小组通过浙江省经贸委和科技厅，以浙江省企业为研究对象，并向其发放了 1 000 份问卷。为了提高数据质量，避免共同方法偏差，在问卷设计时注明了回答问题的人员。首先，在战略可调性、环境动态性部分，由于涉及战略制定的过程，所以请高层管理者作答；其次，在组织可调性、产品创新能力部分，由于涉及战略执行过程中组织结构、流程的设计和转变以及创新产出方面的问题，故由中层或基层管理者作答。本次问卷调查共发放问卷 1 000 份，回收问卷 680 份，剔除数据不完整和质量不高的问卷后，有效问卷为 541 份。有效回收率为 54.1%。被剔除问卷的空白项分布并不成规律（如问卷所分部分），故所答者的知识水平和问卷涵盖领域是匹配的。

9.4.2 研究量表及其信度效度分析

本研究将成熟量表加以整合。变量有：环境动态性、战略可调性、组织可调性、产品创新能力。因变量是产品创新能力，本研究采用了杨等人（Yam et al.，2004）的指标。自变量是战略可调性，本研究参考西尔蒙（Sirmon et al.，2007）和艾森哈特（2000，2009）的指标。调节变量之一是环境动态性，本研究采用了纳德卡尔尼和纳拉亚南（2007）的指标。调节变量之二是组织可调性，本研究采用了李（Li，2010）的指标。本研究选择的控制变量为：行业属性、企业性质、企业年龄、企业规模，均是虚拟变量。上述量表均采用 7 点里利克特式量表。本研究采用 SPSS 16.0 软件对各量表作了信度和效度检验，信度和效度分析结果如表 9 - 1 所示。各量表的

Cronbach's α 值均超过 0.7，项目的 CITC 值均超过 0.4，表明量表的信度较高。接下来，本研究采用 AMOS 7.0 软件对各量表作了验证性因子分析。结果显示，各因子负荷均大于 0.5，拟合指数分别如下 X^2（d.f.）= 424.43（98），RMSEA = 0.09，SRMR = 0.061，NFI = 0.93，NNFI = 0.93，CFI = 0.94，GFI = 0.86，AGFI = 0.82。可见，CFA 的结果比较理想，各量表具有良好的辨别效度和聚合效度。

表 9 - 1　　　　　　　　　　变量的信度和效度分析结果

变量	项目	CITC	Cronbach's α if item deleted	因子负荷	α 系数
战略 可调性	1. 对技术发展趋势有较强的跟踪监测能力	0.704	0.870	0.790	0.889
	2. 高层管理比较关注新技术机会的发展	0.682	0.873	0.777	
	3. 企业战略很重视技术和市场创新并很好整合二者资源	0.717	0.869	0.799	
	4. 与客户具有良好的长期关系	0.721	0.869	0.815	
	5. 制定市场战略中会考虑到市场的长期发展趋势	0.646	0.878	0.753	
	6. 对市场需求的变化能够作出快速的反应	0.715	0.869	0.796	
	7. 实现战略转变的速度总是快于竞争对手	0.620	0.882	0.713	
环境动态性	1. 技术变化速度快	0.436	0.707	0.719	0.701
	2. 市场需求变化速度快	0.599	0.701	0.850	
	3. 市场需求量常常发生变化	0.525	0.701	0.801	
组织可调性	1. 职能部门之间的沟通顺畅且快速配置资源	0.624	0.777	0.794	0.817
	2. 组织结构扁平化程度很高且快速分配资源	0.631	0.776	0.800	

续表

变量	项目	CITC	Cronbach's α if item deleted	因子负荷	α 系数
组织可调性	3. 组织流程清晰，资源链顺畅	0.739	0.724	0.872	
	4. 经常通过外部合作获取新资源	0.570	0.800	0.752	
产品创新能力	1. 专利申请数量不断增加	0.568	0.732	0.802	0.763
	2. 来自新产品的利润不断上升	0.621	0.703	0.842	
	3. 新品满足需求	0.617	0.700	0.841	

注：所有因子负荷均具有显著性（P < 0.001）。

9.5　研究结果

9.5.1　描述性统计分析

相关变量的描述性分析如表 9 - 2 所示。控制变量分组情况如表 9 - 3 所示。

表 9 - 2　　　　　　　　　　变量的均值、标准差相关系数

变量	均值	标准差	1	2	3	4	5	6	7	8
行业属性	0.4991	0.50046	1							
企业性质	0.2274	0.41951	0.014	1						
企业年龄	13.2163	9.03181	0.034	− 0.051	1					
企业规模	4.3591E2	661.57392	− 0.026	0.083	0.155**	1				
战略可调性	5.7211	0.85264	0.016	− 0.029	0.061	0.052	1			
环境动态性	5.0077	1.06148	0.001	− 0.030	0.011	0.021	0.434**	1		
组织可调性	5.5274	0.89988	0.028	− 0.023	0.090*	0.032	0.689**	0.465**	1	

续表

变量	均值	标准差	1	2	3	4	5	6	7	8
产品创新能力	5.3339	1.08079	0.077	-0.051	0.099*	0.083	0.668**	0.593**	0.429**	1

注：** 表示 $p < 0.01$，* 表示 $p < 0.05$。

表 9-3　　　　　　　　　控制变量分组情况

行业属性	频数	百分比（%）	企业性质	频数	百分比（%）
高技术	268	49.6	民营	435	80.4
非高技术	273	50.4	非民营	106	19.6
企业年龄	频数		企业规模	频数	
小于等于 10 年	258	47.6	小于等于 500 人	403	74.4
大于 10 年	283	52.4	大于 500 人	138	25.6

9.5.2　假设检验

本研究将检验战略可调性对企业产品创新能力的影响，以及环境动态性和组织可调性在这一过程中所起的调节作用。根据艾肯和韦斯特（Aiken & West，1991）以及温忠麟、侯杰泰（2005）等人的建议，在分层回归之前，要先对战略可调性（自变量）、环境动态性（调节变量）、组织可调性（调节变量）作标准化变换。采用强迫进入法（enter），分四步进行回归：第一步，控制变量进入模型；第二步，控制变量和自变量进入模型；第三步，控制变量、自变量和调节变量同时进入模型；第四步，控制变量、自变量、调节变量以及自变量和调节变量的乘积项同时进入方程。如下表 9-4 所示，分别检验战略可调性对企业产品创新能力的影响，以及环境动态性和组织可调性在上述影响过程中的调节作用。由模型 1 和模型 2 可知，战略可调性的回归系数为 0.660（$p < 0.001$），其解释了产品创新能力 43.3% 的变异。故 H9-1 成立。而由模型 1，模型 2，模型 3，模型 4 可知：第一，当战略可调性和环境动态性的乘积项进入方程后，乘积项的回归系数为 -0.867，且具

有显著性（P<0.01），故环境动态性对战略可调性影响产品创新能力有显著的负向调节作用，H9-2被拒绝了；第二，当战略可调性和组织可调性的乘积项进入方程后，乘积项的回归系数为0.732，具有显著性（p<0.05），故H9-3成立。另外，根据方差膨胀因子来检验变量间的多重共线性，结果显示各模型中的变量间均不存在多重共线性（VIF<10）。由上述分析可知，H9-1、H9-3获得支持，H9-2被拒绝。

表9-4   分层回归分析结果

因变量	产品创新能力			
	模型1	模型2	模型3	模型4
常数项	5.098 ***	0.386	-0.198	-0.475
1. 控制变量				
行业属性	0.077 +	0.066 *	0.064 *	0.061 *
企业性质	-0.054	-0.034	-0.032	-0.032
企业年龄	0.082 +	0.048	0.040	0.043
企业规模	0.077 +	0.046	0.048	0.046
2. 自变量				
战略可调性		0.660 ***	0.462 ***	0.484 **
3. 调节变量				
环境动态性			0.130 ***	0.748 **
组织可调性			0.207 ***	-0.218
4. 乘积项				
战略可调性×环境动态性				-0.867 **
战略可调性×组织可调性				0.732 *
R^2	0.023	0.456	0.501	0.508
R^2		0.433	0.045	0.007
Adjusted R^2	0.016	0.451	0.495	0.499
F	3.178 *	89.739 ***	76.482 ***	60.802 ***

注：+ 表示 $p<0.1$，* 表示 $p<0.1$，** 表示 $p<0.05$，*** 表示 $p<0.01$。

9.6　结论讨论及其对理论和实际的意义

9.6.1　主要结论讨论

分析结果表明，战略可调性正向促进产品创新能力，环境动态性对这二者关系起到负向调节作用，组织可调性则起到正向调节作用。

（1）战略可调性对企业创新能力的影响作用

研究结果表明，战略可调性与产品创新能力间存在显著正向影响关系，这与大多数关于战略柔性和企业产品创新关系研究的结论是一致的。虽然李（2010）等学者的研究均表明战略柔性促进企业创新，但他们未打开其过程黑箱（Yuan Li et al.，2010）。本研究打开了黑箱，关注于战略可调性对产品创新的作用，通过实证研究发现战略可调性对产品创新能力有显著的正向影响。这一结果的原因在于：战略可调性强的企业，可以根据环境变化及趋势快速选择合适的知识源，从而快速确立和环境需求一致的知识结构更新方向，在技术创新过程中避免目标和需求南辕北辙造成的资源投入和机会成本的浪费，进而提升产品创新能力。以福建邮科为例，当 1996 年将直放站作为核心产品后，便根据当时的环境特性（缓慢变化），选择了外部的技术知识源。这一行为实现了创新目标和环境需求的匹配，从而避免了南辕北辙的浪费，在 1999 年比竞争对手更快地成功推出了第二代直放站产品，产品创新能力得到了提升。

（2）环境动态性对战略可调性和企业产品创新能力关系间的调节作用

鲜有实证研究曾对此进行分析。在理论分析上，一般认为在动态环境下企业需要战略可调性，但还没有学者对比静、动态环境，研究环境动态性对战略可调性和产品创新能力之间关系的调节影响。本研究的结果则发现环境动态性对战略可调性和企业产品创新能力的关系有着显著的负向调节作用。这一发现表明：处于快速变化产业环境中的企业，战略可调性对产品创新能力的促进作用会显著降低。为了进一步了解环境动态性在战略可调性对产品创新能力影响过程中的调节作用,按照艾肯和韦斯特(1991)的建议和做法画出调节效应图(Aiken & West, 1991)。如图 9-2 所示,虽然在环境动态性高时,战略可调性可以带来更高的产品创新能力,但与环境动态性高相比,环境动态性低时,战略可调性的边际产出更高。

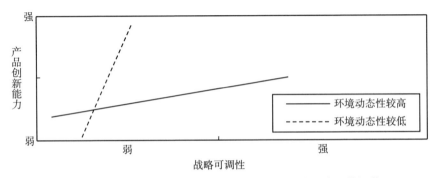

图 9-2   环境动态性对战略可调性和产品创新能力关系的调节

该结论与"动态环境下企业更需要战略可调性,因而战略可调性对企业创新能力的影响更显著"(焦豪,2008)的逻辑并不一致。基于前人的研究,可能的原因有以下两方面。

第一,环境动态性高时,市场需求和行业技术变化快,使得战略可调性很难保持,因而难以马上促进产品创新能力的提升。具体可以归因为两点:一是战略可调性本身所特有的即兴行为、低结构化、易遗忘的特征会加重破坏已有的惯例,进而使得本身也是惯例的创新能力提升速度降低。相反,在环境动态性低时,行业中技术比较稳定,消费者需要和偏好变化缓慢,由技术带来的不确定性和风险较低,企业可以比较准确地作预测和计划,所需的战略可调性水平相对较低,有足够的时间培养创新所需惯例的形成,加速创新能力的提升。二是战略可调性的因果模糊性在快速变化环境中尤其明显。在快速变化的环境中,战略可调性往往呈现过于简单的、拓展性的、试验性的特征(Davis et al., 2009),故难以总结共性。以通信设备制造业为例,中兴通讯一直以来的战略规则比华为简单,选择方案更多。在 2G 时代,由于技术范式未发生变化，环境的动态度较低，故华为的竞争优势更为明显，排名比中兴通讯领先。但在 3G 到 4G 转变的今天，随着技术－经济范式的转变，环境动态性提高，简单规则战略对企业产品创新能力的积极作用凸显出来，近年来中兴和华为的差距正在逐渐缩小。为了应对这一情况，华为现在也逐渐把规则简单化，进行产业链的扩张以有更多的选择方案。

第二，基于共演理论，从动态的角度来看，新一轮的产品创新将会加速行业技术变革，增加了环境动态性。这说明行业环境客观上也受到了企业产品创新的影响，而这种影响在实证研究中并没有加以控制，因而可能会造成偏差。

（3）组织可调性对战略可调性和产品创新能力之间关系的调节作用

目前尚无实证研究曾对此作分析。本研究通过实证研究发现，组织可调性对战略可调性和产品创新能力关系之间有着显著的正向调节作用。调节效应如图 9 - 3 所示。

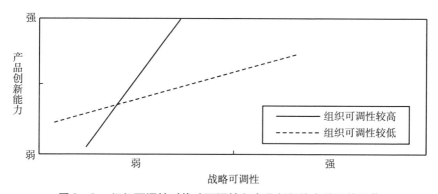

图 9 - 3　组织可调性对战略可调性和产品创新能力关系的调节

有两点值得注意。第一，企业的组织可调性越强，战略可调性对产品创新能力的促进作用就越显著。也就是说，组织可调性对战略可调性的补充会对产品创新带来比单个更强的叠加价值，这一观点和自组织理论（Huff，1997）、适合度景观理论（Li et al.，2009）逻辑一致。原因在于：通过快速根据战略变化改变组织要素获取新知识，可以避免创新战略目标确立后等待知识基础造成的时间、资源有效性的浪费。第二，组织可调性的调节作用比环境动态性的调节作用的绝对值相差不大。这说明，相比于外部影响，企业内部能力之间的协调对产品创新也非常重要。而这一点正是现有研究所忽视的。现有研究多关注外部环境因素对内部能力和产品创新的调节作用，很少有实证研究重视企业内部资源、能力在产品创新过程中的调节作用（Yuan Li et al.，2010；Li & Atuahene – Gima，2001）。这个结果弥补了现有研究的缺陷。以海尔为例，由于面临着需求变化越来越快的环境，海尔更加侧重外部知识源。战略可调性蕴含在此过程中。接着，海尔开始了组织结构变革，变直线职能金字塔式的组织结构为扁平化的结构，以努力实现企业与市场之间的零距离。这是组织可调性的体现。通过组织可调性和战略可调性的匹配，海尔以更快的速度去创造新的市场需求。同时由于各部门自负盈亏，也保证了现金流和库存较好地运转，产品创新能力得到了提升。

9.6.2　理论贡献

本研究针对战略柔性对产品创新作用机理不明的问题，响应了最近文献中对集合研究的号召（Davis et al.，2009；Huff，1997），通过实证研究揭示环境动态性和组织可调性在战略可调性和产品创新能力关系间的调节作用，对探索战略可调性在内外组织情境下的作用机制作出了一定贡献。

（1）拓展了自组织理论、适合度景观等理论在产品创新领域的应用，丰富了架构能力对企业产品创新作用的研究

战略可调性是高层次的战略要素能力，组织可调性是中间层的组织要素能力。但关于协调这两个要素能力进而成功实现产品创新的实证研究很少。现有研究多停留在笼统地讨论战略柔性和产品创新的关系上。本研究受自组织理论、适合度景观理论等的启发，引入了架构能力的概念，打开了战略柔性的黑箱。本研究通过实证发现组织可调性对战略可调性和产品创新能力关系有着显著的正向调节作用。也就是说，组织可调性会补充战略可调性促进产品创新能力。这一发现拓展了自组织理论、适合度景观理论（Li et al.，2009）在产品创新研究领域的应用，丰富了架构能力对企业产品创新作用

的研究。

（2）整合内外部权变理论，识别了战略可调性和产品创新能力关系的内外部边界条件，发现了企业产品创新行为所需的战略层能力基础具有情境性，加深对企业竞争优势来源的理解

权变理论逐渐走向内、外部权变理论之间的融合，但在融合过程中理论自洽性需要提高（Furrer et al.，2008）。针对这一问题，本研究对产品创新能力提升过程中所需的内、外权变因素进行了研究。实证结果表明，外部权变因素（环境动态性）和内部权变因素（组织可调性）都对战略可调性和产品创新能力关系存在显著的调节作用。这一发现表明，企业产品创新能力的提升同时受到内、外权变因素的影响。相较于以往笼统地考虑战略柔性、产品创新能力之间关系的研究（Yuan Li et al.，2010；Li et al.，2009），本研究融合了内、外权变视角，调和了战略定位观（Porter，1980）和能力基础观（Sucheta & Narayanan，2007）间的争论。

第一，环境动态性是企业产品创新能力变化的外生驱动力，企业产品创新行为所需的战略层能力基础具有情境性。实证结果发现战略可调性和产品创新能力的正向关系受环境动态性负向调节。也就是说，在动态环境中，战略可调性对产品创新能力的积极作用没有在稳定环境中大，这解释了企业产品创新行为所需的战略层能力基础的情境性。艾森哈特（2009）认为，在不同环境动态性下企业创新所需能力存在显著差异，本研究通过实证验证并拓展了她的观点（Davis et al.，2009）。在稳定环境中，类似于传统的惯例的概念（复杂、可预测、分析、线性），管理者在已有隐性知识和规则的基础上分析情境、计划和组织他们的活动。在动态环境中，所需的能力是简单的、试验性的、交互的，取决于它对内部技术、组织和管理过程的整合。

第二，作为可持续竞争优势的来源，产品创新能力被战略可调性和组织可调性这两种能力的合力所促进。故这两种能力的协调匹配是企业可持续竞争优势的驱动力。

9.6.3 管理意义

首先，在战略制定的过程中，由于战略可调性对企业产品创新能力的作用受环境动态性的调节，所以企业首先要识别所处环境中技术和市场需求的变化速度。

其次，当处于快速变化的环境时，企业应采用简单规则战略，侧重于涌现式战略，如我国企业在引入国外技术时需要"动态引入"，即根据环境的变化灵活选择技术源，从而避免"引进—落后—再引进—再落后"的陷阱；为了产品创新所需的组织可调性能力，企业应采用扁平的组织结构，鼓励跨组织部门的沟通和外部学习以便更好地识别组织内部通达资源的渠道、获取组织外部的资源，并保持其资源通道的顺畅。当所处环境为适度变化的环境时，企业应更偏于理性的战略分析和制定过程；战略规划发生在战略的形成之后，是战略和绩效关系中的协调和控制机制，组织的结构化程度可以适当提高以加强惯例的形成。

除此之外，尤其需要强调的是，企业需要在战略高度上平衡各要素能力的发展；否则，很容易造成资源/能力冗余或短缺的现象，阻碍企业创新。

9.7　将来的研究方向

第一，本研究是基于笔者先前关于环境动态性对战略柔性和产品创新能力关系的调节作用的研究基础上的，结果发现这两个线性模型都通过了检验。然而，多个线性模型之间的叠加会产生非线性的关系。故环境动态性、战略可调性、组织可调性和产品创新本质上存在着共同演化的非线性关系。下一步将基于共演理论，通过案例和仿真的方法深入探讨共演机理。

第二，本研究是基于横截面数据的研究，没有考虑到时间维度，得出的结论不足以描述环境的动态变化过程对战略可调性和产品创新能力关系的影响，未来若能进行纵向研究将有助于进一步了解变量间的关系。

　　第三，据企业实地观察和文献研究，我们发现根据对环境的不同反应（搜寻选择不同技术源），战略可调性可以分为跨内部边界搜寻柔性、跨组织边界搜寻柔性和本地搜寻柔性。这三种柔性对技术创新能力构成产生影响。后续研究可以聚焦于战略可调性对技术创新能力重构升级的影响机制。

第10章　后发追赶目标下企业创新能力重构研究

——基于专利引文法

10.1　问题的提出

后发追赶目标下，企业创新能力的主要构成是吸收能力。尤其能力重构的过程中，为提质创新绩效，亟需识别调整知识基础及来源。即，需识别能力组成功能之外的能力所基于的知识源结构，才能实现更高质的创新能力重构和后发追赶目标的实现。技术追赶研究表明，发达国家的知识获取是后发企业技术创新的关键知识来源。得益于基于外商直接投资、对外直接投资、国际贸易、跨国人才流动等方式的国际知识外溢和逆向知识外溢，后发企业实现了快速的追赶。根据中国产业研究报告网发布的《2020—2026 年中国外商投资市场深度调研及投资策略分析报告》表明，2019 年 1 ~ 12 月，全国外商直接投资金额为 1 349.7 亿美元，同比增长 3%；据联合国贸发会议《世界投资报告 2020》，2019 年中国对外直接投资流量 1 369.1 亿美元，位居全球第二，连续 8 年稳居全球第三。如今的中国依旧是跨国知识溢出的收益大国。随着越来越多的企业进入"跟跑、并跑、领跑"三跑并行的追赶阶段，中国的后发企业正从局部突破转向全面赶超（王志刚，2018）。在这一阶段，后发企业逐渐接近技术创新前沿，发达国家更加注重核心技术的保护和更新，导致跨国知识溢出的边际效益递减。此外前沿技术的复杂程度增加，对后发企业在创新上提出了高要求。面对跨国先进技术资源的匮乏，以及对高质量创新的迫切需求，习惯于以跨国知识的获取学习为主导发展逻辑的后发企业应如何突破追赶瓶颈，从模仿者转型为创新者，是当前急需回答的问题。

技术追赶研究表明，发达国家先进知识的获取，对后发企业技术能力的构建具有决定性的影响，尤其是追赶早期（Malerba et al.，2011；Miao et al.，2018）。大量文献将关注点放到外国知识的获取方式上。其中，基于进口和外商直接投资（FDI）的国际知识外溢，成为后发企业获取国外领先技术的重要渠道。比如，对于中国电信产业的成功追赶，木和李（Mu & Lee，2005）认为，比利时在中国建立的合资公司，通过本地化零部件供应、客户培训、技术人员流动等途径，极大地促进了当时最先进的数字交换技术在整个中国电信产业的扩散，助力中国本土企业取得群体技术突破。有别于改革开放以来主要采取"引进来"战略（外商直接投资），近年来中国后发企业又大力提倡"走出去"战略，即通过合作、并购、建立海外研发机构等方式来获取海外先进知识的对外直接投资模式。研究证实了通过对外直接投资能够促进技术追赶（吴先明等，2018）。有关创新的多种理论或者观点，如研发国际化、国际联盟等，都强调了获取跨国知识的重要作用。另外，后发企业如果过度依赖发达国家技术，就容易被锁定于领先企业的知识网络之中（Dantas et al.，2009）。同时，目前有关追赶的研究指出，中国后发企业已经从技术追赶逐渐转向创新追赶（刘洋等，2013），越来越多的后发企业逐渐将重心从依赖于发达国家的技术引进转向本土或内部创新。现有文献越来越强调后发企业内部学习和创新的重要作用（Hobday，2005）。基于此，后发企业的追赶不能被简单视为通过发达国家的技术知识溢出而进行模仿创新的过程，而是需要关注跨国知识和内部知识的共同作用。

有关跨国知识获取和企业内部研发的关系研究一直存在着"互补/替代"之争。替代的观点认为，后发企业若过度关注国外技术引进等方式以获取跨国知识，会减少对内部研发的投入，从而抑制企业的自主研发（Sasidharan et al.，2011）。而互补的观点认为，企业面临的并不是自主制造（Make）或外部购买（Buy）的选择，相反，他们应该尝试海外技术来源和内部努力的互相弥补。金（Kim，1998）指出，后发企业的内部学习机制通过事前的知识库以及事后确保知识的有效吸收来辅助外国知识的获取。创（Chuang，2014）进一步指出，内部学习的这些辅助作用在后发企业从技术跟随向创新引领的转型阶段更加明显。更近的研究马吉德普尔（Majidpour，2017）认为，外国知识获取与后发企业自主创新之间的互补效应由于受到多种情境因素的影响，而处于动态变化之中，应该从战略角度调配二者在企业技术创新中的权重。

另外，无论是从基于外部获取的知识进行创新，还是基于内部知识进行创新，转化为创新产出并不是一个简单自动的过程。企业必须能够识别、获取、整合现有的知识，并在创新活动中成功地利用这些知识（Lewin et al.，2011）。利用知识并将其转化为商业价值，是企业的基本宗旨。而吸收能力作为识别、吸收外部知识并将其应用于创新过程的动态能力（Cohen et al.，1990），决定了现有知识的转化效果，是影响企业创新绩效的关键因素。大部分学者将吸收能力视为企业创新过程中不可或缺的情境变量（Zobel et al.，2017）。同时，企业的创新能够维持企业的竞争优势，但其作用的有效性受到环境因素的影响。基于权变视角的研究认为，企业应根据不同的环境特征来调整所得资源和能力，以实现最佳组合的利用（Calantone et al.，1994）。行业环境的动荡程度会影响到企业为解决创新问题而对不同知识来源的配置决策，因此无论是发达国家的知识获取还是内部研发，企业所处的行业环境都是不可或缺的情境因素。那么，在多情境影响下后发企业应如何配置内、外部的知识资源，以获取高水平的创新绩效？

综上所述，本研究基于发达国家知识获取和内部研发这两大创新活动，对后发企业自追赶以来的知识来源结构进行分析，并以跨国知识转移和内部知识利用作为影响后发企业创新绩效的主要构成因素，探讨其如何同时与企业自身的吸收能力，外部的环境等因素进行有效匹配，从而产生高水平的创新绩效。通过上述基于专利引文分析的研究，为后发企业在创新追赶过程的知识来源转变提供数据上的支持。通过专利引用率展现其知识来源的结构演变，有助于从量上展现后发企业的知识构成，同时对创新追赶中知识来源"由外到内"的观点进行验证，一定程度上丰富了后发企业的追赶研究。

后发企业从技术追赶逐渐踏入创新追赶，面临着跨国知识的获取愈加困难，前沿技术愈加复杂的难题。为突破追赶瓶颈，实现从模仿者向创新者的转型，后发企业需要探索合适的创新模式进行追赶。而创新是一个极为复杂的过程，受多方面、多因素的影响。本研究重点考虑后发企业的知识来源与复杂情境，从多元视角探索高水平创新绩效的匹配组合。具体现实意义如下。通过专利引文分析法对企业创新的知识来源进行了可视化的呈现，有助于更好地认识到后发企业追赶过程中的知识结构及变化趋势。通过量化不同知识的转移程度，使企业对各知识来源保持在什么的样的水平有一个更为客观的了解与把握。

10.2　理论背景以及文献综述

10.2.1　知识基础理论

知识基础理论（KBV）是资源基础理论（RBV）进一步的扩展和延伸，强调了知识是企业创造新价值，维持自身核心竞争优势的主要来源（Grant，1996；Felin et al.，2007）。知识基础观认为，企业是知识的载体，其竞争优势有两方面的来源，一是具有独特属性的知识，二是企业创造、运用知识的能力。一方面，知识的独特属性，尤其是隐喻性属性（隐藏在复杂组织过程和管理中的隐性知识），是形成竞争优势的关键属性。隐性知识难以被模仿和复制，因此如何获取和转移隐性知识成为发展竞争优势的主要来源（Lubit，2010）。另一方面，知识要为企业创造价值，就需要在企业内部经历产生、应用的过程。企业通过内、外部的知识转移，以及对知识的整合转化完成价值的创造（Nonaka，2000）。

创新，本质上是通过对现有知识的整合重组以创造新知识的过程。部分学者基于知识基础观解释了知识与创新之间的关系。比尔利等（Bierly et al.，1996）指出，内、外部学习，突破式、渐进式学习，合理的学习速度，自身知识基础在宽度、深度上的平衡，是企业在知识战略中要面对的选择。通过对选择了不同战略的企业作聚类分析，发现企业可分为创新者，开发者，利用者和孤独者4种，其中创新者、开发者的企业绩效较高。迪兹等（Deeds，1999）检验了生物技术企业中组织知识的存量和流动与企业绩效之间的关系，以公司的地理位置、与其他机构和组织的联盟以及研发支出代表知识流，而在研产品、公司引用和专利则代表知识流，而在研产品、公司引用和专利则代表知识存量。通过因子分析发现，地理位置，在研产品和公司引用均是公司绩效的重要因素。这表明企业内部知识存量，以及跨组织边界的知识搜索，是其产生独特产品的重要来源。刘洪伟等（2015）指出，企业可以通过非相关的技术并购以获取新颖知识，通过与原有知识的互补促进创新，但对于知识基础较为深厚的企业来说，不存在互补效应，不利于创新。

综上所述，知识基础观表明，知识通过创新活动来发展竞争优势，是企业形成竞争优势的关键来源，探索知识与企业创新绩效之间的关系具有重要意义。企业创新所需知识来源可以基于组织内部的知识发展，也可以基于外部的知识获取，因此本研究基于知识基础理论，探究企业内部知识利用、外部知识获取与创新绩效之间可能存在的关系。

10.2.2　后发企业技术创新

（1）后发企业的创新追赶研究

后发企业这一说法最早由著名经济学家格申克龙（Gerchenkron，1962）提出，国外学者将之定义为在竞争中面临技术和市场双重劣势的企业。在此概念上，国内学者结合国内企业所具有的"中国情境"，对中国后发企业的内涵作了进一步的探究。刘洋等（2013）认为，中国的后发企业不仅只是基于领先企业的先进技术进行模仿再造的"跟随者"，也是注重在创新和学习之间进行范式转化的企业（刘洋等，2013）。刘海兵等（2018）认为，后发企业主要集中于发展中国家，具有技术、市场的双重劣势，但试图积极参与国际竞争。结合上述两位学者对后发企业的理解，本研究认为，后发企业是面临技术、市场的双重劣势，且这种劣势是由于历史条件导致的，但具有主动的创新寻求意识的企业。基于此界定，中国大多企业都应被视为后发企业。

有关后发企业的追赶研究，早期研究更注重于技术追赶，强调通过模仿创新而积累技术能力和市场能力。"追赶"的概念建立在技术追随者从技术领导者那里获益的命题上（Radosevic，1999），代表性研究有霍布迪（Hobday，1995）提出的逆向产品生命周期曲线模型（OEM – ODM – OBM），金（1980）的三阶段追赶模型等。霍布迪等（1995）认为，后发企业的技术创新是从技术引进、合资、OEM 等方式开始的，是从成熟产品到新兴产品、从标准工艺到新兴工艺、从成熟产品的渐进改良到研发新产品的过程，其追赶过程遵循的是"OEM – ODM – OBM"的发展规律。金（1980）研究分析了 31 家韩国电子企业的技术追赶过程，提出了著名的"引进—消化—提高"三阶段技术追赶模型，即以引进外国领先技术为基础的技术追赶模式。李等人（2001）经过对多个韩国产业的研究，发现了 3 种不同路径的技术能力追赶，分别是路径创造型追赶、路径跨越式追赶以及路径追随型追赶。马修斯（Mathews，2006）提出了著名的 3L 模型，即"联接（linkage）—杠杆化利用（leverage）—学习（learning）"模型。他指出，亚太地区跨国企业能够通过这个过程的发展，在世界范围内参与竞争。

目前的追赶研究指出，后发企业已经从技术追赶逐渐转向创新追赶（刘洋等，2013），强调的是通过自主创新、协同创新等创新模式来进行创新能力的追赶（曾萍等，2015）。不少学者聚焦于技术创新，从研发国际化、构建研发网络等视角等方面探讨如何提升后发企业的创新能力。

基于构建研发网络的视角，赫斯等人（Hess et al.，2011）认为，扩展企业的研发网络边界能有效促进技术创新能力的提升。郭艳婷等人（2019）探索了跨边界协同的新型创新追赶路径，认为企业需要通过跨边界协调组织内外部资源，以达到追赶深度和广度的平衡。刘洋等人（2013）针对中国后发企业处于转型背景的现状，探索了后发企业的研发网络构建，并提出 3 个边界，分别为地理边界、组织边界、知识边界。他指出，在复杂的市场、制度环境下，后发企业需要对研发网络的地理和市场边界进行拓展，这样能够让后发企业紧跟国际领先企业的创新动态，基于内部研发来进行创新追赶；同时需要进行跨地理、组织和知识边界的拓展，以提升自身的创新能力。卡福罗斯等（Kafouros et al.，2015）指出，后发企业可以通过开放式的创新，如与本土和国际的高校、产业伙伴建立联系，以获取相应的资源和知识。但王（Wang，2014）指出，这种开放式的追赶存在着一定的弊端，如企业自身吸收能力不匹配、知识的协调成本较高、潜在的知识泄露风险等。

从企业国际化视角入手，萨赫拉等（Zahra et al.，2000）从组织学习角度探讨了企业的国际化作用，认为企业国际化能够促进企业的学习，因为进行国际化以获取国外创新资源的企业有更多的学习机会，从而促进企业的创新。罗和董（Luo & Tung，2007）从跳板视角来分析后发企业的国际化行为，认为企业会在全球范围内跨国并购、对外投资、战略联盟等一系列激进冒险的战略措施，突破追赶的瓶颈，以获取国外先进知识资源，以及减少来自母国的市场制度约束。国内学者吴先明等人（2018）进一步研究了"跳板作用"的内在机制，认为步入创新追赶阶段的后发企业，通过国际化的跳板作用，能够突破所面临的追赶瓶颈，从而由模仿者向创新者转型。他指出，"跳板作用"主要是以战略能力和吸收能力为能力基础，以边界跨越为起点，以研发网络重构、战略性组织学习为关键点，体现了国际化对后发企业创新的作用。

目前，中国后发企业越来越接近全球技术前沿，发达国家为维持自身的竞争优势，愈加重视核心技术的保护和更新，导致发达国家先进技术知识的获取难度加大。同时技术本身的复杂程度越来越高，仅依靠技术引进并加以模仿的传统追赶可能会导致企业陷入"落后—追赶—落后"的追赶陷阱。为了实现进一步追赶，后发企业需要从模仿者向创新者转型。而上述有关后发企业追赶的研究表明，无论是早期基于跨国技术溢出的模仿创新，还是如今通过国际化、拓展研发网络边界等方式开展的协同创新，发达国家的知识获取一直都是后发企业提升技术能力，促进创新的关键知识来源（Luo et al.，2007；Miao et al.，2018；吴先明等，2018）。另外，在具备了相当程度的技术能力和知识积累之后，越来越多的后发企业从依赖国外先进技术的引进逐渐转向基于本土研发的创新（Guan et al.，2009）。霍布迪

（2005）强调；"构建技术能力是缩短技术差距的必要但不充分条件，要实现追赶而非追随，学习和创新都十分重要。"这强调了自主创新、内部能力构建在创新追赶阶段的重要性。综上所述，发达国家的知识获取和企业内部的自主研发是后发企业创新追赶的两大知识来源。

（2）后发企业创新绩效的影响因素研究

企业的创新活动多元而复杂，创新绩效作为创新成果的衡量指标，是多因素共同影响的结果。如黄攸立（2010）等运用元分析的方法进行分析，将创新绩效的影响因素分为 4 类，分别为环境因素（市场环境、政府政策等），结构因素（企业与外部组织的互动关系），组织因素（企业内部能力、组织结构、战略管理等）以及个人因素（高管、技术人员的特征）。李敏等（2016）用知识图谱的方式展现了有关组织创新绩效的研究现状，发现吸收能力、开放式创新、知识管理、研发等因素是当前的研究热点。杨晶照等（2016）基于 CiteSpace 的分析，得出四大视角的创新绩效影响因素，分别为资源基础观（知识基础观等）、能力观（吸收能力、动态能力等）、组织学习观、社会网络观。基于以上学者的归类，结合中国的后发情境，本研究从资源、能力、环境等方面对创新绩效的影响因素进行梳理。

从资源的视角来看，无论是领先企业还是后发企业，都需要获取大量资源以进行创新。部分学者进一步将资源细化至知识，基于知识基础观，强调了知识在企业创新过程中所起的重要作用。郑烨等（2018）基于外部视角，探讨了公共服务供给、资源获取对于创新绩效的影响，研究发现，运营资源、知识资源的获取均促进了企业创新绩效的提高，其中知识资源获取的积极影响更大。吴先明等（2019）发现，通过海外并购的方式以获取国外的先进技术资源，能够分摊企业的研发成本，同时来源于海外的异质性知识，能够丰富企业的知识库，有利于后发企业的创新。卡尔库良等（Karkoulian et al.，2013）基于知识管理视角，认为企业应通过建立、应用知识库来进行知识管理，这强调了知识来源和知识利用在企业的创新过程中的重要作用。刘洋（2015）研究了研发网络边界拓展与后发企业创新绩效之间的关系，发现企业的内部知识基础促进了研发网络组织边界对创新绩效的影响。埃伯格等（Ebersberger et al.，2021）研究了不同类型的国际知识互动对中国后发企业专利申请获取的知识质量的影响，发现国际知识互动与知识质量呈正相关。在追赶过程的早期阶段，较低学习水平的知识交互（申请跨国专利）与生成高质量知识相关。然而，在追赶过程的后期，知识和更高水平学习机会的互动（合作发明国际专利）与生成高质量知识相关。

有关后发企业背景下环境因素的研究并不多，学者们往往基于权变视角去探讨环境因素对创新的影响，认为企业资源的价值、行为的结果取决于其外部环境的条件，企业应该调整自己拥有的资源以及能力，以适应环境特征，从而实现最佳的资源综合和利用（Miller, D. 1988）。普拉乔戈（Prajogo，2015）将业务环境作为影响不同类型创新战略在实现业务绩效方面的有效性的权变因素，使用澳大利亚 207 家制造企业的数据，表明动态环境加强了产品创新对企业绩效的影响。济等（Tsai et al.，2013）基于权变理论和相互作用的视角，研究市场动荡与竞争强度之间的相互作用如何调节企业创新与企业绩效之间的关系，发现在高市场动荡和高竞争强度下，企业创新的绩效效应最为积极；在低市场动荡和低竞争强度下，绩效效应最不积极。然而，在低市场动荡和高竞争强度下，企业创新的绩效收益未能实现。冯军政（2013）探讨了环境动态性对企业突破式创新和破坏式创新的驱动作用，发现技术动态性促进了企业的突破式创新和破坏式创新，而市场动态性只促进了破坏性创新。唐国华等（2015）发现环境动态性能够鼓励企业产生更多的新思想和新产品，环境不确定性的不同维度（动态性、敌对性和非均衡性）基本上都促进了企业创新的开放度。

基于能力视角的研究认为，企业获取竞争优势的关键企业能够识别和理解环境，充分运用自身的动态能力。基于知识基础观的研究更强调企业的吸收能力对创新绩效具有重要影响。部分学者研究了吸收能力对创新绩效的直接作用，发现吸收能力有助于克服企业产生的组织惯性和核心刚性，从而提升企业的创新绩效（Dyer et al.，1998）。布里尔等（Briel et al.，2019）认为吸收能力是一种重要的动态能力，使组织能够利用外部知识进行创新，对于其在当今竞争激烈的商业环境中的生存和成功至关重要。更多的学者认为，将获取的知识转化为创新所需的知识关键在于企业对知识的消化、转化能力，因此将吸收能力视为企业在创新过程中一个至关重要的情境变量。王等（2011）利用中国通信企业的数据表明，知识属性与吸收能力存在着无法分割的关系，吸收能力能够调节知识管理与创新绩效之间的关系。路易莎等（Luisa et al.，2017）通过对高技术企业的研究发现，潜在吸收能力对外部搜索广度、深度对根本性创新的关系产生积极影响，实际吸收能力缓和外部搜索广度对根本性创新的影响。

大多研究通常从一到两个视角去探讨不同的影响因素对创新绩效的关系。如基于知识基础观，将吸收能力作为影响知识搜寻和创新之间的情境因素（Sarkees et al.，2014），或基于动态能力视角强调内部能力与外部环境的协同效应（谢治春等，2017），或将后发企业的自主创新，与企业自身的吸收能力以及外部的制度环境整合在一个框架中进行研究（肖利平等，2015）。综上所述，后发企业的创新绩效受多方面、多因素的共同影响。而通过文献梳理发现，大多研究都并没有从单一视角去考虑创新绩效的影响因素，往往通过两两交互的方式来探讨几个变量与创新绩效之间的关系，但是鲜有文献从较为完整的视角，考虑复杂情境下多个条件的相互联动从而对创新绩效产生的共同作用。

10.2.3　后发企业创新的知识来源

（1）发达国家知识获取

无论是早期的技术引进还是如今的研发国际化，基于追赶的文献表明，来自发达国家的先进知识一直都是后发企业技术创新的关键创新资源。有关跨国知识获取的研究可以从知识获取的模式，以及知识获取程度与创新绩效的关系两个方面进行归类。

获取模式指的是后发企业获取发达国家领先知识的方式。以往关于知识获取模式的相似说法有知识获取战略、获取行为等。早期研究中，后发企业对发达国家的知识获取主要基于其先进技术知识的溢出效应，其模式有外商直接投资（FDI）、进口贸易、跨国人才流动等。格罗斯曼等（Grossman，1991）发现，中间品的进口贸易能够发挥国际知识溢出的垂直效应，后发企业通过"引进—吸收—模仿"的过程，促进其产生更为新颖的思想和技术，从而提升自身的技术能力。陈艺毛等（2019）将国际知识渠道分为进口贸易和 FDI 两种，最后发现资本品进口是我国制造业企业得益于跨国知识溢出的重要渠道，能够促进产业实现流程升级。而 FDI 会因过度嵌入价值链而导致低端锁定。王恕立等（2014）将 FDI 分为资源寻求型 FDI 和效率寻求型 FDI 两种外商直接投资类型，并指出效率寻求型 FDI 可通过提高上游供应商的质量倒逼上游企业的技术提升，但由于对国外领先企业的技术依赖和自主创新能力的缺失，从而削弱了 FDI 对上游东道国价值链提升的促进作用。而也有学者表示，只有当后发企业具备与之匹配的吸收能力时，国际知识溢出才能发挥有效的作用（杨俊等，2009）。陈怡安（2014）通过将跨国人才流动与 FDI、国际贸易、专利技术引致三大国际知识溢出渠道的对比，发现通过跨国人才的回流，吸收其知识溢出效应以提升技术创新水平，是后发企业提升技术能力，进行追赶的路径之一。最近的研究则从后发企业的国际化视角来探讨其对跨国知识的获取模式。马修斯等（1999）发现，越接近技术前沿，单纯基于跨国技术的引进、模仿、国际知识的溢出就越无法满足后发企业对创新的需求。更多的后发企业选择与国际上的领先企业进行研发合作以获取更先进的知识。近年来主导观点（Awate et al.，2015）也认为，转型经济体中的后发企业的研发国际化行为，是处于"获取（access-ing）"知识的动机。吴映霞等（2009）将基于逆向知识转移视角，将跨国公司的知识转移分为内部转移（母子公司间的转移）和外部转移（技术授权，购买等方式）两种，以获取海外企业的先进知识。吴先明等（2017）考察了外商直接投资（"引进来"）和对外直接投资（"走出去"）两种跨国知识获取模式，认为对外直接投资这一模式通过领先企业技术知识的逆向溢出，促进了后发企业的创新追赶。

有关知识获取程度的研究，会涉及获取程度的维度划分。其中被大部分学者所认同的划分维度是从基于知识来源的空间视角和时间视角。如吴航等（2016），将知识获取划分为本土获取和国际获取，认为本土获取的知识凭借地理优势有助于提升企业的创新效率，而国际上获取的知识凭借其差异化有助于企业形成新的知识组合。同样地，关等（Guan et al.，2016）也将外部知识搜寻分为本地搜寻和远程搜寻。基于不同的维度，学者们对知识获取与创新绩效之间的关系展开了研究，结果大不相同。部分学者认为，国际知识的流入能够为企业带来新颖的知识，避免企业因本地搜索而导致技术停滞不前（Schreygg et al.，2007）。吕萍等人（2011）将外部知识来源划分为区域内知识来源，国际知识来源，国内知识来源 3 种，经研究后发现国际知识来源与创新绩效之间存在倒"U"型的关系，即对中国的企业来说，国际知识并不是越多越好，范围过宽的国际知识来源会阻碍企业的创新突破。阿胡亚等（Ahuja et al.，2004）则强调异质性知识的重要性，认为在探寻外国知识源时，企业维持一定程度的地理多样性能够促进突破性技术发明的产生。而夏等（Xia et al.，2014）认为，外部知识由于其异质性存在着协同和整合的难题，此外过度对外直接投资等知识获取方式有可能削弱企业核心业务能力并导致过度依赖的弊端。沈慧君（2020）关注知识的地理来源与创新之间的关系，认为基于多个国家的异质性知识所研发的技术更难被模仿，有助于创新价值的获取。正明等（Masaaki et al.，2007）则结合了上述研究，将国际知识来源的转移水平和知识来源的多样性纳入同一分析框架中，发现国际知识转移水平与创新绩效呈倒"U"型关系，即中、低水平的国际知识转移水平能促进后发企业的创新，而集中于少数特定国家的知识转移能够促进创新绩效。国内学者郭磊（2019）同样将跨国知识转移分为转移水平和知识地理来源多样性两个维度，分别从知识的转移量和异质性程度考察跨国知识对创新绩效的影响，发现跨国知识转移水平与创新绩效成倒"U"型关系，而知识地理来源多样性程度与创新绩效呈正相关。部分学者认为跨国知识并不能直接对企业的技术能力产生促进作用，需要企业拥有与之相配的吸收能力。如付等（Fu et al.，2011）用来自中国的经验证实了国外技术要想为本土企业带来技术变革与提升，只有在本土企业充分地开展本土研发活动与拥有人力资源的基础上才能实现。

综上所述，现有研究从不同角度探讨了跨国知识获取与创新之间的关系，大部分研究赞同跨国知识获取这一知识来源与创新绩效之间存在着非线性的关系。因此，孤立地考察发达国家的知识获取与创新之间的关系可能失之偏颇，需要结合其他影响因素才能反映发达国家先进知识对后发企业创新的实际作用。

（2）企业的内部研发

为突破追赶瓶颈，后发企业除了转变获取跨国知识的方式，还应关注内部知识来源对创新的重要作用。越来越多的研究强调了本土或内部研发在后发企业创新追赶中的重要作用。有关后发企业内部研发的研究大多分为两类。一类是和基于外部知识源的创新模式进行对比，另外一类是结合不同情境因素下的相关研究。

有关不同技术创新模式的对比研究中，原毅军等（2017）基于中国制造业的数据，对比了 FDI 技术溢出，自主研发和合作研发 3 种创新模式后发现，自主研发和合作研发这两种创新模式是中国制造业技术创新的最佳战略选择，而基于 FDI 技术溢出的创新模式效果并不显著。雷等（Ray et al.，2017）基于联动—杠杆—学习（LLL）模型对印度制药后发企业进行了研究，发现后发企业的自主学习和与跨国公司的联系学习，都是其追赶成功的原因。图图巴利等（Thutupalli et al.，2016）考察了印度农业企业的技术追赶过程，发现自主创新能够有效整合特定地点和能力，促进企业在国际市场成功赶超并参与竞争。李若曦等（2018）将自主研发、技术模仿和模仿创新整合至技术学习曲线理论框架下作实证分析，发现目前高技术产业自主研发与 TFP 的关系呈倒"U"型，技术模仿的关系不显著，模仿创新的关系为"U"型，而自主创新的影响要大于模仿创新的影响。王飞航等（2019）对自主创新和技术引进两种模式作对比，发现这两种创新模式与创新绩效均存在基于对外开放程度的双重门槛效应，即对外开放水平的提升，自主创新和技术引进与创新绩效均为倒"U"型关系。

另外一部分研究将有关自主研发的模式与企业的内外部环境结合进行研究。刘小鲁（2011）发现，增加自主研发比重能够促进后发企业的技术进步，而知识产权保护的增加会激励自主研发。余泳泽等人（2015）认为，一味地推动自主创新战略并不能带来良好创新绩效，只有当一个地区的要素禀赋水平、制度环境、经济发展水平达到一定的匹配水平时，以自主研发为主的内源创新模式才能够有效提升该地区的创新。陈恒等（2016）从地区知识积累视角，探讨了高技术产业自主研发的创新模式对科技绩效的驱动机理，发现知识积累门槛的提高能够提升高技术产业自主研发对科技的驱动效果。

综上所述，大部分研究认同内部研发在后发企业创新追赶中的重要作用，但同时也看出，内部研发与创新绩效之间的关系结论不一，且需要结合组织内外部不同情境进行考察。

（3）发达国家知识获取与企业内部研发的关系研究

作为两者不同的创新有关发达国家知识获取和后发企业内部努力的关系研究，主要呈现出两种观点，一种是互补协同关系，一种是替代关系。

基于替代关系的研究主要集中在早期，并从交易成本理论视角、需求激励视角考虑。卡特拉克（Katrak，1997）认为，进口减少了发展中国家进行自身技术努力的需要（或激励），发展中国家企业变得"依赖"进口。贝里奇（Berchicci，2013）通过对企业内、外部的研发配置作研究分析，发现外部知识在一定程度上具有更好的创新绩效，但存在一个阈值，超过在这个阈值，会导致在外部研发上投入过多而减少内部研发，从而对内部研发产生替代效应，降低创新绩效，且这种现象在研发能力强的公司更加明显。

目前外国知识获取与后发企业内部研发之间的互补作用目前被广泛接纳。一个经典研究是金（1998）对韩国现代汽车公司的案例分析，发现后发企业的内部学习机制从两个方面辅助国外知识获取，一是事前创造知识base 为国外知识的搜寻做准备，二是事后确保已获取知识的有效吸收。李（2005）认为，在追赶的后期，尽管韩国公司缺乏足够的能力和核心知识库，但他们拥有一些由内部研发创造的互补性资产，因此可以以共同开发（R&D 合作）的形式与外国公司合作，而不是 OEM 分包。

此外，大多研究都强调了情境因素对于互补/替代关系的影响。卡西曼等（Cassiman，2006）通过实证研究来分析创新活动之间的互补性，发现内部研发（R&D）和外部知识获取是互补的创新活动，但互补程度受到大学和研究中心这一重要情境变量的影响。海格多恩等（Hagedoorn，2012）研究表明，以边际收益递减为特征的内部研发投资水平是一个严重影响内部和外部研发战略关联的权变变量。特别是内部研发和外部研发，无论是通过研发联盟还是研发收购，在内部研发投入较高的情况下都是互补的创新活动，而在内部研发投入水平较低的情况下，内部和外部研发结果是具有替代性战略。张等（Zhang，2015）指出跨国知识获取与内部研发之间的互补关系的体现建立在与企业自身的资源以及管理技能相匹配的基础上。肖利平等（2016）认为，技术需求动机（技术存量需求动机，模仿创新需求动机），技术吸收能力，都会影响国外技术引进的创新互补或替代效应。吕峰等人（2018）认为，外部技术能够带来更高的创新效率，而内部自主研发有助于产生更高的创新性和独特性，基于创新效率和效果的权衡，认为应考虑不同情境下技术来源的选择组合。

综上所述，跨国知识获取与内部研发之间并不存在一个绝对的关系，更多需要结合与情境因素的互动来分析其对创新绩效的影响。

（4）基于专利引文分析的知识转移研究

基于专利和专利之间的引用关系，专利常被作为知识流动、知识转移及相关研究的重要数据来源。该方法由贾菲等（Jaff et al.，1993）首创，即用专利引文来跟踪知识流，并检查知识溢出在地理上的本地化程度。

以专利引文追踪知识来源的内在逻辑在于其能够确定当前专利中嵌入的技术思想与先前技术之间的联系。原则上，当专利 A 引用了专利 B，则意味 B 代表了 A 所构建的先前知识（Jaff et al.，1993）。基于此，专利引用可被作为跨国界知识转移证据。具有代表性的是贾菲等（1993）在以专利引文分析知识流动方面的研究。他们指出，若一个企业的专利引用了之前的专利，则可以推测企业的技术发明利用了先前专利所含知识。根据专利所带的地理信息，专利引文可以用来追踪企业间以及内部的知识流动。通过对专利引用率的比较，胡（Hu，2003）研究了从美国、日本到韩国、中国台湾的知识扩散模式，他们发现韩国对来源于日本的知识需求远高于对美国的知识需求，而中国台湾对于美、日两国的知识依赖与韩国对美国的知识依赖程度相当。此后，越来越多学者将专利引文分析与后发国家/企业知识获取结合起来，应用于不同行业。胡（2008）通过对中国台湾的平板显示产业作分析，发现日本企业在技术追赶过程的主要知识来源国。江等（Jang et al.，2009）基于专利引文分析，在平板显示器行业证实了美、日是韩国和中国台湾创新的重要知识来源，但发现韩国、中国台湾更依赖于日本的知识，而非美国。李等（2010）发现半导体行业的专利引用的顺序遵循国家进入该行业的顺序，即日本公司倾向于引用美国专利，韩国公司倾向于引用日本专利，中国台湾公司倾向于引用韩国专利。

国内也基于专利引文分析展开了研究。蔡虹等人（2010）也考察了技术相似度、对外技术依赖度、地理距离和语言差异等因素对国际技术流动的影响。赵蓉英等学者（2013）提出了两种基于引证关系的知识转移模式——链状模式和网状模式，并通过实证进行了验证。郭磊等人（2016）基于专利引文进行知识来源的分析，发现转型期中国电信产业的知识来源主要分为三部分，一是来自美国、日本等领先国家的知识，二是来自中国本土的知识，三是来自韩国等新兴发达国家的知识。

专利引文在创新绩效里的作用体现在于，专利引用意味着此类知识的等效使用和转让，这部分沉没成本由发明公司承担，其最终的实现将体现在以此类知识作为投入的新专利的创新绩效或评估中（Masaaki et al.，2007）。基于此，学者们以专利引文衡量国际知识的转移，并探究其与创新绩效之间的关系。正明（2007）、郭磊等（2019）均以专利引文数据衡量了跨国知识转移量以及知识的地理来源多样性，用实证方法检验了跨国知识转移与创新绩效之间的关系。

10.2.4　文献述评

通过对后发企业创新追赶相关文献的梳理发现，后发企业已经从技术追赶步入了创新追赶的阶段，其知识来源结构随着追赶进程不断地发生改变。基于创新追赶阶段的后发企业研究表明，跨国知识仍旧是后发企业重要的创新资源，同时也强调内部知识在接近技术前沿时发挥的重要作用。后发企业面对的是跨国知识获取与内部自主研发这两大知识来源的配置问题。另外，创新绩效受到多因素的影响，从单一视角去探讨失之偏颇。

综上所述，本研究发现目前的研究还存在以下缺陷：一是大多追赶文献从知识获取模式的角度指出，具有"中国情境"的后发企业正由基于国外先进技术知识的模仿创新转向内部创新或者协作创新，但鲜有研究定量直观地体现出中国后发企业在追赶阶段的知识来源构成以及变化。基于专利引文分析的研究探讨了不同行业的跨国知识来源，但少有研究结合后发背景就后发企业内、外部这两大知识来源作比较分析。二是文献指出，在创新追赶阶段，跨国知识和内部知识是后发企业创新所需的两大知识资源。但通过梳理文献发现，基于发达国家知识获取以及内部研发的两种知识来源与创新绩效的关系研究结论不一。大多研究表明，两者与创新绩效之间存在着非线性的关系，且受其他情境因素的影响而对创新绩效产生不同的影响，因此需要综合探讨知识来源与其他情境因素的联动效应，才能够反映出跨国知识和内部知识对创新绩效的实际作用。三是创新绩效的前因研究十分丰富。后发企业的创新追赶背景以及知识基础观强调了发达国家知识获取与内部研发对创新的重要作用，却难以解答基于这两种方式的不同知识来源之间的动态匹配。现有研究在此基础上，加入了吸收能力、外部环境等情境视角作进一步探讨，但大多关注一个因素的净效应或者两个因素的交互作用，鲜有文献基于多个视角的复杂情境去考虑多个条件与创新绩效之间的关系。因此，本研究基于匹配的逻辑，采用 fsQCA 的分析方法，以知识基础观为理论基础，以知识来源为主要构成因素，结合能力因素、环境因素，探讨复杂情境下导致高水平创新绩效的知识来源匹配组合。

10.3　变量界定及研究框架

10.3.1　核心变量概念界定

（1）跨国知识转移

外部知识获取常见于知识转移研究，知识转移发生在不同组织，由此体现企业从外部获取知识的特质（Keller et al. , 1990）。知识转移最为宽泛的概念界定指的是知识从一个社会主体转移至另一个社会主体。根据知识的类型与属性，知识交换主体的不同，知识交换的主观意愿等因素（Szulanski, 2000），知识转移在不同研究中有着更为精细化的概念。本研究涉及的知识转移概念基于后发企业的创新追赶背景，即以发达国家的知识获取作为技术创新的关键资源，因此将外部的知识来源限定为领先国家。此外本研究重点关注后发企业在创新中对发达国家知识的获取程度，希望观察到的知识较为系统并具有价值。基于以上分析，并借鉴裴云龙（2013）对知识转移的定义，本研究将"跨国知识转移"界定为后发企业通过对发达国家知识的搜索和获取，以基于专利引文的创新关系将知识由发达国家转移至后发企业的过程。

　　跨国知识转移产生于后发企业对跨国知识的获取搜索行为，现有关于知识获取的研究多从知识源和获取强度上来测量外部知识的转移（Zhou et al.，2012；Papa et al.，2018），或基于搜索行为将其分成搜索宽度和搜索深度两个维度。后发企业获取的跨国知识会因知识的地域嵌入性（嵌入了国家的政治、经济和创新基础设施）而存在异质性（Poter et al.，2001）。因此，跨国知识转移不仅需要对转移量进行探讨，还需要对多样的知识地理来源进行探讨。本研究关注后发企业获取不同国家知识的适宜性，即是否存在"过量或过杂"的获取而影响创新绩效的问题。参考郭磊（2019）对后发企业多国知识探寻的维度划分，本研究以国家为地理边界单位，将跨国知识转移划分为知识转移水平和知识来源地理多元度两个维度。

　　（2）企业内部知识利用

　　除了发达国家的知识获取，后发企业的知识也可以来源于企业内部的研发积累（West et al.，2003）。陈劲（1994）指出，自主创新是企业通过依靠内部研发力量完成技术突破，并取得原创性的科技成果的过程。而创新实质上是新知识的创造过程。根据野中（Nonaka，1994）对组织知识创造的定义，该方式是指组织内部利用知识循环，将内部的个人和部门创造的知识进行知识转换。通过知识"上行"和"下行"进行跨层次的转移，最终使新知识嵌入组织的知识结构中（Crossan et al.，1999）。本研究的探讨是不同来源的知识对创新绩效的影响，因此以"内部知识利用"这一概念来体现后发企业内部知识在创新过程中的转移水平，同时也体现了内部知识的积累程度（Kang，2015）。基于上述分析，本研究将"内部知识利用"界定为以基于专利引文的创新关系，使内部知识通过在组织内部跨部门流动和跨层次转移的过程。由于内部知识均为企业熟悉的知识，不存在因地域文化、政治等因素不同而导致的多样性，因此不对内部知识利用作地理维度上的划分。

10.3.2　研究框架

（1）知识来源与创新绩效

①知识转移。

外部知识对企业创新绩效的作用优势主要体现在知识的新颖性（满足新兴市场需求的新功能）、异质性（涵盖产品问题可能解决方案的技术领域的广度）（Bonesso et al.，2011）。而企业从本地市场上获取的知识往往是熟悉的或同质的，在国际市场上获取的技术知识更具异质性和新颖性（吴航等，2015）。

跨国知识转移的一个重要好处是后发企业能够获取与自身互补的知识。跨国知识的流入有助于后发企业更好地了解国际上的用户需求与环境，实现了与用户需求相关知识上的互补（吴航等，2016），且能够在较短时间内填补内部知识的空缺，并在一定程度上减少了企业所面临的技术周期变短、产品更新变快、研发成本增加等挑战（Rigby et al.，2002），提高了创新的效率。但另外，过度依赖跨国知识来源，尤其是单一的知识来源易导致技术路径锁定风险（Dantas & Bell，2009）。具体而言，后发企业过于依赖和利用某一来源的知识，尤其是与发达国家领先企业的长期合作，会无意识地形成一种"一致性规范"（黄磊，2021），在一定程度上限制后发企业自主创新的思想，从而阻碍其对全球创新前沿的突破（Fu et al.，2011）。其次在转型期获取的跨国知识产生的创新效益减少。随着后发企业逐渐接近全球技术前沿，原在位企业为了维持自己的核心竞争优势，会对核心技术进行保护。换言之，当前的后发企业难以从外部获取创新所需的关键知识，易获取的跨国知识往往是过去或短期的，无法反映未来或长期的技术走向（黄磊，2021），不利于后发企业的创新追赶。

知识来源的地理分散程度对于创新绩效也起着重要作用。知识具有地域嵌入性，受当地社会、文化、经济、政策的影响，不同国家的知识具有不同的特质。有关学习的战略文献表明，多元化的经验促成了企业的学习。过于关注熟悉环境中的竞争与合作，会使企业在面对熟悉环境之外的机会和威胁时产生盲目性（Abrahasom et al.，1994）。而创造力和新思想源于不同的甚至是有冲突的知识之间的相互作用（Ahuja et al.，2004）。鉴于此，后发企业获取不同地理来源的多样化知识并使其与原有的知识产生"碰撞"，促进了新思维和想法的产生，形成有价值、新颖性的知识组合，有助于解决后发企业新颖性创新匮乏的问题。通过开展广泛的搜索获取，后发企业具有一定的选择权去选择优质的创新知识资源，以缓解自身的知识瓶颈（禹献云和周青，2018）。但一方面，无论是从单一来源获取大量的知识，还是在世界范围内获取多样化的异质性知识，均意味着前期巨大的沟通、协调成本。企业需要付出高昂的成本去识别那些代表了技术走向，具有创新潜力的知识，这会导致企业整合利用知识而带来的边际效益递减（Swift，2016）。另一方面，大范围搜寻跨国知识还会分散企业注意力，从而忽略那些对企业技术创新真正有用的外部知识（Chu et al.，2019）。

同时需要注意的是，跨国知识转移对创新绩效的影响在很大程度上受吸收能力的影响。在后发企业的吸收能力普遍较弱的情况下，对发达国家的知识获取会导致高昂的知识学习成本。同时过多、过杂的知识会增加知识的复杂性和管理难度，造成某些知识资源无法被完全利用、整合，从而产生知识冗余，阻碍创新（Kotha et al.，2013）。

另外，跨国知识转移对内部知识具有"激活"作用（Kogut et al.，1992）。一方面，异质性知识可以避免企业陷入传统的认知惯性。仅利用自身的知识资源进行创新，容易导致企业的思想僵化，陷入"熟悉陷阱"（Ahuja et al.，2001）。后发企业通过吸收、消化不同于自身知识的异质性跨国知识，能够避免单一的组织程序和惯例对创新思路形成禁锢，从而导致本为竞争优势的核心能力变成核心刚性，对创新产生阻碍。同时异质性知识带来的新鲜思想增加了企业的灵活性，使其更加迅速地对动荡的行业环境作出响应（芮正云，2017）。另一方面，过度的跨国知识搜索获取增加了对企业搜索、识别、协调成本，迫使企业减少对内部自主研发的投入，从而阻碍自身知识的积累和储备（Berchicci，2013）；另外依赖于外部知识满足创新需求的行为会降低内部创新的需求激励（肖利平等，2016），不利于创新增长。

综上所述，跨国知识的转移量、地理来源的分散程度均对创新绩效起着重要作用，但有利有弊，呈现出非线性的关系。其对创新绩效的影响很大程度上产生于与其他因素的联动效应。

②企业内部知识利用。

内部知识对企业创新的作用优势主要体现在其独特性。基于自我积累的自主创新具有原创性，易获得超额垄断利润（汤萱，2016），是企业维持核心竞争力的关键。首先，与外部知识获取模式相比，基于内部知识进行的创新活动（如自主研发）的组织承诺最高，更有利于形成独特和关键的技术知识（FordD，1988）。对于逐渐接近技术前沿的后发企业而言，一些核心技术（如发动机、芯片等）等难以从发达国家获取，需基于自身的知识基础，对已有知识进行反复挖掘和利用，才能实现创新突破，变成自己的核心技术能力（龙镇辉等，2017）。其次，由于创新的本质是对现有知识元素的重新组合，所以内部、外部知识的有效转移是知识重组的重要前提。而组织内部的知识转移效率要高于组织之间的知识转移，因此以内部知识转移为主的创新有利于企业获得先行者优势（Chen et al.，2012）。但另一方面，基于内部知识的技术创新需要经过长时间的积累，且具有投入多，周期长、风险高等特点，因此该创新模式对创新绩效的影响具有一定的不确定性。最后，虽然知识具有一定的情境性，但在创新过程中，企业仍会倾向于依赖先前积累的知识来创造新的知识。过度利用内部已有知识的创新可能造成"核心刚性"（Leonard，1992），难以应对快速变化的外部环境，不利于创新增长。鉴于此，内部知识利用与创新绩效之间具有非线性的关系。

另外，内部知识的积累利用，提高了企业与其他组织的合作地位，使跨国知识获取模式成为实现更好创新绩效的工具。研究表明，一些已经具备一定内部知识基础的后发企业在与外国企业共同开发先进技术时，更具技术"战略性"。具体而言，在与外部组织建立联合研发关系时，这些后发企业表现得更加自信，因为他们不需要依赖外国的知识援助来从事制造业等核心活动，而是依赖于内部知识来源，能够将自己独特的资源带入合作，即与外国领先企业展开更为"高级"的合作（Chuang，2014）。

（2）知识来源与创新绩效的情境因素

①企业吸收能力。

企业吸收能力指的是知识基础观认为，企业的绩效差异不仅来自各企业知识资源的差异，也来自对知识应用能力的不同。对知识的有效吸收和利用也是企业提升创新绩效，维持竞争优势的因素之一。通过与自身吸收能力的有效契合，不同的知识来源才能发挥其对创新的作用优势。

吸收能力对创新的作用机理为：吸收能力通过提升知识获取能力降低了获取的成本和风险，并增加了组织学习能力以提升知识整合利用的效率，同时使企业具备一定的组织调节能力以应对不同的环境变化，最后提升了知识消化能力以缩短产品开发周期并创造出更多新产品（张书博，2013）。鉴于此，吸收能力可以从创新速度、频率、水平等方面促进企业的创新绩效，带来先行者优势，对外部市场需求的快速响应，避免落入"能力陷阱"困境等优势。

企业吸收能力的重要性体现在它很大程度上影响了内部、外部知识能否被高效利用而转化为高质量的创新产出（Min et al.，2018）。在知识的获取、吸收、转化成产出的过程之中，企业的吸收能力是不可或缺的情境因素。吸收能力对于外部知识和创新关系的影响体现在对外部知识的获取和消化效率上。通过提高对外部知识的吸收、消化并嵌入自身知识体系的能力和效率，提升外部知识的创新收益。吸收能力对内部知识和创新关系的影响体现在内部知识的转化和利用效率上。通过促进部门之间的信息交流，降低了企业内部各部门之间的信息不对称性，从而提高了内部知识的转化和利用效率，提升了内部知识的创新收益（贾慧英等，2018）。

吸收能力也影响着跨国知识获取，内部知识创造的相互关系（互补/替代）。当后发企业的吸收能力较低时，无法很好地学习利用国外的先进知识以培育自身的创新能力，导致对国外先进知识的严重依赖（肖利平等，2016），从而对内部创新造成"挤出效应"。而在吸收能力较高的水平下，也存在着因过于注重获取利用外部知识的能力而忽略内部的信息交流，或者因内部信息沟通的完全统一而导致无法理解外部不同信息来源的问题（Cohen et al.，1990）。鉴于此，高水平创新绩效的产生需要后发企业的知识来源组合与吸收能力的契合。

②环境动荡性。

环境动荡性是指企业基于自身知识基础，对其所处环境的变化速度及不确定性的不可预测程度。企业身处不同行业，其各种行为（如创新等）或多或少会受到技术、市场、竞争强度等环境因素的影响。因此，竞争优势的延续需要企业在基于环境因素，合理配置知识资源和能力，以实现最佳的组合利用。

在低环境动荡性下，企业面临的行业竞争压力小，知识过时较慢，企业凭借先前积累的经验和知识足以应对当前的行业环境（Kamasak et al.，2016），同时给了企业空间和时间继续深入挖掘利用现有技术，不断改进完善自身技术以培育自身的核心技术能力，提升创新绩效。在高环境动荡性下，顾客需求更加多元，企业面临更多的机会，促使企业产生新颖的创意和思想，以研发出新的产品和服务，同时提升产品的性能和价值，以提供高质量的创新产出（陈立勇等，2016）。

另外，环境的动荡程度也会影响外部和内部知识来源之间协同效应的相关性。在稳定的行业环境下，外部市场对技术、产品的多元化需求不高，企业若将过多精力用于搜索、获取、消化多样性外部知识，以促进新颖性的创新，可能无法适应于现有市场，同时打乱企业现有的学习和提升过程（贾慧英，2018）。在动荡的行业环境下，现有技术和产品生命周期缩短，企业先前积累的异质性知识过时较快，仍专注于利用现有知识会可能使原来的核心能力变为核心刚性（George et al.，2009）。为避免上述风险，企业会作出一定的战略调整，包括但不仅限于调整内、外部的知识获取，研发投入等，以维持竞争优势。鉴于此，高水平的创新绩效需要后发企业自身的知识资源，能力与所处的行业环境契合。

（3）模型提出

由上述分析可知，高水平的创新绩效不是单一因素导致的，也不是内外部知识来源的简单组合，而是不同情境下不同知识来源等多个条件相互匹配并共同作用的结果。多个条件之间的协同效应既包括通过互补而互相强化的可能，也包括通过替代而相互抵消的可能。鉴于此，本研究构建了"知识—能力—环境"的研究框架，以跨国知识转移，企业内部知识利用为后发企业创新绩效的两种主要构成因素。当知识来源组合与企业自身的吸收能力、外部环境这两种情境因素的匹配较为契合时，后发企业创新所需的条件得到满足，能够产生高水平的创新绩效。研究模型如图 10-1 所示。

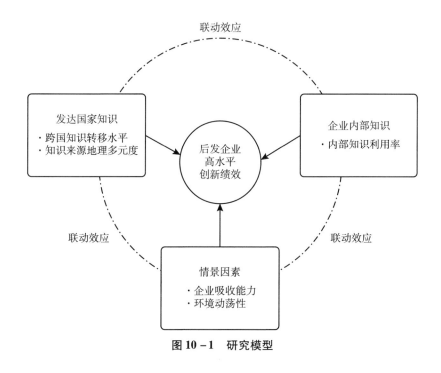

图 10-1　研究模型

10.4　研究设计

本研究的分析主要基于专利引文分析法的知识来源结构，旨在对中国后发企业的知识来源进行一个定量的结构分析，直观体现其知识来源构成，同时验证创新追赶研究中的一个观点，即中国后发企业的追赶策略是否在知识来源上发生了"由外到内"的改变。

10.4.1　后发企业知识来源结构分析

本研究采用专利引文分析法：基于专利引文能够追踪知识流动的特性，用外国专利引用率，自引率衡量跨国知识转移水平，计算地理来源多元度，企业内部知识利用率等，并选择代表案例对其作知识来源结构分析，以明确其知识来源的结构和演变趋势。专利作为技术知识的载体，其引用模式可以提供知识溢出的证据。由于专利中包含了有关专利权人的地址信息，因此专利的引用关系可以为"无形"的知识流提供书面的证据（Jaffe et al., 1993）。具体而言，如果来自 A 国的专利引用了来自 B 国的专利，则意味着 B 国的这一专利所承载的知识转移到了 A 国的这项技术发明上。因此，专利引文能够呈现某项技术发明所利用的先前知识的来源地。通过对企业专利的引文分析，能够对该企业在创新过程中知识的地理来源进行结构分析。因此，本研究采用专利引文分析法来分析企业的知识来源结构。

本研究对衡量知识来源的关键指标（跨国知识转移水平，跨国知识来源地理多元度，企业内部知识利用率）作结构分析。在该部分，本研究选择了华为、中兴作为中国制造业后发企业的代表，并以爱立信作为领先企业参照。具体而言，本研究基于专利引文数据，计算出了 2003～2015 年 3 家企业的发达国家知识转移水平、知识来源地理多元度，以及内部知识利用水平，并通过折线图的方式初步呈现了其知识来源结构。通过 3 家企业的知识来源结构对比，评价两家后发企业在知识来源结构上的合理性。另外，通过对技术领域的划分，本研究还对传统技术领域（H04L 数据通信领域）和新兴技术领域（H04W 无线通信领域）的知识来源结构作了比较。

10.4.2　数据来源及行业选择

本研究的研究样本来自中国制造业企业，专利引文数据来自美国专利与商标局（USPTO）。其他数据来自国泰安数据库以及公司官网的财务年报。

本研究选择制造业企业作为研究对象，一方面是因为制造业是实体经济之本，研究制造业企业的创新更具实践意义。另一方面，结合后发背景，中国的制造业是研究后发企业从追赶向领先转型的合适对象。通过早期的技术追赶，中国制造业已积累了一定的基础知识，逐渐从产业链低端制造环节向核心地位攀升。部分企业更是逼近技术前沿，急需高质量的技术创新来实现转型。在可供模仿的外部技术知识日益匮乏的情况下，研究制造业企业高水平创新绩效所需的知识配置，显得更为普遍和迫切。

本研究选择 USPTO 的专利数据作为研究数据，原因有三点：①USPTO 对于专利的申请以及授权要求较高，确保了专利质量；②USPTO 要求申请人披露引证专利相关信息，并由审查员作筛选或补充，确保了引文数据的相对充足和准确；③选择非本国专利局的专利作分析，避免了专利申请的本土倾向，确保数据对比分析的客观。以上两点使得专利能够较为客观、准确地体现专利权人的创新产出。

专利引用数据存在截断（truncation）问题，即从专利申请到授权公开要经过漫长的审查周期，导致离数据收集时间越近的年份中，公示的专利信息越不完整。为确保数据相对完整，同时参考先前学者在使用专利引文数据时选取的年份（郭磊，2019；Joo et al.，2016），本研究以 2015 年及以前的专利数据作为研究样本。

数据收集过程如下：

在知识来源结构分析部分，搜索以华为、中兴、爱立信作为第一专利权人的所有专利，然后人工整理筛选出的每个专利的每条专利引文中第一专利权人及其隶属的国家或地区，以统计知识的来源地。比如某个专利共引证 10 个其他专利，则逐个收集这 10 个引证专利的第一专利权人及其隶属国家或地区，最终统计出 10 个专利中有 4 个来自美国，3 个来自日本，2 个来自韩国，1 个来自中国。

在创新绩效的知识来源组成部分，筛选出 2013~2015 年在 USPTO 进行专利申请的中国制造业企业，搜索以企业名称作为第一专利权人的所有专利，然后人工整理筛选出的每个专利的每条专利引文中第一专利权人及其隶属的国家或地区，以统计知识的来源地。具体统计方式与上述一致。

10.4.3 变量测度

(1) 创新绩效

关于创新绩效，不少研究采用专利信息数据进行测度。一方面，专利具有客观性、可获取性等优势。另一方面，专利信息包含了测度技术创新的多个维度，如数量、质量等。专利数量更适用于衡量以专利申请为主要知识保护手段的高科技制造业企业，而本研究的研究范围并不仅限于这些高科技制造业。另外，本研究的研究问题着重凸显转型背景下后发企业技术创新的质量维度，因此选择专利质量指标来测度创新绩效。有关专利质量的衡量，学界达成的一个基本共识是从技术、经济、法律三大维度予以考察。由于本研究主要考察的是不同知识组合对创新绩效质量维度的影响，与法律这一维度关联性不大，因此将专利质量定义为专利技术质量和经济价值的体现。在指标的选取上，本研究采用专利的平均同族数来替代专利被引频次数。一是为了避免被引频次存在的时间截断问题以及"策略性"自引问题（Huang et al.，2020）。二是因为专利同族数同时体现了专利的技术质量以及经济价值。专利保护具有地域性，企业往往会通过多国申请来扩大对高技术含量专利的保护范围。同时，针对一个发明申请多国保护需要交纳高额专利费。企业通常只会对具有足够经济价值的发明寻求多国保护（Nicolas et al.，2011）。因此，专利同族数是一个复合型指标，能够充分体现专利的技术质量和经济价值。本研究采用平均专利族大小来衡量创新绩效，计算方式为：所有专利的同族数之和/专利总数。

(2) 跨国知识转移水平

跨国知识转移水平体现了后发企业在技术创新中，外国知识的流入程度。本研究使用专利及其引文数据来追踪企业的技术知识来源。专利作为技术知识的载体，已被广泛认可为衡量技术创新产出或绩效的有效指标（Hu，2012）。专利引用以列示与本专利相关的其他专利文献，反映了专利之间技术知识的流动（Jaffe et al.，1993）。如果专利 A 引用了专利 B，则意味着专利 A 是建立于专利 B 的知识基础之上。根据专利引文申请人的所在地信息，专利引文能够体现技术知识在地理空间上的流动和转移。假设一个专利引用了其他国家的专利，则引用频率可作为被引国家到引用者的知识转移水平（Hu et al.，2003）。鉴于此，本研究参考郭磊（2019）的计算方式，通过企业平均每件专利中来自特定发达国家的专利引文比重衡量跨国知识的转移水平，具体计算公式为：专利的外国专利引文数量除以专利引文总数，再计算所有专利应用率的均值。

值得注意的是，在 QCA 部分，本研究对跨国知识作了一定的限定。该部分所指的"跨国知识"仅含美国、日本、韩国这 3 个国家。先前研究表明，中国企业在转型过程中的外部术知识来源主要有 3 类：一是以美、日为代表的领先国家，二是以韩国为代表的新兴国家，三是中国的本土技术知识（郭磊，2016）。而本研究对 40 家企业各国专利引用率的统计和比较也证实了这一点，即在大部分企业中，对美、日、韩、本国专利的引用率位居引用率的前四名。因此本研究认为，美、日、韩三国能够较大程度地代表中国后发制造业企业对外国领先知识的转移水平。此外，此举能避免与另一个条件变量"自有知识利用率"存在过高的相关性。因此，在 QCA 部分的跨国知识转移水平的具体计算方式为：美国专利引用率均值 + 韩国专利引用率均值 + 日本专利引用率均值。

（3）跨国知识地理来源多元度

跨国知识的地理来源多元度衡量的是外国知识来源的结构维度。从风险防控的角度来看，知识来源越多样化，说明企业没有过分依赖于个别外国。后发企业可以通过增加外国知识来源的多样性，来降低受制于特定发达国家的风险（Joo et al.，2016）。从创新角度来看，知识来源越多样化，说明企业获取的创新资源异质性越高。企业可以通过多样跨国知识的交叉融合，促进知识的重新组合，整合并利用异质性知识之间的互补性优势，从而提升技术创新绩效（曾德明等，2015）。大多相关研究仅根据地理来源的数量进行衡量（专利引文来自几个国家，该指标就为几），不能体现跨国知识来源在地理分布上的集中/离散程度。本研究参考金等人（2016）的方法，用熵指数计算知识来源的多元度。具体而言，各国专利引用率确定了技术知识的来源国以及该国知识的转移水平，本研究在此基础上进一步计算这些不同国家专利引用率的熵值，来体现知识来源的离散程度。熵值越大，意味着该企业的跨国知识来源更加分散。我们根据企业专利引文中，不同被引国家的配比来测度知识来源多元度，具体计算公式为：

$$H = \sum_{i=1}^{s} pi\ln\left(\frac{1}{pi}\right) \tag{10-1}$$

其中 H 表示外国知识来源多元度，S 表示企业专利引文中来自他国的国家总数，pi 指企业外国专利引文中来自第 i 个国家的份额。

（4）企业内部知识利用率

内部知识利用率衡量的是企业在技术创新过程中内部知识在组织内部的转移水平。该变量与上述"跨国知识转移水平"对应，两者分别反映了企业进行创新时所需的内外部知识占比。企业在多大程度上依赖于自身积累的知识进行技术创新，不仅能够体现一个企业技术的独立性，还反映了企业的知识积累程度（Kang，2015）。参考康（2015）的研究，本研究采用来自企业自有专利所占比重的平均值测度（专利自引率）来衡量企业对内部知识的利用率。

（5）吸收能力

吸收能力指的是外部知识的识别、获取、消化，以及内部知识的转化和利用（Cohen，1990），体现的是对内、外部知识的吸收、转化效率。目前采用代理变量对吸收能力进行测度的研究中，主要使用研发经费投入、人力资本、研发支出占销售收入的比例等（Fredrich et al.，2019）。而研究指出，吸收能力是研发的副产品（Lane et al.，2006）。基于此，本研究选择研发强度来衡量后发企业的吸收能力。研发强度越高，吸收能力越好。具体计算方法为研发费用除以销售收入。

（6）环境动荡性

环境动荡性体现了行业环境的稳定程度，国内外学者普遍采用时间窗口下的标准化回归系数标准误（Lin et al.，2015）。本研究参考王新成等人（2021），对环境动荡性的测度方式，在 5 年的时间移动窗口内对行业销售额进行了回归（从第 $t-4$ 年到第 t 年），得出第 t 年的回归系数标准误。由于本研究涉及不同行业，因此需要标准化处理，即第 t 年的回归系数标准误除以行业销售的平均值，生成环境动荡性的标准化指数。该指标越大，说明企业所处的行业环境越动荡。

10.5　基于专利引文的后发企业知识来源结构分析

本研究借鉴吴等人（2012）、郭磊（2016）等人对知识来源的分析方式，采用专利引文来追踪知识来源，探讨后发企业技术知识来源的结构及变化。围绕后发企业的知识来源结构，我们从领先国家的知识转移水平、知识来源的地理多元度、内部知识利用水平等衡量 3 家企业的知识来源。

10.5.1　数据收集

本研究选择中国的两大电信设备制造商——华为和中兴为案例，以分析其知识来源结构。从本研究对后发企业的界定来看，这两家企业都是典型的后发企业。具体理由如下：①从历史角度来看，中国的电信行业一直被来自欧洲、美国、日本的电信领先企业垄断，在技术和市场上处于劣势地位。②从追赶历程来看，以华为、中兴为代表的电信制造企业在 20 世纪 90 年代取得群体技术突破，快速拉近了与领先企业的技术距离。在 21 世纪后，它们已处于从追赶模仿向创新引领转型的阶段，表现出了明显的创新寻求意识。③从数据统计来看，华为是 USPTO 中具有最多授权专利的中国制造业企业。截至 2015 年，华为和中兴在 USPTO 的授权专利数量分别为 7 945 件与 3 619 件，而中国第三大电信设备商——大唐电信仅有 536 件，足见华为、中兴在行业内的绝对地位。另外，本研究以爱立信作为参照。爱立信是一家瑞典的电信设备商，长期以来都处于全球领先地位，在很长的时间里也是华为、中兴模仿和追赶的对象。这三家企业不仅主营业务高度一致，而且主要技术领域也非常相似。裕等人（Joo et al.，2016）测算出华为与爱立信的技术相似度高达 0.912，超过同一行业内美国制造企业的平均技术相似度

0.75（Jaffe，1989）。因此本研究选择这3家企业作对比分析。

鉴于本研究目的在于企业技术追赶过程中的知识来源结构分析，故拟将华为、中兴首次在美国申请专利的年份作为追赶起始年（Lee et al.，2010）。经检索发现，2001 年以前华为仅有 1 件美国专利，中兴也只有 4 件，专利数量都过少。故本研究以 2001 年为追赶起始年份，收集了华为、中兴和爱立信 2001～2015 年在 USPTO 的专利，共计 26 349 件。在此基础上，本研究进一步对华为、中兴的技术追赶领域进行了区分。为了确定企业涉入的具体技术领域，我们根据专利国际分类号（IPC，international patent classification）的前四位编码，对 3 家企业的专利进行归类。结果显示，在华为、中兴和爱立信的专利 IPC 分布中，H04W 的份额分别为 26.87%、33.39% 及 29.10%；H04L 的份额分别为 24.47%、22.66% 及 22.97%。三家企业的 H04L（数据通信）和 H04W（无线通信网络）都是占比第一与第二的 IPC 类别，而且这两大领域合计占每家企业专利总量的比重均超半数。因此，本研究将 H04L 与 H04W 选为关键电信技术领域，分别考察企业的知识来源结构与变化趋势。经检索发现华为和中兴 2001～2002 年在 H04L 领域仅有 1 件专利，2001～2003 年在 H04W 领域仅有 8 件专利。专利数量太少，故舍去。因此本研究收集了华为、中兴和爱立信在 2003～2015 年申请并授权的 H04L 类专利以及 2004～2015 年申请并授权的 H04W 类专利。数据收集详情如表 10－1 所示。

表 10－1　　　　　　　　　　　专利数据收集情况

	专利数量			后向引文数量		
	H04L （2003～2015）	H04W （2004～2015）	合计	H04L （2003～2015）	H04W （2004～2015）	合计
爱立信	2 962	3 856	6 818	39 082	51 000	90 082
华为	1 881	1 975	3 856	33 779	37 824	71 603
中兴	744	1 123	1 867	10 387	14 811	25 198
合计	5 587	6 954	12 541	83 248	103 635	186 883

10.5.2　跨国知识转移水平

关于领先国家，我们选择美国、日本、韩国为代表。美国是世界上最具竞争力的电信市场，在电信技术方面长期处于全球领先地位（He et al.，2006）。正是基于在某些领域的技术比较优势，美国近年来不断围堵华为和中兴。日本在电信市场中具有重要地位，作为中国邻近的发达国家，地理邻近优势使其成为中国重要的知识来源国家。韩国虽然是新兴经济体，但是在电信产业已经实现由跟随到领先的转型（Choung et al.，2016）。

（1）美国知识转移水平

我们测算了华为、中兴和爱立信不同国家的知识转移水平，发现对于 3 家企业，美国都是最大的知识来源国。图 10 - 1 展示了美国对 3 家样本企业的知识转移水平。图中实线对应传统技术领域 H04L（数据传输），而虚线对应新兴技术领域 H04W（无线通信），后文不再赘述。

在 H04L，华为和中兴对美国知识的依存度呈现明显的下降趋势，并且从 2008 年起都已显著低于爱立信。整体上看，华为对美国的依存度要高于中兴。近五年来，华为、中兴的对美知识依存度基本在 30% ~ 35%，而爱立信作为先发企业，反而长期高居 46% 左右。可见，即便在美国具备绝对技术优势的传统电信领域，华为、中兴对于美国知识的依赖性也不算很强。

在新兴领域 H04W，华为、中兴的美国知识来源占比依然显著低于爱立信，特别是华为，从技术追赶初期就相对很低。中兴也由起初的高位迅速下降。2010 年来，华为、中兴的对美知识依存度在 25% ~ 28%，而爱立信维持在 37% 左右。相比于在 H04L，3 家企业在 H04W 的对美知识依赖都明显降低。这说明在新兴无线通信领域，美国长期以来的技术统治地位被弱化。

（2）日本知识转移水平

由图 10 - 2 可知，3 家企业技术创新过程中，整体上对于日本知识的需求相差不大，基本都控制在 10% 左右，这一数值远小于美国的权重。

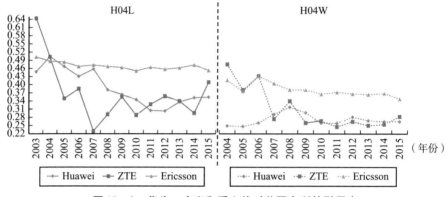

图 10 - 2　华为、中兴和爱立信对美国专利的引用率

在 H04L，华为在早期将日本作为相当重要的外部知识源，但对其依赖逐年下降。至 2015 年，3 家企业对日本知识的需求趋于一致。在 H04W，爱立信在早期将日本作为相当重要的外部知识源，但逐年降低。3 家企业在该技术领域对日本知识的需求并没有显著差异。整体上来看，3 家企业在两大技术领域对日本知识的需求程度并没有显著差异。

（3）韩国知识转移水平

由图 10 - 3 可知，在 H04L，3 家企业技术创新过程中，对于韩国知识的需求相差不大，基本都控制在 9% 以下。整体上，韩国对 3 家企业的知识贡献都有所增加，虽然目前仍远小于美国的权重，但是已经接近日本。

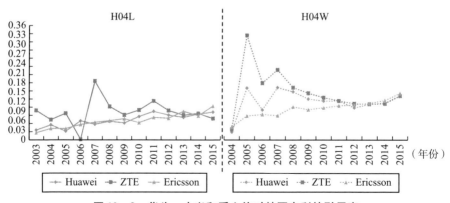

图 10 - 3　华为、中兴和爱立信对韩国专利的引用率

在 H04W，华为、中兴早期都将韩国作为相当重要的外部知识源，但是这一重要性程度逐年下降。与之相反，爱立信对韩国的知识需求则是由低位起缓慢攀升。到 2011 年，3 家企业开始会聚，至此韩国知识在 3 家企业的占比超过日本。综观两大技术领域，3 家企业在 H04 对韩国知识的需求都在 9% 以上，明显高于在 H04L。这说明在新兴无线通信领域，像韩国这种后发追赶型国家的技术影响力得以凸显。

10.5.3　跨国知识来源地理多元度

图 10 - 4 是关于样本企业外国知识来源的多元度。华为的表现最为抢眼，在两大领域中知识来源多元度都非常突出，特别是在 H04W 大幅高于中兴和爱立信。这意味着华为更多地分散了知识来源过分集中于特定国家的风险，在新兴技术领域尤为如此。值得注意的是，华为在 H04W 的多元度呈现略微下降趋势，而爱立信则与之相反，最终两者趋于接近。就中兴而言，知识来源多元度虽然与爱立信相差不大，但总的来说是 3 家企业中最低的，更容易受制于单一知识源。整体上，3 家企业在 H04W 的知识来源多样性均高于在 H04L，预示新兴领域中的知识存量可能在国家间分布得更加离散。

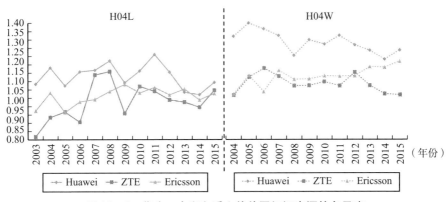

图 10 - 4　华为、中兴和爱立信外国知识来源的多元度

10.5.4　企业内部知识利用率

　　如图 10 - 5 所示，3 家企业在两大领域的内部知识利用率表现出较为类似的走势。华为、中兴先是由低到高大幅上升，继而进入平缓阶段，而爱立信一直以来相对比较稳定。2008 年，华为中兴对自有知识的利用率达到10% 左右，开始与爱立信相当。可见，当技术积累一段时间之后，华为、中兴的新知识创造已经在很大程度上以自身已有知识为基础。特别是华为，2008 年之后远比爱立信和中兴更依赖于自有知识进行创新。不过值得留意的是，华为从 2010 年起在逐渐降低内部知识的利用率。

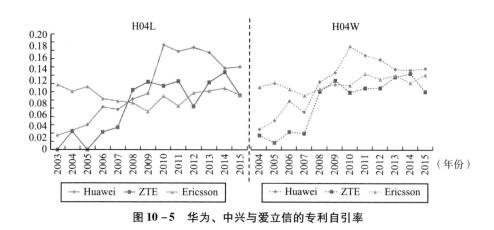

图 10 - 5　华为、中兴与爱立信的专利自引率

10.5.5　结果讨论

　　第一，美、日、韩是华为、中兴创新的主要和重要知识来源。在追赶的整个过程，华为和中兴都在很大程度上依靠来源于美国的知识，但并不能据此断定这两家后发企业创新所需知识过于依赖特定发达国家，因为领先企业爱立信也是长期以美国为首要知识来源，而且依赖程度还显著高于华为和中兴。此外，日本、韩国也是华为、中兴技术创新的重要知识来源，这表明后发企业的创新来源并不局限于传统发达国家，也包括韩国这样的新兴发达国家。

第二，知识来源的地理多元度分析进一步发现，华为格外注重外国知识来源的多样化。创新来源的多样化有助于跨文化异质知识的交融，激发创新灵感（Ahuja et al.，2004），同时可以规避过分依附于特定发达国家而产生的技术锁定，体现出华为风险分散型的追赶策略。

第三，华为、中兴的自有知识利用率在整体上增加，表明两家企业在创新过程中越来越倚重内部知识，也表明正在构建自身特有的知识基础（Bessen，2008；Kang，2015）。按照裕等（2016）的说法，华为和中兴并没有跟随在位企业的技术路径，而是创造了不同于他们的技术，逐渐转向基于自主创新的追赶策略。

第四，比较新兴技术领域和传统技术领域，华为、中兴在新兴领域对美国的知识需求，明显低于在传统领域，而对韩国则在新兴领域较高。从知识来源的多元度也能发现，华为、中兴的知识来源在新兴领域确实变得更加离散。这表明在不确定性更高的新兴领域，华为和中兴更倾向于基于多样化知识来源进行创新的追赶策略。

综上所述，本研究通过专利引文追踪创新的技术知识来源，以领先企业爱立信作参照，在传统和新兴电信技术领域，分别呈现了华为和中兴的知识来源结构，及自追赶以来知识来源结构的变化。主要结论如下：后发追赶目标下，企业创新过程中，吸收能力是创新能力的主要组成，在其形成、利用过程中，依赖的知识基础来源呈现如下特点。传统发达国家（如美国）依旧是华为、中兴的主要知识来源，但其知识来源结构呈现分散趋势。同时华为中兴的技术创新越来越倚重自有知识积累，体现出基于自主创新的追赶趋势，且在不确定性更高的新兴技术领域更倾向于多样化知识来源的追赶策略。

第11章 战略构想、创新搜寻与企业创新能力重构[*]
——基于系统动力学的理论建模与仿真研究

11.1 问题的提出

经济转型亟须提升企业技术创新能力。但是，现在我国大多数企业仍处于仿造阶段，缺乏技术集成和原创能力。企业技术创新能力结构现状和环境需求不匹配。究其原因，企业家团队认知层面的问题是技术创新能力难以重构升级的重要原因。如诺基亚和朗讯等由盛到衰的企业，由于缺乏复杂的战略构想，它们无法持续感知快速变化和涌现的机会，造成技术创新能力重构升级的动力缺失。

现有研究支持了这一观点，但尚缺乏解决问题的方案。上层梯队理论和认知理论的前沿研究已经识别到战略构想对创新搜寻行为的促进作用（Nadkarni & Narayanan，2007）。基于知识搜寻效率和知识结构视角的研究

---

　　* 本章内容已由本书作者发表于《系统工程理论与实践》2014 年第 7 期，获浙江省商业经济学会第四届优秀科研成果一等奖。战略构想、创新搜寻与技术创新能力演化——基于系统动力学的理论建模与仿真研究［J］.系统工程理论与实践，2014，34（7）：1705–1719.（一作，1/3）

也论证了创新搜寻行为对技术创新能力提升的积极作用（Cohen &
Levinthal，1990）。但是，聚焦到战略构想对技术创新能力重构升级的途径
问题，现有研究很少，且多聚集在静态实证分析上，缺乏动态视角。

因此，本研究试图基于上层梯队理论、认知理论、知识搜寻效率视角和
知识结构视角，从兰、科卡和帕塔克（Lane，Koka & Pathak，2006）的吸
收能力模型出发，构建从搜寻知识到创造知识的系统动力学模型，利用系统
动力学方法来描述、量化战略构想、创新搜寻和技术创新能力之间的关系，
模拟技术创新能力演化过程，识别技术创新能力重构升级的途径。

一方面，本研究可以弥补现有实证研究在技术创新能力重构升级途径方面
的不足；另一方面，可以丰富系统动力学在创新管理领域的应用范围。本研究
亦可以认为 SD 二阶模型（second-ordermodels）在创新管理领域的新尝试。

11.2　理论综述与研究方法

11.2.1　关键变量的内涵

技术创新能力是嵌入于创新过程中的处理（吸收、集成、创造）一般
知识的高级知识，可由以下 3 种子能力组成：实现的吸收能力、集成能力和
原创能力（Yam et al.，2004；Dutta et al.，2005；Forsman，2011）。实现的
吸收能力是指内化外部技术知识的能力（Lichtenthaler，2007），集成能力是
指集成不同来源技术知识的能力（Iansiti & Clark，1994），原创能力是指内
生性创造技术知识的能力（Smith et al.，2005）。

创新搜寻指的是企业搜寻和选择创新所需知识的行为（Zhou & Wu，
2010）。

战略构想指的是高层管理者在制定战略决策时使用的知识结构，包括两
个维度：复杂度和聚焦度（Nadkarni & Narayanan，2007）。战略构想的复杂
度指的是企业家团队对环境、自身战略和能力感知的多样性程度，它反映了

战略构想中的分化和整合（Nadkarni & Narayanan，2007；Walsh，1995）。战略构想的聚焦度指的是战略构想集中于一些"核心"概念的程度（Eden et al.，1992；Porac & Rosa，1996）。

11.2.2　关键变量间关系的理论综述

从知识管理理论出发，企业的经营和发展实际上是知识不断流动的过程。雷尼、科卡和帕塔克（Lane，Koka & Pathak，2006）提出了企业识别、内化和应用外部知识的概念模型。企业识别外部新知识的过程，受到两方面的影响：内外知识特征和企业战略（Lane et al.，2006）。企业战略决定了企业的发展方向，使得企业对外部知识的识别和选择提供了方向性的指引作用；内外知识特征则决定了企业吸收外部知识能力的强弱（Cohen & Levinthal，1990）。企业识别、内化、应用知识并最终形成知识产出，这一过程就是企业从事 R&D 活动时的知识流活动。本研究将此概念模型进行扩展，以研究战略构想、创新搜寻和技术创新能力演化的关系和规律。见图 11 - 1。

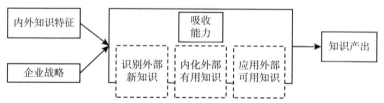

图 11 - 1　企业识别、内化和应用外部知识的概念模型

资料来源：根据雷尼、科卡和帕塔尼（2006）进行简化后得到。

（1）战略构想与创新搜寻的反馈回路

上层梯队理论强调高层管理者对战略制定和执行过程的重要作用。认知领域的文献表明复杂的战略构想通过控制打折偏差和减少认知惯性，加大感知到的知识缺口，进而增强创新搜寻的广度和深度；聚焦的战略构想通过降低感知到的知识缺口降低创新搜寻（Bogner & Barr，2000）。企业会通过创新搜寻，填补知识缺口（Zhang & Li，2010）。如图 11 - 2 所示。

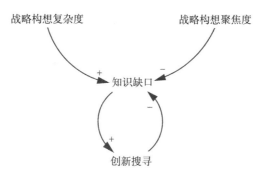

图 11 – 2　战略构想与创新搜寻的简要反馈回路

（2）创新搜寻与技术创新能力演化的反馈回路

首先，基于知识搜寻效率和知识结构视角的研究认为，创新搜寻为技术创新能力的形成提供了知识基础，促进技术创新能力的提升。其次，技术创新能力的提升会增加企业知识存量，降低知识缺口，进而降低创新搜寻行为。其中，知识内化、知识集成和知识创造分别为吸收能力、集成能力和原创能力的代理变量。见图 11 – 3。

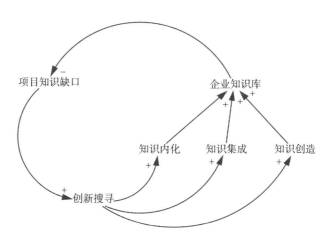

图 11 – 3　创新搜寻与技术创新能力的简要反馈回路

11.2.3　研究方法简介

本研究构建的 SD 模型为二阶模型（second-order models），又称为模型中的模型（model of a model）。所谓二阶模型是指根据相关理论基础，整合或重构不同理论之间的缝隙，构建并模拟抽象的理论模型，以实现构建新理论的目的（Sastry，1997）。相反地，一阶模型（First-ordermodels），是指根据具体问题而构建以进行实证研究的模型（Larsen & Lomi，2002），此模型构建具有针对性，但普适性有待考虑。

二阶模型的效度取决于理论逻辑推理过程和建模过程，而非模型结果的数据拟合程度（Sterman，2000）。二阶模型可以保证理论建模和系统仿真的内部效度（Lomi & Larsen，2001）。因此，二阶模型是理论建模的理想方法之一。

11.3　系统建模与仿真

对于企业而言，技术创新能力演化系统存在多个复杂的动态子系统，并且影响其演化形态的因素可构成因果回路关系，因而企业技术创新能力演化系统是一个非线性的动态反馈系统。而系统动力学方法是描述和理解此类复杂非线性系统的基本工具（Sterman，2000）；同时系统动力学还可以为企业技术创新能力演化系统提供一个政策实验室，通过调节系统环境参数预测某种政策在各种条件下的反应，从而让决策者认识系统行为、作出科学决策（王超、穆东，2012）。因此，系统动力学可以有效模拟此系统，使得本研究具有可行性。

11.3.1　总体结构

本节将整合知识管理理论和能力演化理论，将二者的内部联系和相关机理进行重构。模型将呈现出企业的知识、搜寻和积累过程以及技术创新能力的演化过程。本模型将包含 4 个互动的动态子系统，它们之间相互作用和影响，形成一个有机总体，如图 11 - 4 所示。

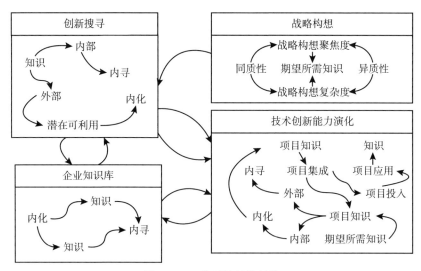

图 11 - 4　模型的总体结构

11.3.2　模型构建

基于模型的总体结构设计,本研究利用 VensimPLE 软件绘制存量和流量图,如图 11 -5 所示。

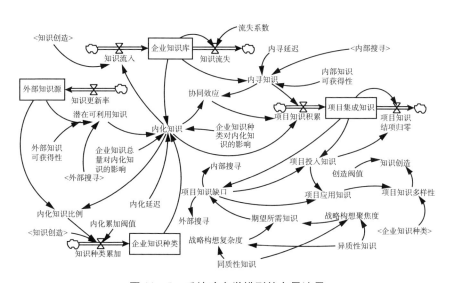

图 11 -5　系统动力学模型的存量流量

共演过程：

Step1：战略构想和企业已有的集成知识引发知识缺口：复杂的战略构想促发期望所需的知识，当企业已有的集成知识少于它时，形成知识缺口。

Step2：知识缺口引发体现为创新搜寻行为的战略柔性能力：当知识缺口较大（>80%）时，引发企业外部搜寻；当知识缺口较小（<20%）时，引发企业内部搜寻。

Step3：体现为创新搜寻行为的战略柔性能力促发技术创新能力结构的变化。

企业外部搜寻行为、环境中外部知识特性以及已有知识存量影响外部知识的内化和吸收能力的提升：外部知识源、外部知识可获得性、外部知识的变化速度，以及企业外部搜寻行为的乘积项越大，潜在可利用的知识就越大。在这种情况下，企业知识存量越大，内化外部技术知识的能力（吸收能力）就越强。吸收能力的形成是一个过程，需要一段时间（内化延迟）。

企业内部搜寻行为以及内部知识的可获得性会促发内部搜寻的知识量。

Step4：企业从内、外部获取的技术知识搜寻行为在知识集成的过程中会产生互补效应，引发企业部门间、企业内外的技术知识的集成。

Step5：企业技术知识集成到一定程度（填补了知识缺口）后，会将所有知识投入知识的应用（产品研发）中。

Step6：在知识应用的过程中，由外部搜寻行为而扩展的知识类别会对知识创造产生积极影响。因为多样性的知识有助于促发创意。

Step7：吸收能力、集成能力和原创能力分别通过知识内化、知识集成和知识创造对企业知识缺口产生影响。在其他条件不变的情况下，企业技术创新能力越强，知识缺口越小，进而减少外部搜寻行为。这解释了为何在位者企业会存在刚性，使得后发企业会赢得后发优势。

11.3.3　模型主要参数与仿真方程

本节将按照子系统的设置，呈现各子系统的内部结构，包括模型的主要参数和仿真方程。其中仿真方程是根据相关理论基础和研究结果以编制各变量之间的关系。

（1）主要参数

本模型 4 个子系统共包含 36 个变量，变量名及性质和相关变量的初始值如表 11 - 1 所示。

表 11 - 1　　　　　　　　　　模型参数及其性质

子系统	变量名	性质	初始值
战略构想	同质性知识	辅助变量	200
	异质性知识	辅助变量	200
	战略构想复杂度	辅助变量	-
	战略构想聚焦度	辅助变量	-
	期望所需知识	辅助变量	-
创新搜寻	知识缺口	辅助变量	-
	内部搜寻	辅助变量	-
	内寻知识	辅助变量	-
	内寻延迟	辅助变量	2
	内部知识可获得性	辅助变量	5%
	外部搜寻	辅助变量	-
	外部知识源	存量	-
	知识更新率	流量	-
	潜在可利用知识	辅助变量	-
	外部知识可获得性	辅助变量	5%

续表

子系统	变量名	性质	初始值
技术创新能力演化	内化知识	辅助变量	–
	企业知识总量对内化知识的影响	表函数	–
	内化延迟	辅助变量	2
	内化知识比例	辅助变量	–
	内化累加阈值	辅助变量	1‰
	企业知识种类对内化知识的影响	表函数	–
	协同效应	辅助变量	–
	项目知识积累	流量	–
	项目集成知识	存量	–
	项目知识结项归零	流量	–
	项目投入知识	辅助变量	–
	项目应用知识	辅助变量	–
	项目知识多样性	辅助变量	–
	知识创造	辅助变量	–
	创造阈值	辅助变量	20%
企业知识库	知识流入	流量	–
	企业知识库	存量	–
	知识流失	流量	–
	流失系数	辅助变量	10%
	企业知识种类	存量	–
	知识种类累加	流量	–

（2）仿真方程

本研究所涉及变量的仿真方程公式及编程依据总结如表 11 - 2 所示。

表 11 - 2 变量的仿真方程公式及依据

子系统	变量的仿真方程公式	编程依据及说明
企业知识库子系统	$企业知识库 = \int_{t_0}^{t} [知识流入(s) - 知识流失(s)] ds + 企业知识库(t_0)$ (11 - 1)	企业知识库为存量，知识流入和知识流失为流量
	$知识流入 = 内化知识 + 知识创造$ (11 - 2)	企业的知识流入来源于内化知识和知识创造（李栋华，顾晓敏，任爱莲，2010）
	$知识流失 = 企业知识库 \times 流失系数$ (11 - 3)	企业知识库中的知识会因人员流动或者环境变化导致一定比率（流失系数）的知识流失（赵西萍，张长征，张伟，2004）
	$企业知识种类 = \int_{t_0}^{t} [知识种类累加(s)] ds + 企业知识种类(t_0)$ (11 - 4)	企业知识种类为存量，知识种类累加为流量
	$知识种类累加 = \begin{cases} 0 + 知识创造 & 0 \leq 内化知识比例 \leq \dfrac{1}{10\,000} \\ 1 + 知识创造 & \dfrac{1}{10\,000} < 内化知识比例 \leq 1 \end{cases}$ (11 - 5)	知识创造和知识内化提高知识种类，企业内化知识达一定阈值①时，企业知识种类得以累加，否则知识累加只能由知识创造的活动来完成
	$内化知识比例 = \dfrac{内化知识}{外部知识源}$ (11 - 6)	内化知识占外部知识源知识总量的比重即内化知识比例

续表

子系统	变量的仿真方程公式	编程依据及说明
技术创新能力演化子系统	$$\text{知识创造} = \begin{cases} 0 & 0 \leq \text{项目知识多样性} < \text{创造阈值} \leq 1 \\ [\text{RANDOM UNIFORM}(0,5,0)] & \text{创造阈值} \leq \text{项目知识多样性} \leq 1 \end{cases} \quad (11-7)$$	据知识管理理论，知识创造过程受到知识多样性的影响。当企业知识多样性超过一定阈值，则会生产新知识（Georgsdottir & Getz, 2004）。由于创造出的知识数量是很难确定的，故研究假定项目知识多样性超过创造阈值时，创造的知识数为0至5[2]的随机整数
	$$\text{项目知识多样性} = \frac{\text{企业知识应用种类}}{1 + \text{项目应用知识}} \quad (11-8)$$	项目应用知识取决于项目所拥有的应用知识的数量。项目应用知识指企业在某次R&D项目中应用知识的数量，故该公式（8）中的分母为"1+项目应用知识"，避免分母为0的情况
	$$\text{项目应用知识} = \begin{cases} 0 & \text{项目知识缺口} \leq 0 \\ \dfrac{\text{项目投入知识}}{\text{项目知识}} & \text{项目知识缺口} > 0 \end{cases} \quad (11-9)$$	同时，本模型中项目应用知识的模拟结果都是大于100的数，故在分母加1并不会对项目知识多样性的值产生很大影响
	$$\text{项目投入知识} = \begin{cases} 0 & \text{项目知识缺口} \leq 0 \\ \dfrac{\text{项目集成知识}}{\text{项目知识}} & \text{项目知识缺口} > 0 \end{cases} \quad (11-10)$$	项目投入知识是指企业在某次R&D项目中投入知识的数量。根据Zahra和George（2002）的研究，知识识别和知识应用是不同的过程和阶段。本研究假定，只有在R&D团队将项目知识进行项目结果归零时，才能将内外集成的项目知识投入到项目中
	$$\text{项目集成知识} = \int_{t_0} \left[\text{项目知识积累}(s) - \text{项目知识结项归零}(s)\right] ds \quad (11-11)$$	项目集成知识是本模型中的关键变量，本研究将其设定为存量，其流量分别为项目知识积累和项目知识结项归零
	$$\text{项目知识积累} = (\text{内寻知识} + \text{内化知识}) \times (1 + \text{协同效应}) \quad (11-12)$$	项目知识积累主要有两个来源：内部搜寻的知识和外部搜寻后内化的知识（Iansiti & Clark, 1994; Miller et al., 2007）。二者互补会产生协同作用（黄璐强、庄新田、姚薇, 2011），使得内外集成的效用大于二者简单的相加
	$$\text{项目知识结项归零} = \begin{cases} 0, & \text{项目投入知识} = 0 \\ \text{项目集成知识}, & \text{项目投入知识} \neq 0 \end{cases} \quad (11-13)$$	项目知识结项归零是指当企业在某一R&D项目中集成的知识量足够项目的展开，本次项目的内外知识集成工作就结束，项目集成知识全部投入到项目中，其自身也因此归零
	$$\text{协同效应} = \begin{cases} \dfrac{\left(\text{内寻知识} - \frac{\text{内寻知识}+\text{内化知识}}{2}\right) \times \left(\text{内化知识} - \frac{\text{内寻知识}+\text{内化知识}}{2}\right)}{\text{内寻知识} \times \text{内化知识}}, & \text{内寻知识} \times \text{内化知识} \neq 0 \\ 0, & \text{内寻知识} \times \text{内化知识} = 0 \end{cases} \quad (11-14)$$	协同效应，是指内外知识由于其互补性的影响和作用。内寻知识和内化知识同时存在时，会产生协同作用，否则无协同效应

续表

子系统	变量的仿真方程公式		编程依据及说明
	$项目知识缺口 = 1 - \dfrac{项目集成知识}{期望所需知识}$	(11-15)	企业在 R&D 活动中，会在期望所需知识和实际积累的知识间存在缺口，这种知识缺口会导致企业创新搜寻行为以搜寻、选择相关知识并完成创新活动
	$外部搜寻 = \begin{cases} 1, & 0.2 < 项目知识缺口 \le 1 \\ 0, & 0 \le 项目知识缺口 \le 0.2 \end{cases}$	(11-16)	基于项目所需知识缺口，企业开始创新搜寻行为，一般分为内部搜寻和外部搜寻[26]。本研究将外部搜寻设为 0-1 变量，"0" 表示搜寻行为未启动，"1" 表示搜寻以获得相关行动。项目知识缺口较大时，企业通常选择外部搜寻以获得相关
	$内部搜寻 = \begin{cases} 1, & 0 \le 项目知识缺口 \le 0.2 \\ 0, & 0.2 < 项目知识缺口 \le 1 \end{cases}$	(11-17)	知识；项目知识缺口较小时，企业往往在企业内部知识库中搜寻相关知识
创新搜寻子系统	$内寻知识_t = [企业知识库 \times 内部知识可获得性]_{t-1}$	(11-18)	内寻知识是通过在企业内部搜寻而得到的有用知识，取决于企业知识总量和内部知识的可获得性程度（Rosenkopf & Nerkar, 2001），存在一定的延迟
	$内化知识_t = [潜在可利用知识 \times f(企业知识率) \times f(企业知识种类)]_{t-2}$	(11-19)	内化知识是指企业从外部知识源识别、消化、转换到企业内部的知识，这一过程受到企业自有知识量和知识多样性影响，并且需要花费一定的时间来完成
	$潜在可利用知识 = \begin{cases} 外部知识源 \times 外部知识可获得性, & 外部搜寻 = 1 \\ 0, & 外部搜寻 = 0 \end{cases}$	(11-20)	潜在可利用知识是指企业从外部知识源识别出来的、对 R&D 项目有用的知识，这一行为发生在外部搜寻过程中，大小取决于外部知识源知识数量的多少，以及外部知识源知识的可获得性程度
	$外部知识源 = \int_{t_0} [知识更新率(s)] ds + 外部知识(t_0)$	(11-21)	外部知识源是指环境中知识的数量，其规模随着环境变化而不断更新
	$知识更新率 = RANDOM\ UNIFORM(-50, 50, 0)$	(11-22)	模型中环境变化随机发生，故将知识更新率设为随机函数③

续表

子系统	变量的仿真方程公式	编程依据及说明
战略构想子系统	期望所需知识 = RANDOM UNIFORM(100, 500, 0) × $\dfrac{战略构想复杂度}{战略构想聚焦度}$　(11-23)	企业完成 R&D 项目前需对所需知识作一个总体谋划，判断需要哪些知识，即"期望所需知识"。由于其随项目开展而不断调整，故将其设为随机函数；"期望所需知识"与 R&D 团队所需的战略构想复杂度正相关，与战略构想聚焦度负相关
	战略构想复杂度 = $\dfrac{异质性知识}{异质性知识 + 同质性知识}$　(11-24)	根据纳德卡尼安和纳拉亚南（SNadkarni & V. K. Narayanan, 2007）的研究，同等知识量下，战略构想复杂度取决于 R&D 高管团队对某一问题或项目的不同看法，即团队知识的异质性知识
	战略构想聚焦度 = $\dfrac{同质性知识}{异质性知识 + 同质性知识}$　(11-25)	而战略构想聚焦度取决于 R&D 高管团队对某一问题一致性知识目的，即团队知识的同质性知识

注：①吸收的知识可以增加企业知识库的多样性，进而影响企业的创造能力（Cohen & Levinthal, 1990）。
②由于知识创造是一个极其复杂的过程，知识创造的数量相比子知识种类的数量应当很少（Larsen & Lomi, 2002），故将随机数量设置为 0～5。
③由于环境的变化，知识的更新换代是必然的。模型中设定知识更新的速率为（-50，50）。这一设定的主要考虑是环境更新的速度远大于一般企业自身知识创造的速度。
其中，f（企业知识库）和 f（企业知识种类）分别表示企业现有知识量和知识多样性对企业吸收并消化外部知识的影响。根据科恩和利文索尔（Cohen & Levinthal, 1990）的研究成果，本研究将这种影响关系设置为表函数，如图 11-6 和图 11-7 所示。

企业现有知识量影响表函数与企业知识种类影响表函数如图 11 - 6 和图 11 - 7 所示。

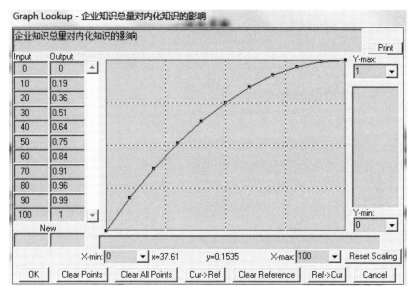

图 11 - 6　企业现有知识量影响表函数

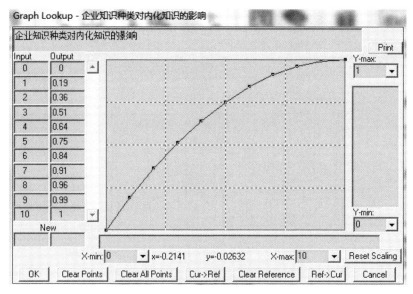

图 11 - 7　企业知识种类影响表函数

11.4　模型结果与分析

11.4.1　短期分析

将上述参数和方程输入模型，模拟期限设定为 50 个月，模拟的基本运行结果如图 11-8 所示。

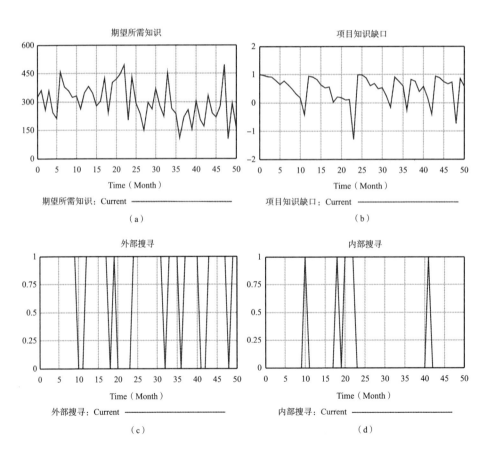

（a）

（b）

（c）

（d）

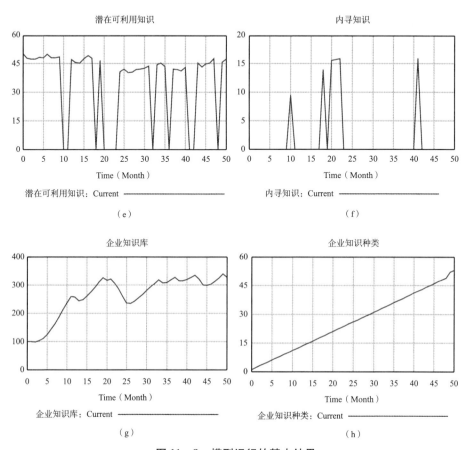

图 11 −8 模型运行的基本结果

如图 11 −8（a）所示，企业在完成 R&D 项目过程中，不同时期所需的知识是不同的。一般项目初始阶段，R&D 团队高管对项目的战略构想复杂度，即对项目的多样性认识，会使得其对完成项目期望所需知识得到相应提高；相反地，R&D 团队高管对项目的战略构想聚焦度，即对项目的一致性认识，会使得其对完成项目期望所需知识有较高共识，进而缩小期望所需知识的数量。如图 11 −8（b）所示，随着项目不断进行，项目的集成知识也越来越多，使得项目知识缺口不断缩小，直至项目知识缺口小于等于零。此时，本次 R&D 项目结束，开始下一个 R&D 项目，因此，项目知识缺口呈现出一种"下降—归位—再下降—再归位"的走势。如图 11 - 8（c）和（d）所示，作为"0 - 1"变量，外部搜寻行为和内部搜寻行为显示出一种"对立"的走势，这主要是由项目知识缺口决定的：项目知识缺口较大时，外部搜寻行为启动；项目知识缺口较小时，内部搜寻行为启动。如图 11 - 8（e）和（f）所示，搜寻行为使得企业可以获得相关知识。如外部搜寻行为启动时，企业会从外部知识源中发现潜在可利用知识；内部搜寻行为启动时，企业会从内部获得相关知识。如图 11 - 8（g）和（h）所示，企业的知识库和知识种类也因搜寻行为而不断丰富，总体上，呈现一种上升趋势。

如前文所述，本研究将内化知识作为吸收能力的代理变量，将项目集成知识作为集成创新能力的代理变量，将知识创造作为原创能力的代理变量。图 11 - 9 展示了企业能力积累的过程及其驱动要素。由图 11 - 9（a）可知，在 50 个月内，项目知识缺口共有 6 次比较大的起伏，即完成了 6 次 R&D 项目，且项目周期有所差异。由于项目知识缺口的存在，企业就开始搜寻行为，如从外部知识源识别潜在有用知识并完成内化过程。由图 11 - 9（b）的峰值可知，企业的吸收能力呈现出了一种先上升后趋于平稳的状态。这主要是由于在当今全球化背景下，技术剧烈变革、环境动荡变化等因素使得企业必须保持较好的吸收能力才能在激烈的竞争环境中生存和发展。由图 11 - 9（c）的峰值可知，项目集成知识经历了先上升后下降的一种变化，呈现出一种倒"U"型的走势。造成这种现象的原因，可能是由于在前期随着吸收能力的提升而使得企业对内外知识的整合能力得到增强，但是当知识积累一定程度，企业知识库存在冗杂，削弱了企业集成创新的效率，使得集成创新能力有所下滑。最后，如图 11 - 9（d）所示，企业的原创能力（知识创造水平）在本次模拟的后期才得到显现，这与钱迪和特利斯（Chandy & Tellis, 1998）和亨德森和克拉克（Henderson & Clark, 1990）的研究是一致的。原创能力是技术创新能力的高层次能力，是建立在一定技术实力基础上才能表现出来的能力。因此，相对于吸收能力和集成创新能力，原创能力的孕育和发展具有一定的滞后性。

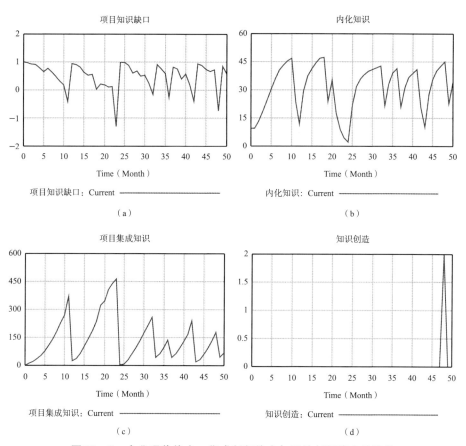

图 11 - 9　企业吸收能力、集成创新能力与原始创新能力的演化

11.4.2　长期分析

为了更好地看出企业技术创新能力的长期演化规律，本研究将模型仿真时限设置为 150 个月，仿真结果如图 11 - 10 所示。本研究将内化知识、项目集成知识和知识创造等变量的仿真结果中的各顶点连线，即各时期吸收能力、集成创新能力、原始创新能力的峰值连接成线，以发现企业技术创新能力的长期走势和演化规律，如图 11 - 10（d）所示。本研究发现：在企业初创期，吸收能力占主导地位；在成长期，集成创新能力开始得到

逐步培育和发展，最终实现吸收能力和集成创新能力呈现双螺旋式发展；在成熟期，由于前期阶段的积累，企业的原始创新能力开始进入萌芽期，并不断壮大，最终实现了吸收能力、集成创新能力和原始创新能力三种能力均衡发展。但是，和吸收能力和集成创新能力不同，原始创新能力的竞争优势很难一直保持，如受技术变革、市场变化等因素的影响，企业开发的产品或服务不能满足市场要求，因此，企业很难保持原始创新能力的可持续性。

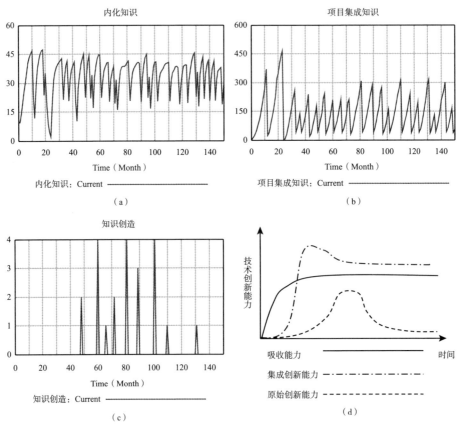

图 11−10　企业吸收能力、集成创新能力与原始创新能力的长期演化

11.4.3　政策分析

根据实证研究结果，异质性知识被认为是企业可持续竞争优势的源泉之一。此外，战略构想复杂度是反映企业高管团队知识的异质性程度。因此，为了探索企业如何提升技术创新能力，本研究通过调节"异质性知识"变量的值，改变企业高管团队的战略构想复杂度，进而观察企业吸收能力、集成创新能力和原始创新能力的变化规律。

第一，将"异质性知识"变量的值设为 10，根据式（11 - 24）和式（11 - 25），此时战略构想复杂度为 4.7%，聚焦度为 95.3%。如图 11 - 11 （a）模式所示，吸收能力的峰值一般在 30 ~ 45 之间波动，集成创新能力的峰值一般在 25 ~ 50 之间波动，而原始创新能力主要集中在前 20 个月得到显现。这主要是由于在初期阶段，企业高管团队战略构想复杂度较低，聚焦度较高，即对创新方向的观点和意见比较一致，使得其原始创新能力可以在早期得到培育和发挥。但是，从长期来看，由于缺少异质性知识的碰撞，企业对未来发展和创新延伸无多样性的观点，使得企业缺少长期的竞争优势。

第二，将"异质性知识"变量的值增加到 50，此时战略构想复杂度为 20%，战略构想聚焦度为 80%。如图 11 - 11 （b）模式所示，吸收能力的峰值仍旧在 30 ~ 45 之间波动；集成创新能力的峰值在 100 ~ 150 之间波动，较 a 模式有了显著提升；最后，原始创新能力也分散在了企业发展的不同阶段，呈现倒"U"型的分布。因此，无论是 b 模式相对于 a 模式，企业的集成创新能力更强，原创能力也更具有可持续性。

第三，将"异质性知识"变量的值调整为 200，此时战略构想复杂度为 50%，战略构想聚焦度为 50%。如图 11 - 11 （c）模式所示，吸收能力的峰值仍旧在 45 左右波动；集成创新能力的峰值在 150 ~ 200 之间波动，均较 a 和 b 模式有了显著提升；同时，原始创新能力在整个模拟时期依然呈现倒"U"型分布。因此，c 模式相对于 a 模式和 b 模式，企业的集成创新能力更强，原创能力更具有可持续性。

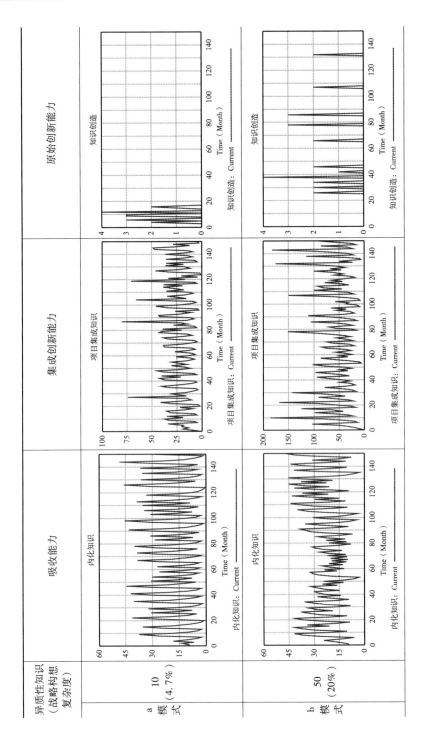

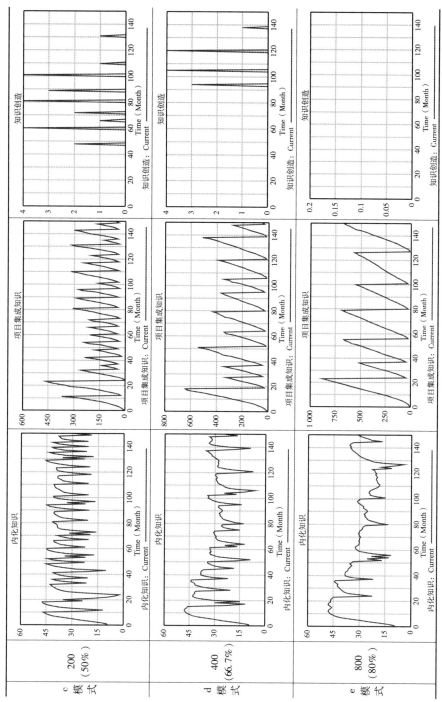

图 11 - 11　不同战略构想模式下，企业技术创新能力的演化模拟结果

第四，继续增加"异质性知识"变量的值到400，使得战略构想复杂度为66.7%，战略构想聚焦度为33.3%。如图11－11（d）模式所示，此时，企业的吸收能力的峰值呈现下降趋势，而且每个倒"U"型的间距变大，说明项目的周期变长；此外，集成创新能力相较于a、b和c模式，数值变得更大，但是项目周期也相对拉长，这主要是由于企业战略复杂度提升，使得企业不得不搜寻并整合内外知识，在这一过程中，提升了其集成创新能力，实际上，也是一种"干中学"的能力积累过程；最后，原始创新能力虽然在企业模拟期限的后期才得到显现，但是其峰值也比a，b和c模式中的峰值出现得更高、更频繁。这说明企业高管团队的战略构想复杂度越高，更有利于抓住长期绩效和竞争优势。

第五，当把"异质性知识"变量的值调整为800时，此时战略构想复杂度为80%，战略构想聚焦度为20%。如图11－11（e）模式所示，吸收能力趋势不变，集成创新能力得到很大提升，但二者的项目周期均被延长；更重要的是，在e模式中，企业的原始创新能力始终为0。这主要是由于高管团队知识的战略构想复杂度过高，使其很难就某一创新方向达成一致意见，最终无法孕育原始创新能力。

本研究将内化知识、项目集成知识和知识创造等代理变量的仿真结果中的各顶点连线，即各时期吸收能力、集成创新能力、原始创新能力的峰值连接成线，以发现不同战略构想模式下，企业技术创新能力演化的长期走势和演化规律，如图11－12所示。

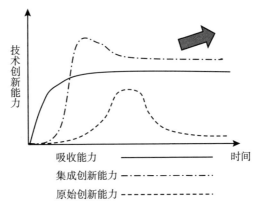

图 11－12　随战略构想模式复杂度提高，企业技术创新能力演化走势示意

11.5　结论和意义

11.5.1　主要结论

本研究通过构建 SD 模型，将企业的战略构想、战略柔性能力和技术创新能力演化等行为纳入同一系统中；并通过输入主要参数和仿真方程，进行仿真模拟。通过短期分析和长期分析，本研究有 3 点主要发现。

（1）短期分析结果

通过短期分析，研究发现，项目知识缺口是导致企业战略柔性行为的根本原因，其缺口大小导致了企业进行不同搜寻行为的选择，并使得企业的知识库和知识多样性不断提升。这一发现和企业实际是相符合的，本研究模型符合企业实际。

（2）长期分析结果

通过长期分析，有两点重要研究发现。

①技术创新能力的演化路径。

企业技术创新能力经历了从"吸收能力主导—吸收、集成能力为主—吸收、集成、原创能力高水平均衡发展"的演化路径。在企业初创期，吸收能力占主导；在成长期，由于知识的不断积累和组织惯例的不断形成，集成创新能力得到大幅提升，吸收能力和集成创新能力"双螺旋"式地共同发展；在成熟期，原始创新能力得到发展，实现吸收能力、集成创新能力和原始创新能力均衡发展的局面。

②影响技术创新能力演化路径跃迁的途径。

首先，从总体上，随着战略构想的复杂度的增强，战略构想聚焦度的减弱，企业技术创新能力的总体图形向左上方移动。这说明随着战略构想复杂度的增强，聚焦度的减弱，企业技术创新能力总体上无论是从产生速度，还是从积累量上都有着显著的提升。

其次，从细节的子能力上看，随着战略构想复杂度的增强，聚焦度的减弱，吸收能力没有显著变化；集成能力的量有着很大的提升（从纵向坐标系中可以清晰看出）；原创能力的量得到了提升，且分布的时间区域在延伸（具有更大的可持续性），但其出现的时间也越来越晚。从技术创新能力重构的角度，这说明：a. 对于希望从"吸收能力主导型"能力结构转向"吸收、集成能力为主型"能力结构的企业，需要不断提高战略构想复杂度，降低战略构想聚焦度；b. 对于希望从"吸收能力、集成能力为主型"能力结构转向"吸收、集成、原创能力高水平均衡发展型"能力结构的企业，是否提升战略构想复杂度，取决于企业是否短视，是否期望可持续的竞争优势。因为，在战略构想复杂度处于 0 ~ 66.7% 的区间内时，随着战略构想复杂度的提高，虽然原创能力的量得到了提升，且分布的时间区域在延伸（具有更大的可持续性），但其出现的时间也越来越晚。当企业追求可持续竞争优势，且不追求快速提升原创能力时，可以将战略构想复杂度提升。这需要企业结合自身的竞争环境和能力基础进行判断和决策。但是，这里需要注意的是，企业战略构想复杂度并不是越大越好的，当处于80% 时，企业原创能力在模拟期限内未出现。过高或过低的战略构想复杂度会导致企业过分出现长期或短期的创新能力，这样往往失之偏颇，使得企业很难保持长期竞争优势或者可持续的增长；而始终的战略构想复杂度（20% ~ 50%）可以帮助企业兼顾短期与长期技术创新能力，从而赢得可持续的竞争优势。

11.5.2 理论贡献

针对现有文献关于"战略构想对技术创新能力重构升级的途径"研究不够，且多聚集在静态实证分析上，缺乏动态视角的问题，基于系统动力学方法，构建从搜寻知识到创造知识的系统动力学模型，本研究利用系统动力学方法来描述、量化战略构想、创新搜寻和技术创新能力之间的关系，模拟技术创新能力演化过程，识别了技术创新能力重构升级的途径。有两点理论上的贡献。

第一，发现技术创新能力重构升级的路径，对动态能力理论和能力重构领域有贡献。

能力演化过程是从量变到质变的进化过程，因此本质上是能力的重构过程。能力重构概念不同于动态能力概念。动态能力视角解释的是企业是否适应变化的环境；而能力重构概念解释的是企业如何适应变化的环境，这弥补了现有动态能力研究的缺憾（Dove & Lavie，2006）。莱维（Laive，2006）提出 3 种重构方式，但是没有深入研究能力的结构的演化。目前缺乏此类的动态研究。本研究打开了技术创新能力演化的黑箱，发现了技术创新能力演化的路径："吸收能力主导—吸收、集成能力为主—吸收、集成、原创能力高水平均衡发展"。这一演化过程不是随机完成的，而是一种有组织的中国式创新能力演化的关键路径之一。这种研究视角也打破了以往自主创新能力研究的静态视角，从动态演进的角度，剖析了自主创新能力演进的规律性，深化了技术追赶理论。

第二，发现调节战略构想复杂度是防止创新搜寻能力和技术创新能力共同衰退的重要途径，对上层梯队理论、认知理论有贡献。

在探讨影响创新绩效的指标时，现有文献大多关注于环境、组织结构和竞争行动间的匹配程度，却很大程度上忽略了应对产业变化时战略构想的作用。由于战略构想带动战略决策并最终导致竞争行为（Fiol & Connor，2003），对于此类研究的缺乏，严重限制了我们对于技术创新能力重构升级所需要的战略构想的理解（Nadkarni & Narayanan，2007）。

然而实际上，一些在位企业由于惰性问题由盛到衰的例子说明若不采取措施，技术创新能力和创新搜寻能力会导致共同衰退现象。因此，要通过从企业家团队的认知上采取措施加强创新搜寻行为，才能促进技术创新能力的持续重构升级。本研究发现调节战略构想复杂度是防止创新搜寻能力和技术创新能力共同衰退的重要途径。这个基于共演理论的发现，是静态实证研究无法得到的。本研究可以弥补现有静态的实证研究在技术创新能力重构升级途径方面的不足。

11.5.3 实际意义

朗讯和诺基亚等企业的失败案例表明，如果不采取措施，技术创新能力和战略柔性能力会导致共同衰退现象。因此，为了动态适应环境，企业需要对环境、战略和自身能力有着全面、复杂、准确的认识。要通过从企业家团队的认知上采取措施加强战略柔性，促进创新搜寻，才能促进微观的良性共演。换句话说，只有维持一定的战略构想的复杂性（20%～50%），才会不断发现已有知识的不足，进而引发外部搜寻，进一步提高知识结构的多样性，才会不断促进原创能力的提升。

具体而言，在决策制定过程中，注重"自上而下"和"自下而上"信息流的融合；引入异质化的管理团队，保证企业家团队对环境、战略和自身能力的全面认识。

11.6　不足和未来方向

本研究构建的 SD 模型是二阶模型（second-ordermodel），即根据创新管理理论进行建模，而非针对特点企业存在的特点问题进行的系统研究。二阶模型固有的缺陷是建模过程略显武断，这主要是由于创新管理理论很少涉及动态机制研究，亦很少涉及各要素之间的定量关系，使得可控因素的量化过程存在不足（Sterman，2000）。本研究亦有此缺陷，故未来研究可从某一特定企业问题出发，研究战略构想、创新搜寻和技术创新能力演化三者之间的关系。

第 12 章　研究贡献与应用前景

12.1　揭示创新能力随环境适应性重构路径的规律性

针对缺乏创新能力重构路径实证研究的问题（Lavie，2006；杨燕，高山行，2011），本研究从自主创新、动态能力和组织二元性理论等视角（Forsman，2011；Teece，2007；Jansen et al.，2009），通过探索性案例研究、数理实证研究（根据创新能力重构各阶段的主导构成类型能力对创新绩效的作用强弱）和系统动力学交叉验证的方法，揭示创新能力随环境重构的规律及路径，当企业创新能力沿这条路径重构时，各阶段的主导构成类型能力对创新绩效的效应显著递增。

这一发现从动态演进的角度打破了以往创新能力研究的静态视角，揭示创新能力重构的规律性；也有助于弥补能力重构和自主创新领域研究的不足，并为后续演进机理和途径的研究提供了基础。

12.2　揭示创新能力随环境适应性重构机理

通过从创新能力重构时机选择和惯性突破角度切入，识别认知和情境研究未识别的创新能力重构机理，并进一步深入比较"认知构架－激活情境"

的不同组合,"如何"造成促进企业创新能力有效异变的时机选择和惯性突破机制。首先,针对"已有研究多关于认知和环境因素对企业创新能力演进效果的影响,尚未回答能力重构这一能力演进路径的转折点得以有效完成的促发因素作用的机制"的研究缺口,本研究以创新能力有效重构的两个维度(时机选择和惯性突破)为切入点,识别"认知构架－激活情境"的不同组合促进企业创新能力有效重构的时机选择和惯性突破的机制。相比于认知等领域的文献,这一集成框架更有助于增进学界对认知和情境的互补类型及认知激活机制的理解。

通过探索式案例研究,揭示了战略转型背景下企业创新能力重构过程中的"破坏－增强"二元平衡机理。一方面,创新能力重构过程中自上而下的能力破坏机理:有着复杂战略构想的企业,更易通过战略性学习全面感知到环境中的新机会,进而自上而下地引发创新能力进行主动有意识的变异,促进创新能力的创造性破坏。另一方面,创新能力重构过程中自下而上的能力增强机理:通过惯例化学习从工作实践中抽象出惯例,再通过能力学习从惯例中抽象出能力,使其从个人层面向企业层面扩散,实现自下而上的能力变异和积累。这一发现将能力破坏型的战略性学习和能力增强型的能力学习、惯例化学习结合起来,发现了其匹配均衡的二元机理,对动态能力观、能力重构和组织学习等研究领域具有理论意义;对处于战略转型的企业的创新活动具有实际意义。

12.3   揭示创新能力重构对高质量创新效率的作用机理

首先,关于创新能力重构幅度选择,将创新能力重构分解成创新能力异变和创新能力选择性移除,揭示上述两种创新能力幅度和高质量创新效率的关系,识别"柔性—效率"均衡的两种互斥获利机制。本研究将"柔性—效率"均衡视角的应用从单纯的技术研发层面(Mudambi & Swift, 2014; Swift, 2016)扩展至价值创造过程,针对"创新能力重构幅度与高质量创新效率之间关系存争论"研究缺口,识别研发战略层次的创新能力异变决策和运营层面的高质量创新效率的关系。为双元创新理论研究中柔性和效率的关系提供一种新的见解，将突破传统研究将灵活性和效率视作天平的两端，认为二者是权衡或均衡的关系的看法（Kortmann et al.，2014；Loon & Chik，2019；Nan，Guang & Man，2018）。本研究揭示保守和激进的创新能力重构策略产生了截然相反又相互排斥的高质量创新效率提升机制：保守的创新能力重构策略对惯例的打破程度较低，因此熨平了创新活动的协调障碍、吸收不足和信息过载的困难，而激进的创新能力重构策略对惯例的破坏程度较高，打破了组织惰性、塑造了因果模糊性、构建了特殊的竞争壁垒。由于两种获利机制的互斥性，"卡在中间"的研发变革策略反而既造成因协调障碍、吸收不足、信息过载带来的内耗，又无法实现因果模糊性的塑造和惰性打破，从而难以快速推出具有市场竞争力的产品，降低了企业高质量创新效率。

12.4　揭示创新能力重构对高质量创新效率的作用过程中的内外驱动情境

　　首先，识别在不同创新能力重构幅度情况下，社会分类理论和信息加工理论的作用角力结果，识别对于两种不同的创新能力重构策略，"何种"认知构架特征有效性能发挥。创新能力重构和高质量创新效率之间悖论式关系的深层根源在于企业风险决策过程中，能否在动态环境中准确识别已有能力路径和潜在能力路径的价值。这本质上是决策认知能力。针对已有研究"认知构架特征对创新能力重构有效性作用存争论"的研究缺口（Menon，2018），故本研究通过引入认知架构特征作为创新能力重构 - 高质量创新效率之间悖论式关系的调节变量，发现在不同惯例破坏情况下（保守能力重构策略和激进能力重构策略），社会分类理论和信息加工理论的作用角力结果，以平息两种理论之间的争论。

　　其次，识别在不同财务危机情境下，社会分类理论和信息加工理论的作用角力结果，识别"何时"认知构架特征的有效性会被激活的研究缺口，故本研究通过引入财务困境作为激活认知构架的边界条件。研究验证临近破产是否为社会分类理论和信息加工理论得以同时起正向作用的边界条件。若该假设成立，则意味着本研究可基于前景理论，识别信息加工理论和社会分类理论共同起正向作用，激活认知构架积极面的边界条件。已有关于认知构架作用的研究多基于信息加工理论和社会分类理论得到相反的结论（Chasanidou，Sivertstøl & Hildrum，2018；Kock & Gemünden，2016；Cooper，Patel & Thatcher，2013；Hutzschenreuter & Horstkotte，2013）。这一争论的核心在于组织面临危机与否。通过财务危机这一认知构架对创新能力重构 – 高质量创新效率之间关系的调节作用的边界条件，将揭示"何种"认知构架的作用在"何时"被更大程度地激发，填补了前人研究争论。

12.5 揭示创新能力重构过程中多种知识源间互补/替代关系争论

针对现有研究对在创新能力重构各阶段，作为其重要前因变量的知识搜寻能力构成不明，不明确在创新能力重构各阶段，不同知识搜寻行为之间究竟是互补还是替代的关系，是否、何时、如何存在协同效应的问题（Kim et al.，2013；Zhao & Anand，2013；Macher & Boerner，2012；Cassiman & Veugelers，2006；Leiponen & Helfat，2010），本研究将战略过程观和战略内容观整合起来，弥补了创新能力重构过程中知识源搜寻能力之间关系的争论并识别了后发追赶阶段创新能力重构所需的知识基结构特征。

由于创新能力重构是一个横、纵向结合的研究领域，故本研究将战略内容观和战略过程观结合起来，根据应对环境的模式不同，将知识搜寻能力分为跨外部边界搜寻能力、跨内部边界搜寻能力和本地搜寻能力。不同的搜寻能力对创新能力的作用是不同的。在此领域，存在着多种知识源搜寻之间是互补还是替代关系的争论。以前研究仅从理论上揭示了创新过程中不同知识源搜寻的并存，很少有实证模型分析这种并行的搜寻对创新能力重构的影响

（Cassiman & Veugelers，2006；Leiponen & Helfat，2010；Kim et al.，2013），且无研究揭示不同知识搜寻能力的互补（Zhao & Anand，2013；Cassiman & Veugelers，2006）。本研究通过实证研究建立了两种观点的连接，发现根据创新能力重构类型选择的不同，多种知识搜寻能力关系的多样性，从而识别创新能力重构各阶段对应的知识搜寻能力构成，识别促进创新能力重构的知识搜寻能力战略。

12.6　揭示创新能力重构所需战略构想复杂度和聚焦度的区间范围

揭示在不同激活情境下，"柔性—效率"均衡导向下企业创新能力异变有效性跃迁的认知构架复杂度和聚焦度的区间范围，即"程度合宜"的认知构架程度。针对现有关于"认知构架促进'柔性—效率'均衡导向下企业创新能力异变的途径"的研究多聚集在静态实证分析上，缺乏动态视角的问题（Martínez & Brusoni，2018；Rockart & Dutt，2015；Chasanidou，Sivertstøl & Hildrum，2018；Helfat & Peteraf，2014；Hermann & Nadkarni，2014；Hodgkinson & Healy，2011），本研究基于系统动力学方法，揭示识别在不同情境下，"柔性—效率"均衡导向下企业创新能力异变有效性跃迁的认知构架复杂度和聚焦度的区间范围。这是静态实证研究无法得到的。本研究弥补现有静态的实证研究在创新能力异变途径方面的不足，对高阶理论、认知理论、组织双元性理论有贡献。

针对现有文献关于影响基于柔性的知识搜寻行为的认知因素研究不够的问题，和近期文献中对综合性研究越来越多的呼吁（Ganco，2013；Qian，Cao & Takeuchi，2013；Nadkari & Narayanan，2007），本研究从动态视角出发，揭示战略构想促进知识搜寻能力和创新能力重构的机理。研究方法和纳德卡瑞和纳拉亚南（Nadkari & Narayanan，2007）等研究不同，可以交叉验证战略构想是影响企业知识搜寻能力的重要认知因素这一观点。

针对现有关于"战略构想促进创新能力重构的途径"的研究多聚集在

静态实证分析上，缺乏动态视角的问题，本研究基于系统动力学方法，揭示防止知识搜寻能力和创新能力一同衰退的战略构想复杂度和聚焦度的区间。这是静态实证研究无法得到的。研究可以弥补现有静态的实证研究在自主创新能力重构路径跃迁途径方面的不足，对上层梯队理论、认知理论有贡献。

参 考 文 献

[1] 安东内利. 创新经济学: 新技术与结构变迁 [M]. 刘刚, 等译. 北京: 高等教育出版社, 2006.

[2] 卞雅莉. 科学引文对企业专利质量的影响——以纳米材料产业为例 [J]. 情报杂志, 2013, 32 (1): 50-54.

[3] 蔡昉. 人口转变、人口红利与刘易斯转折点 [J]. 经济研究, 2010, 45 (4): 4-13.

[4] 蔡虹, 吴凯, 孙顺成. 基于专利引用的国际性技术外溢实证研究 [J]. 管理科学, 2010, 24 (1): 18-26.

[5] 陈海秋, 韩立岩. 专利质量表征及其有效性: 中国机械工具类专利案例研究 [J]. 科研管理, 2013, 34 (5): 93-101.

[6] 陈恒, 侯建. 自主研发创新、知识积累与科技绩效——基于高技术产业数据的动态门槛机理研究 [J]. 科学学研究, 2016, 34 (9): 1301-1309+1425.

[7] 陈怀超, 侯佳雯, 张晶, 等. 外部知识获取对企业营销绩效的影响研究——环境宽松性的调节作用和营销能力的中介作用 [J]. 软科学, 2019, 33 (6): 101-106.

[8] 陈建勋, 凌媛媛, 王涛. 组织结构对技术创新影响作用的实证研究 [J]. 管理评论, 2011, 23 (7): 62-71.

[9] 陈劲. 从技术引进到自主创新的学习模式 [J]. 科研管理, 1994, 15 (2): 31-34.

[10] 陈凯华，官建成，寇明婷. 中国高技术产业"高产出、低效益"的症结与对策研究：基于技术创新效率角度的探索 [J]. 管理评论，2012，24（4）：53-66.

[11] 陈力田，岑杰. 专利质量导向下企业专利数量增长能力重塑 [J]. 科学学研究，2018，36（7）：1215-1223.

[12] 陈力田. 企业技术创新能力对环境适应性重构的实证研究——基于376家高技术企业的证据 [J]. 科研管理，2015，36（8）：1-9.

[13] 陈力田. 企业技术创新能力演进规律研究——基于适应性演化和协同视角 [D]. 浙江大学博士学位论文，2012.

[14] 陈力田，吴志岩. 战略转型背景下企业创新能力重构的二元机理：信雅达1996-2012年纵向案例研究 [J]. 科研管理，2014，35（2）：1-9.

[15] 陈力田，许庆瑞，吴志岩. 战略构想、创新搜寻与技术创新能力演化——基于系统动力学的理论建模与仿真研究 [J]. 系统工程理论与实践，2014，34（7）：1705-1719.

[16] 陈力田，许庆瑞. 知识搜寻跨边界协同对自主创新能力结构类型影响的实证研究 [J]. 科学学与科学技术管理，2014，35（10）：13-25.

[17] 陈力田，许庆瑞. 转型经济情境下中小型制造企业创新能力测量与比较评价研究：基于"柔性-效率"均衡视角 [J]. 管理工程学报，2016，30（3）：1-8.

[18] 陈力田，张媚媚. 价值创造效率导向下企业创新能力异变策略 [J]. 科学学研究，2021，39（5）：951-960.

[19] 陈立勇，周舒凡，邹思明等. 技术多元化对企业绩效的影响 [J]. 中国科技论坛，2016，32（3）：88-92.

[20] 陈怡安. 中国海外人才回流的国际知识溢出与技术进步研究 [D]. 首都经济贸易大学，2014.

[21] 陈艺毛，李春艳. 国际知识溢出对我国制造业价值链升级的影响 [J]. 经济纵横，2019，27（11）：115-129.

[22] 程鹏，柳卸林，陈傲等. 基础研究与中国产业技术追赶：以高铁

产业为案例 [J]. 管理评论, 2011, 23 (12): 46 - 55.

[23] 杜丹丽, 曾小春. 速度特征视角的我国高新技术企业创新能力动态综合评价研究 [J]. 科研管理, 2017, 38 (7): 44 - 53.

[24] 杜运周, 贾良定. 组态视角与定性比较分析 (QCA): 管理学研究的一条新道路 [J]. 管理世界, 2017, 33 (6): 155 - 167.

[25] 杜运周, 刘秋辰, 程建青. 什么样的营商环境生态产生城市高创业活跃度? ——基于制度组态的分析 [J]. 管理世界, 2020, 36 (9): 141 - 155.

[26] 冯海红, 曲婉, 孙启新. 企业家先验知识、治理模式与创新策略选择 [J]. 科研管理, 2015, 36 (10): 66 - 76.

[27] 冯军政. 企业突破性创新和破坏性创新的驱动因素研究——环境动态性和敌对性的视角 [J]. 科学学研究, 2013, 31 (9): 1421 - 1432.

[28] 高振, 冯国珍, 焦玥. 中国实体零售企业运营效率及其影响因素研究——基于随机前沿分析方法 [J]. 商业经济与管理, 2019, 39 (7): 18 - 28.

[29] 谷丽, 阎慰椿, 任立强等. 专利代理人胜任特征对专利质量的影响路径研究 [J]. 科学学研究, 2016, 34 (7): 1005 - 1016.

[30] 郭磊, 蔡虹, 张越. 转型期产业创新的知识来源特征分析 [J]. 科学学研究, 2016, 34 (9): 1310 - 1318.

[31] 郭磊. 多元知识探寻与后发企业技术创新——来自中国电信制造业的实证研究 [J]. 科技进步与对策, 2019, 36 (15): 1 - 6.

[32] 郭磊. 跨国技术探寻与后发企业创新绩效 [J]. 科学学与科学技术管理, 2019, 40 (11): 98 - 112.

[33] 郭艳婷, 郑刚, 钱仲文. 开放式创新视角下企业基于跨边界协同的新型追赶路径与模式初探 [J]. 科研管理, 2019, 40 (10): 169 - 183.

[34] 何姗. ERP 实施对企业绩效影响的实证研究——基于纺织行业上市公司的相关数据分析 [J]. 东南大学学报 (哲学社会科学版), 2016, 18 (S1): 58 - 61.

[35] 贺小刚, 朱丽娜, 杨婵等. 经营困境下的企业变革: "穷则思变"

假说检验 [J]. 中国工业经济, 2017, 35 (1): 135 - 154.

[36] 胡谍, 王元地. 企业专利质量综合指数研究——以创业板上市公司为例 [J]. 情报杂志, 2015, 34 (1): 77 - 82.

[37] 黄磊. 技术搜寻、吸收能力与高技术企业创新质量研究 [D]. 云南财经大学, 2021.

[38] 黄玮强, 庄新田, 姚爽. 基于动态知识互补的企业集群创新网络演化研究 [J]. 科学学研究, 2011, 29 (10): 1557 - 1567.

[39] 黄攸立, 陈如琳. 企业创新绩效影响因素的研究综述 [J]. 北京邮电大学学报 (社会科学版), 2010, 12 (4): 71 - 77.

[40] 黄宗盛, 聂佳佳, 胡培. 制造商应对再制造商进入的技术创新策略 [J]. 管理评论, 2013, 25 (7): 78 - 87.

[41] 贾慧英, 王宗军, 曹祖毅. 研发投入跳跃与组织绩效: 环境动荡性和吸收能力的调节效应 [J]. 南开管理评论, 2018, 21 (3): 130 - 141.

[42] 江诗松, 龚丽敏, 魏江. 转型经济背景下后发企业的能力追赶: 一个共演模型——以吉利集团为例 [J]. 管理世界, 2011, 27 (4): 122 - 137.

[43] 焦豪, 企业动态能力、环境动态性与绩效关系的实证研究 [J]. 软科学, 2008, 22 (4): 112 - 117.

[44] 康志勇. 政府补贴促进了企业专利质量提升吗? [J]. 科学学研究, 2018, 36 (1): 69 - 80.

[45] 雷海民, 梁巧转, 李家军. 最终控制权、公司年龄影响中国政治资源企业的运营效率吗? ——中国上市公司的非参数检验 [J]. 经济管理, 2014, 523 (7): 39 - 49.

[46] 雷海明, 梁巧转, 李家军. 企业政治治理影响企业的运营效率吗——基于中国上市公司的非参数检验 [J]. 中国工业经济, 2012, 9 (9): 109 - 121.

[47] 李柏洲, 曾经纬. 知识搜寻与吸收能力契合对企业创新绩效的影响——知识整合的中介作用 [J]. 科研管理, 2021, 42 (6): 120 - 127.

[48] 李长青, 周伟铎, 姚星. 我国不同所有制企业技术创新能力的行

业比较 [J]. 科研管理, 2014, 35 (7): 75 - 83.

[49] 李栋华, 顾晓敏, 任爱莲. 知识来源与企业创新: 基于 DEA 的研究 [J]. 科研管理, 2010, 31 (2): 42 - 49.

[50] 李桂华, 赵珊, 王亚. 供应网络位置、吸收能力与企业创新绩效 [J]. 软科学, 2020, 34 (12): 1 - 7.

[51] 李璟琰. 战略导向对企业绩效的影响机制研究 [D]. 浙江大学博士论文, 2010.

[52] 李靖华, 郭耀煌. 主成分分析用于多指标评价的方法研究——主成分评价 [J]. 管理工程学报, 2002, 16 (1): 39 - 45.

[53] 李敏, 杜鹏程, 孙丽丽, 等. 国际创新绩效研究领域的知识图谱和热点主题 [J]. 中国科技论坛, 2016, 32 (6): 128 - 133.

[54] 李若曦, 赵宏中. 技术活动、空间外溢与高技术产业 TFP [J]. 科学学研究, 2018, 36 (2): 264 - 271 + 323.

[55] 林春培. 企业外部创新网络对渐进性创新与根本性创新的影响 [D]. 广东华南理工大学, 2012.

[56] 林毅夫, 巫和懋, 邢亦青. "潮涌现象" 与产能过剩的形成机制 [J]. 经济研究, 2010, 45 (10): 4 - 19.

[57] 刘海兵, 许庆瑞. 后发企业战略演进、创新范式与能力演化 [J]. 科学学研究, 2018, 36 (8): 1442 - 1454.

[58] 刘洪伟, 冯淳. 基于知识基础观的技术并购模式与创新绩效关系实证研究 [J]. 科技进步与对策, 2015, 32 (16): 69 - 75.

[59] 刘小鲁. 知识产权保护、自主研发比重与后发国家的技术进步 [J]. 管理世界, 2011, 27 (10): 10 - 19 + 187.

[60] 刘洋, 魏江, 江诗松. 后发企业如何进行创新追赶? ——研发网络边界拓展的视角 [J]. 管理世界, 2013, 29 (3): 96 - 110 + 188.

[61] 刘洋. 转型经济背景下后发企业启发式规则、研发网络边界拓展与创新追赶 [D]. 杭州: 浙江大学, 2014.

[62] 龙镇辉, 楼润平, 孙鹏. 自主研发、合作研发与企业盈利绩效: 兼论独立董事的调节作用 [J]. 科技管理研究, 2017, 37 (11): 123 - 128.

［63］陆园园，郑刚．基于复杂性理论的企业创新要素协同研究［J］．科技进步与对策，2009，26（2）：66-70.

［64］吕峰，梁琬疃，张峰．效率还是效果：复杂环境下企业创新的权衡［J］．南开管理评论，2018，21（5）：188-199.

［65］吕萍．知识来源和创新联系的地理分布对创新绩效的影响研究［J］．财经研究，2011，37（6）：90-102.

［66］吕荣杰，张冰冰，张义明．跨区域技术转移效率前因组态研究［J］．科学学研究，2018，36（11）：1986-1994.

［67］罗仲伟，任国良，焦豪，等．动态能力、技术范式转变与创新战略——基于腾讯微信"整合"与"迭代"微创新的纵向案例分析［J］．管理世界，2014，30（8）：152-168.

［68］马文聪，朱桂龙．环境动态性对技术创新与绩效关系的调节作用．科学学研究，2010，29（3）：454-460.

［69］毛武兴，闫同柱，刘景江，等．我国企业核心能力的培育与提高：战略、路径与案例研究［J］．科研管理，2004，25（2）：37-43.

［70］裴云龙．产学科学知识转移对企业技术创新绩效的影响效应研究［D］．西安交通大学，2013.

［71］芮正云，罗瑾琏，甘静娴．新创企业创新困境突破：外部搜寻双元性及其与企业知识基础的匹配［J］．南开管理评论，2017，20（5）：155-164.

［72］商玲．创业型企业高层管理团队行为整合与双元创新导向的关系研究［D］．济南：山东大学，2011.

［73］尚航标，李卫宁，黄培伦．两类环境中的管理认知与战略变革关系研究［J］．科技管理研究，2014，34（11）：167-175.

［74］邵云飞，唐小我．中国区域技术创新能力的主成份实证研究［J］．管理工程学报，2005，19（3）：71-77.

［75］申宇，黄昊，赵玲．地方政府"创新崇拜"与企业专利泡沫［J］．科研管理，2018，39（4）：83-91.

［76］沈慧君，孙嘉悦，黄灿，等．知识来源的地理范围、研发模式与

创新价值获取 [J].科学学研究, 2020, 38 (7): 1285 – 1293.

[77] 宋河发, 穆荣平, 陈芳.专利质量及其测度方法与测度指标体系研究 [J].科学学与科学技术管理, 2010, 31 (4): 21 – 27.

[78] 宋铁波, 曾萍.多重制度压力与企业合法性倾向选择: 一个理论模型 [J].软科学, 2011, 25 (4): 112 – 116.

[79] 苏中锋, 王海绒, 张文红.整合独立研发与合作研发: 吸收能力的影响 [J].科研管理, 2016, 37 (11): 11 – 17.

[80] 孙冰.基于演化经济学的技术创新相关研究综述 [J].管理评论, 2011, 23 (12): 56 – 62.

[81] 汤萱.技术引进影响自主创新的机理及实证研究——基于中国制造业面板数据的实证检验 [J].中国软科学, 2016, 31 (5): 119 – 132.

[82] 唐朝永, 刘瑛, 牛冲槐.组织衰落如何影响组织创新: 集权结构、冗余资源和环境丰腴性的作用 [J].科技进步与对策, 2019, 36 (3): 1 – 6.

[83] 唐国华, 孟丁.环境不确定性对开放式技术创新战略的影响 [J].科研管理, 2015, 36 (5): 21 – 28.

[84] 万君康, 李华威.自主创新及自主创新能力的辨识 [J].科学学研究, 2008, 26 (1): 205 – 209.

[85] 王超, 穆东.基于SD的制造企业物流运作成本仿真与优化 [J].系统工程理论与实践, 2012, 32 (6): 1241 – 1250.

[86] 王璁, 王凤彬.大型国有企业集团总部对成员单位控制体系的组态研究——基于102家中央企业的定性比较分析 [J].南开管理评论, 2018, 21 (6): 185 – 197.

[87] 王飞航, 李友顺.自主研发、技术引进对区域创新绩效影响的门限效应 [J].地域研究与开发, 2019, 38 (2): 7 – 12.

[88] 王昊, 王昱, 夏君诺, 等.中国劳动生产率增长的再分解及国际经验比较 [J].科学学研究, 2017, 35 (8): 1189 – 1197.

[89] 王慧.企业集团内部的知识协同研究 [D].济南: 山东大学, 2009.

[90] 王恕立, 刘军, 胡宗彪.FDI流入、动机差异与服务产品垂直型

产业内贸易 [J]. 世界经济, 2014, 37 (2): 71 - 94.

[91] 王新成, 李垣, 马凤连, 等. 环境动荡性与创新战略选择——企业创业导向和技术能力的调节作用 [J]. 研究与发展管理, 2021, 33 (4): 111 - 120 + 182.

[92] 王志刚. 坚持以创新引领发展加快建设创新型国家 [N]. 学习时报, 2018 - 06 - 29 (001).

[93] 温忠麟, 侯杰泰, 张雷. 调节效应与中介效应的比较和应用 [J]. 心理学报, 2005, 37 (2): 268 - 274.

[94] 吴东. 战略谋划、产业变革与对外直接投资进入模式研究 [D]. 杭州: 浙江大学, 2011.

[95] 吴航, 陈劲. 国际搜索与本地搜索的抉择——企业外部知识搜索双元的创新效应研究 [J]. 科学学与科学技术管理, 2016, 37 (9): 102 - 113.

[96] 吴航, 陈劲. 企业外部知识搜索与创新绩效: 一个新的理论框架 [J]. 科学学与科学技术管理, 2015, 36 (4): 143 - 151.

[97] 吴建祖, 肖书锋. 创新注意力转移、研发投入跳跃与企业绩效——来自中国 A 股上市公司的经验证据 [J]. 南开管理评论, 2016, 19 (2): 182 - 192.

[98] 吴建祖, 肖书锋. 研发投入跳跃对企业绩效影响的实证研究——双元性创新注意力的中介作用 [J]. 科学学研究, 2015, 33 (10): 1538 - 1546.

[99] 吴明隆. 问卷统计分析实务——SPSS 操作与应用 [M]. 重庆: 重庆大学出版社, 2010.

[100] 吴先明, 高厚宾, 邵福泽. 当后发企业接近技术创新的前沿: 国际化的 "跳板作用" [J]. 管理评论, 2018, 30 (6): 40 - 54.

[101] 吴先明, 胡博文. 对外直接投资与后发企业技术追赶 [J]. 科学学研究, 2017, 35 (10): 1546 - 1556.

[102] 吴先明, 张雨. 海外并购提升了产业技术创新绩效吗——制度距离的双重调节作用 [J]. 南开管理评论, 2019, 22 (1): 4 - 16.

［103］吴晓波，马如飞，毛茜敏．基于二次创新动态过程的组织学习模式演进——杭氧1996~2008纵向案例研究［J］．管理世界，2009，25（2）：152－164．

［104］吴延兵．不同所有制企业技术创新能力考察［J］．宏观经济研究，2014，36（2）：53－64．

［105］吴映霞，林峰．跨国公司内部知识转移影响因素分析——基于一体化网络组织理论［J］．广西财经学院学报，2009，22（6）：111－115＋124．

［106］肖红军．基于共同演化视角的中国企业衰退问题研究［M］．北京：经济管理出版社，2010．

［107］肖利平，何景媛．吸收能力、制度质量与技术追赶绩效——基于大中型工业企业数据的经验分析［J］．中国软科学，2015，30（7）：137－147．

［108］肖利平，谢丹阳．国外技术引进与本土创新增长：互补还是替代——基于异质吸收能力的视角［J］．中国工业经济，2016，34（9）：75－92．

［109］谢治春，赵兴庐．模仿者动态能力、产业环境与自主创新绩效［J］．管理学报，2017，14（6）：850－858．

［110］许玲玲．高新技术企业认定、制度环境与企业技术创新［J］．科技进步与对策，2018，35（7）：82－87．

［111］许庆瑞，陈力田，吴志岩．战略可调性提升产品创新能力的机理［J］．科学学研究，2012，30（8）：1253－1262．

［112］许庆瑞．全面创新管理：理论与实践［M］．北京：科学出版社，2007．

［113］许庆瑞，吴志岩，陈力田．转型经济中企业自主创新能力演化路径及驱动因素分析［J］．管理世界，2013，29（4）：64－77．

［114］杨帆，石金涛．中国模仿创新与自主创新历程——追溯儒家伦理动因［J］．科学学研究，2007，25（6）：1192－1197＋1082．

［115］杨菲．企业知识积累与企业创新关系研究［D］．西安：西北大

学，2018.

[116] 杨晶照，崔亚梅，甄美荣. 基于文献计量的创新绩效影响因素及研究趋势的可视化分析 [J]. 现代情报，2016，36（2）：171 – 177.

[117] 杨俊，胡玮，张宗益. 国内外 R&D 溢出与技术创新：对人力资本门槛的检验 [J]. 中国软科学，2009（4）：31 – 41.

[118] 杨燕，高山行. 创新驱动、自主性与创新绩效的关系实证研究. 科学学研究，2011，29（10）：1568 – 1576.

[119] 尹苗苗，马艳丽. 不同环境下新创企业资源整合与绩效关系研究 [J]. 科研管理，2014，35（8）：110 – 116.

[120] 余泳泽，张先轸. 要素禀赋、适宜性创新模式选择与全要素生产率提升 [J]. 管理世界，2015，31（9）：13 – 31 + 187.

[121] 禹献云，周青. 外部搜索策略、知识吸收能力与技术创新绩效 [J]. 科研管理，2018，39（8）：11 – 18.

[122] 原毅军，孙大明. FDI 技术溢出、自主研发与合作研发的比较——基于制造业技术升级的视角 [J]. 科学学研究，2017，35（9）：1334 – 1347.

[123] 韵江，王文敬. 组织记忆、即兴能力与战略变革 [J]. 南开管理评论，2015，18（4）：36 – 46 + 105.

[124] 曾德明，邹思明，张运生. 网络位置、技术多元化与企业在技术标准制定中的影响力研究 [J]. 管理学报，2015，12（2）：198 – 206.

[125] 曾萍，刘洋，应瑛. 转型经济背景下后发企业创新追赶路径研究综述——技术创新抑或商业模式创新？[J]. 研究与发展管理，2015，27（3）：1 – 7.

[126] 张杰，郑文平. 创新追赶战略抑制了中国专利质量么？[J]. 经济研究，2018，53（5）：28 – 41.

[127] 张军荣. 开放式创新能提升专利质量吗？[J]. 科研管理，2017，38（11）：103 – 109.

[128] 张明，江旭，高山行. 战略联盟中组织学习、知识创造与创新绩效的实证研究. 科学学研究，2008，26（4）：868 – 873.

[129] 张书博. 跨国公司知识转移对企业技术创新能力的影响研究 [D]. 长春：吉林大学，2013.

[130] 张亚峰，刘海波，陈光华，等. 专利是一个好的创新测量指标吗？[J]. 外国经济与管理，2018，40 (6)：3 - 16.

[131] 张艳辉，李宗伟，陈滇. 社会网络与企业技术创新绩效的关系研究：以苏州电子信息产业为例 [J]. 管理评论，2012，24 (6)：42 - 49.

[132] 张媛媛，张宗益. 创新环境、创新能力与创新绩效的系统性研究：基于面板数据的经验分析 [J]. 科技管理研究，2009，1 (12)：91 - 96.

[133] 张郑熠. 知识基础对知识密集型企业技术追赶影响机制研究 [D]. 杭州：浙江大学，2019.

[134] 赵晶，朱镇，王飞，等. 基于过程的企业电子商务绩效评价模型 [J]. 管理工程学报，2010，24 (1)：17 - 26.

[135] 赵蓉英，吴胜男，陈瑞. 基于引证关系的知识转移模式及其实证研究 [J]. 情报杂志，2013 (3)：137 - 143.

[136] 赵文，王娜. 二元网络背景下中国海归企业绩效提升路径研究——基于模糊集的定性比较分析 [J]. 科学学与科学技术管理，2017，38 (5)：128 - 139.

[137] 赵西萍，张长征，张伟伟. 知识流失风险因素识别与控制 [J]. 科研管理，2004，25 (6)：80 - 84.

[138] 赵晓庆. 浙商创新能力提升的模式 [M]. 杭州：浙江大学出版社，2011.

[139] 郑烨，杨若愚，张顺翔. 公共服务供给、资源获取与中小企业创新绩效的关系研究 [J]. 研究与发展管理，2018，30 (4)：105 - 117.

[140] Abrahamson E., Fombrun C. J. Macrocultures：Determinants and consequences [J]. Academy of Management Review, 1994, 19 (4)：728 - 755.

[141] Abreu D., Pearce D. Bargaining, reputation, and equilibrium selection in repeated games with contracts. [J] Econometrica, 2007, 75 (3)：653 - 710.

［142］Adler P. S. , Goldoftas B. , Levine D. I. Flexibility versus efficiency? A case study of model changeovers in the Toyota production system ［J］. Organization Science, 1999, 10 (1): 43 – 68.

［143］Ahuja G. , Katila R. Technological acquisitions and the innovation performance of acquiring firms: A longitudinal study ［J］. Strategic Management Journal, 2001, 22 (3): 197 – 220.

［144］Ahuja G. , Katila R. Where do resources come from? The role of idiosyncratic situations ［J］. Strategic Management Journal, 2004, 25 (8 – 9): 887 – 907.

［145］Ahuja G. , Lampert C. M. Entrepreneurship in the large corporation: A longitudinal study of how established firms create breakthrough inventions ［J］. Strategic Management Journal, 2001 (22): 521 – 543.

［146］Aiken L. S. Multiple Regression: Testing and Interpreting Interactions ［M］. Sage Publication, Newbury Park, 1991, CA: 10 – 12.

［147］Almirall E. , Casadesus – Masanell R. Open versus closed innovation: A model of discovery and divergence ［J］. Academy of Management Review, 2010, 35 (1): 27 – 47.

［148］Aly H. Y. , Grabowski R. , Pasurka C. et al. Technical, scale, and allocative efficiencies in U. S. banking: An empirical investigation ［J］. The Review of Economics and Statistics, 1990, 72 (2): 211 – 218.

［149］Anderson P. , Tushman M. L. Technological discontinuities and dominant designs: A cyclical model of technological change ［J］. Administrative Science Quarterly, 1990, 35 (5): 604 – 633.

［150］Andreu R. , Ciborra C. Organisational learning and core capabilities development: The role of IT ［J］. Journal of Strategic Information Systems, 1996, 10 (5): 111 – 127.

［151］Andrews K. R. David D. K. The concept of corporate strategy ［M］. Irwin: Homewood, 1978: 18 – 46.

［152］Andries P. , Faems D. Patenting activities and firm performance ［J］.

J Prod Innov Manag, 2013, 30 (6): 1089 – 1098.

[153] Artz K. W., Norman P. M., Hatfield D. E. et al. A longitudinal study of the impact of R&D, patents, and product innovation on firm performance [J]. Journal of Product Innovation Management, 2010, 27 (5): 725 – 740.

[154] Atuahene – Gima K., Murray J. Y. Exploratory and exploitative learning in new product development: A social capital perspective on new technology ventures in China [J]. Journal of International Marketing, 2007, 15 (2): 1 – 29.

[155] Ault J. K., Spicer A. The institutional context of poverty: State fragility as a predictor of cross-national variation in commercial microfinance lending [J]. Strategic Management Journal, 2014, 35 (12): 1818 – 1838.

[156] Awate S., Larsen M. M., Mudambi R. Accessing vs sourcing knowledge: A comparative study of R&D internationalization between emerging and advanced economy firms [J]. Journal of International Business Studies, 2015, 46 (1): 63 – 86.

[157] Barreto I. Dynamic capabilities: A review of past research and an agenda for the future [J]. Journal of Management, 2010, 36 (3): 256 – 280.

[158] Bass B. M., Riggio R. E. Transformational leadership (2nd ed.) [M]. Psychology Press, 2005.

[159] Baum J. A. C., Dahlin K. B. Aspiration performance and railroads' patterns of learning from train wrecks and crashes [J]. Organization Science, 2007, 18 (3): 368 – 385.

[160] Becker G. S., Tomes N. Child endowments and the quantity and quality of children [J]. Journal of Political Economy, 1976, 84 (4): 143 – 162.

[161] Benner M. J., Tushman M. L. Exploitation, exploration, and process management: The productivity dilemma revisited [J]. Academy of Management Review, 2003, 28 (2): 238 – 256.

[162] Berchicci L. Towards an open R&D system: Internal R&D investment, external knowledge acquisition and innovative performance [J]. Research

Policy, 2013, 42 (1): 117 – 127.

[163] Bernile G. , Bhagwat V. , Rau P. R. What doesn't kill you only make you more risk-loving: Early life disasters and CEO behavior [J]. The Journal of Finance, 2017, 72 (1): 167 – 206.

[164] Bessen J. The value of U. S. patents by owner and patent characteristics [J]. Research Policy, 2008, 37 (5): 932 – 945.

[165] Bharadwaj N. , Noble C. H. , Tower A. et al. Predicting innovation success in the motion picture industry: The influence of multiple quality signals [J]. Journal of Product Innovation Management, 2017, 34 (5): 659 – 680.

[166] Bierly P. , Chakrabarti A. Generic knowledge strategies in the U. S. pharmaceutical industry [J]. Strategic Management Journal, 1996, 17 (S2): 123 – 135.

[167] Black S. E. , Devereux P. J. , Salvanes K. G. Why the apple doesn't fall far: Understanding inter-generation transmission of human capital [J]. American Economic Review, 2005, 95 (1): 437 – 499.

[168] Blinderbach – Disessen F. , Van den Ende J. The locus of innovation: the effect of a separate innovation unit on exploration, exploitation, and ambidexterity in manufacturing and service firms [J]. Journal of Product Innovation Management, 2014, 31 (5): 1089 – 1105.

[169] Bogner W. C. , Barr P. S. Making sense in hypercompetitive environments: A cognitive explanation for the persistence of high velocity competition [J]. Organization Science, 2000, 11 (2): 212 – 226.

[170] Bonesso S. , Comacchco A. , Pizzs C. Technology sourcing decisions in exploratory projects [J]. Technovation, 2011, 31 (10 – 11): 573 – 585.

[171] Boyne G. A. , Meier K. J. Environmental turbulence, organizational stability, and public service performance [J]. Administration & Society, 2009, 40 (8): 799 – 824.

[172] Brown S. L. , Eisenhardt K. M. The art of continuous change: Linking complexity theory and time-paced evolution in relentlessly shifting organizations

[J]. Administrative Science Quarterly, 1997, 42 (1): 1 – 34.

[173] Bstieler L. The Moderating effect of environmental uncertainty on new product development and time efficiency [J]. Journal of Product Innovation Management, 2005, 22 (3): 267 – 284.

[174] Buyl T. , Boone C. , Matt hyssens P. The impact of the top management team's knowledge diversity on organizational ambidexterity: A conceptual framework [J]. Industry Studies of Management & Organization, 2012, 42 (4): 8 – 26.

[175] Calantone R. , Benedetto C. How firms organize for successful innovation in a hostile environment [J]. Journal of Technology Transfer, 1994, 19 (1): 17 – 26.

[176] Calighirou Y. I. Kastelli&A Tsakanikas. Internal capabilities and external knowledge sources: Complements or substitutes for innovative performance? [J]. Technovation, 2004, 24 (1): 29 – 39.

[177] Cantarello S. , Martini A. , Nosella A. A multi-level model for organizational ambidexterity in the search phase of the innovation process [J]. Creativity & Innovation Management, 2014, 21 (1): 28 – 48.

[178] Cao Q. E. , Gedajlovic and H. Zhang. Unpacking organizational ambidexterity: Dimensions, contingencies, and synergistic effects [J]. Organization Science, 2009, 20 (4): 781 – 796.

[179] Carnabuci G. and Operti E. Where do firms' recombinant capabilities come from? Intraorganizational networks, knowledge, and firms' ability to innovate through technological recombination [J]. Strategic Management Journal, 2013, 34 (13): 1591 – 1613.

[180] Carroll G. R. , Bigelow L. S. , Seidel M. – D. L. et al. The fates of de novo and de alio producers in the American automobile industry 1885 – 1981 [J]. Strategic Management Journal, 1996, 17 (Special Issue): 117 – 137.

[181] Carson S. J. , Wu T. , Moore W. L. Managing the trade-off between ambiguity and volatility in new product development [J]. Journal of Product Inno-

vation Management, 2012, 29 (6): 1061 – 1081.

[182] Cassiman B. , Valentini G. Open innovation: Are inbound and outbound knowledge flows really complementary? [J]. Strategic Management Journal, 2016, 37 (6): 1034 – 1046.

[183] Cassiman B. , Veugelers R. In search of complementarity in innovation strategy: Internal R&D and external knowledge acquisition [J]. Management Science, 2006, 52 (1): 68 – 82.

[184] Chandy R. K. , Tellis G. J. Organizing for radical product innovation: The overlooked role of willingness to cannibalize [J]. Journal of Marketing Research, 1998, 35 (4): 474 – 487.

[185] Chandy R. K. , Tellis G. J. The incumbent's curse? Incumbency, size, and radical product innovation [J]. Journal of Marketing, 2000, 64 (3): 1 – 17.

[186] Chang Y. Y. , Hughes M. Drivers of innovation ambidexterity in small-to medium-sized firms [J]. European Management Journal, 2012, 30 (1): 1 – 17.

[187] Chasanidou D. , Sivertstøl N. , Hildrum J. Exploring employee interactions and quality of contributions in intra organisational innovation platforms [J]. Creativity & Innovation Management, 2018, 27 (4): 458 – 475.

[188] Chen H. , Zeng S. , Lin H. et al. Munificence, dynamism, and complexity: how industry context drives corporate sustainability [J]. Business Strategy and the Environment, 2017, 26 (2): 125 – 141.

[189] Chen M. J. , Miller D. Competitive attack, Retaliation and performance: An expectancy-valence framework [J]. Strategic Management Journal, 2010, 15 (2): 85 – 102.

[190] Chen V. Z. , Li J. , Shapiro D. M. et al. Ownership structure and innovation: An emerging market perspective [J]. Asia Pacific Journal of Management, 2014, 31 (1): 1 – 24.

[191] Chen W. R. , Miller K. D. Situational and institutional determinants

of firms' R&D search intensity [J]. Strategic Management Journal, 2007, 28 (4): 369 –381.

[192] Chen Y. S., Chang K. C. The relationship between a firm's patent quality and its market value—The case of US pharmaceutical industry [J]. Technological Forecasting & Social Change, 2010, 77 (1): 20 –33.

[193] Chen Y. S., Chang K. C. Using the entropy-based patent measure to explore the influences of related and unrelated technological diversification upon technological competences and firm performance [J]. Scientometrics, 2012, 90 (3): 825 –841.

[194] Chesbrough H. W. Open Innovation: The new imperative for creating and profiting from technology [M]. Harvard Business School Press, Boston, MA, 2003.

[195] Chesher A. Testing the Law of Proportionate Effect [J]. Journal of Industrial Economics, 1979, 27 (4): 403 –411.

[196] Choung J. Y., Hwang H. R., Choi J. K. Post catch-up system transition failure: The case of ICT technology development in Korea: Asian Journal of Technology Innovation [J]. Asian Journal of Technology Innovation, 2016, 24 (S1): 78 –102.

[197] Chuang Y. S. Learning and international knowledge transfer in latecomer firms: The case of Taiwan's flat panel display industry [J]. IEEE Transactions on Engineering Management, 2014, 61 (2): 261 –274.

[198] Chung K. H., Pruitt S. W. A Simple Approximation of Tobin's q [J]. Financial Management, 1994, 23 (3): 7 –74.

[199] Chu Y., Tian X., Wang W. Corporate innovation along the supply chain [J]. Management Science, 2019, 65 (6): 2445 –2945.

[200] Cohen S. G., Bailey D. E. What makes teams work: Group effectiveness research from the shop floor to the executive suite [J]. Journal of Management, 1997, 23 (3): 239 –290.

[201] Cohen W. M. Absorptive capacity: A new perspective on learning and

innovation [J]. Administrative Science Quarterly, 1983, 35 (1): 147 – 160.

[202] Cooper C. L. & Chen P. Y. (Eds.). Work and wellbeing [M]. Wiley Blackwell, 2014.

[203] Cooper D. , Patel P. C. , Thatcher S. M. B. et al. It depends: Environmental context and the effects of faultlines on top management team performance [J]. Organization Science, 2014, 25 (2): 633 – 652.

[204] Crilly D. , Zollo M. , Hansen M. T. Faking it or muddling through? Understanding decoupling in response to stakeholder pressures [J]. Academy of Management Journal, 2012, 55 (6): 1429 – 1449.

[205] Crossan M. M. , Apaydin M. A multi-dimensional framework of organizational innovation: A system review of the literature [J]. Journal of Management Studies, 2010, 47 (6): 1154 – 1191.

[206] Crossan M. M. Lane H. W. , White R. E. An organizational learning framework: From intuition to institution [J]. Academy of Management Review, 1999, 24 (3): 522 – 537.

[207] Crossland C. , Zyung J. , Hiller N. J. et al. CEO career variety: Effects on firm-level strategic and social novelty [J]. Academy of Management Journal, 2014, 57 (3): 652 – 674.

[208] Crossman J. Conceptualising spiritual leadership in secular organizational contexts and its relation to transformational, servant and environmental leadership [J]. Leadership & Organization Development Journal, 2010, 31 (7): 596 – 608.

[209] Cummings J. N. Work groups, structural diversity, and knowledge sharing [J]. Management Science, 2004, 50 (3): 352 – 364.

[210] Cyert R. M, March J. G. The behavioral theory of the firm [M]. Prentice Hall: Englewood Cliffs, NJ, 1963.

[211] Dantas E. , Bell M. Latecomer firms and the emergence and development of knowledge networks: The case of Petrobras in Brazil [J]. Research Policy, 2009, 38 (5): 829 – 844.

［212］ Davis J. P. , Eisenhardt K. M. , Bingham C. B. Optimal structure, market dynamism, and the strategy of simple rules ［J］. Administrative Science Quarterly, 2009, 54 （3）: 413 - 452.

［213］ Dawson J. F. , Richter A. W. Probing three-way interactions in moderated multiple regression: Development and application of a slope difference test ［J］. Journal of Applied Psychology, 2006, 91 （4）: 917 - 926.

［214］ Decarolss D. M. , Deeds D. L. The impact of stocks and flows of organizational knowledge on firm performance: An empirical investigation of the biotechnology industry ［J］. Strategic Management Journal, 1999, 20 （10）: 953 - 968.

［215］ Del G. M. , Arslan A. , Scuotto V. et al. Influences of cognitive dimensions on the collaborative entry mode choice of small-and medium-sized enterprises ［J］. International Marketing Review, 2017, 34 （5）: 652 - 673.

［216］ Delmas M. A. , Toffel M. W. Organizational responses to environmental demands: Opening the black box ［J］. Strategic Management Journal, 2008, 29 （10）: 1027 - 1055.

［217］ Dess G. G. , Beard D. W. Dimensions of organizational task environments ［J］. Administrative Science Quarterly, 1984, 29 （1）: 52 - 73.

［218］ Dewar R. D. , Dutton J. E. The adoption of radical and incremental innovations: An empirical analysis ［J］. Management Science, 1986, 32 （11）: 1422 - 1433.

［219］ Driscoll J. C. , Kraay A. C. Consistent covariance matrix estimation with spatially development panel data ［J］. Review of Economics and Statistics, 1998, 80 （4）: 549 - 560.

［220］ Duan Y. , Huang L. , Cheng H. et al. The moderating effect of cultural distance on the cross-border knowledge management and innovation quality of multinational corporations ［J］. Journal of Knowledge Management, 2020, 25 （1）: 85 - 116.

［221］ Dutta S. , Narasimhan O. M. , Rajiv S. Conceptualizing and measuring capabilities: Methodology and empirical application [J]. Strategic Management Journal, 2005, 26 (3): 277 - 285.

[222] Dyer J. H., Singh H. The relational view: Cooperative strategy and sources of interorganizational competitive advantage [J]. Academy of Management Review, 1998, 23 (4): 660 - 679.

[223] Ebben J. J., Johnson A. C. Efficiency, flexibility, or both? Evidence linking strategy to performance in small firms [J]. Strategic Management Journal, 2005, 26 (13): 1249 - 1259.

[224] Ebersberger B., Feit M., Mengis H. International knowledge interactions and catch-up. Evidence from European patent data for Chinese latecomer firms – Science Direct [J]. International Business Review, 2021, 32 (2): 101855.

[225] Eden C., Ackermann F., Cropper S. The analysis of cause maps [J]. Journal of Management Studies, 1992, 29 (3): 309 - 324.

[226] Eisenhardt K. M., Furr N. R., Bingham C. B. Crossroads-microfoundations of performance: balancing efficiency and flexibility in dynamic environments [J]. Organization Science, 2010, 21 (6): 1263 - 1273.

[227] Eisenhardt K. M., Graebner M. E. Theory building from cases: Opportunities and challenges [J]. Academy of Management Journal, 2007, 50 (1): 25 - 32.

[228] Eisenhardt K. M. Making fast strategic decisions in high-velocity environments [J]. Academy of Management Journal, 1989, 32 (4): 543 - 576.

[229] Eisenhardt K. M., Martin J. A. Dynamic capabilities: what are they? [J]. Strategic Management Journal, 2000, 21 (10 - 11): 1105 - 1121.

[230] Ellonen H. K., Wikstrom P., Jantunen A. Linking dynamic capability portfolio and innovation outcomes [J]. Technnovation, 2009, 29 (11): 753 - 762.

[231] Ernst H., Fischer M. Integrating the R&D and patent functions: Implications for new product performance [J]. Journal of Product Innovation Manage-

ment, 2014, 31 (S1): 118 – 132.

[232] Escribano A., Fosfuri A., Tribo J. A. Managing knowledge spillovers: The impact of absorptive capacity on innovation performance [J]. Research Policy, 2005, 194 – 235.

[233] Ettlie J. E. Organizational policy and innovation among suppliers to the food processing sector [J]. The Academy of Management Journal, 1983, 26 (1): 27 – 44.

[234] Fainshmidt S., Wenger L., Pezeshkan A. et al. When do dynamic capabilities lead to competitive advantage? The Importance of Strategic Fit [J]. Journal of Management Studies, 2019, 56 (4): 758 – 787.

[235] Fare R., Grosskopf S., Norris M. et al. Productivity growth, technical progress, and efficiency change in industrial countries [J]. The American Economic Review, 1994, 84 (1): 66 – 83.

[236] Felin T. & Hesterly W. S. The knowledge-based view, nested heterogeneity, and new value creation: Philosophical considerations on the locus of knowledge [J]. The Academy of Management Review, 2007, 32 (1): 195 – 218.

[237] Fiegenbaum A., Karnani A. Output flexibility—a competitive advantage for small firms [J]. Strategic Management. Journal, 1991, 12 (2): 101 – 114.

[238] Fine C. H. Clockspeed: Winning industry control in the age of temporary advantage [M]. Perseus: Reading, MA, 1998.

[239] Fiol C. M., O'Connor E. J. Waking up! Mindfulness in the face of bandwagons [J]. Academy of Management Review, 2003, 28 (1): 54 – 70.

[240] Flannery M. J., Rangan K. P. Partial adjustment toward target capital structures [J]. Journal of Financial Economics, 2006, 79 (3): 469 – 506.

[241] Flor M. L., Cooper S. Y., Oltra M. J. External knowledge search, absorptive capacity and radical innovation in high-technology firms [J]. European Management Journal, 2018, 36 (2): 183 – 194.

［242］Ford D. Develop your technology strategy ［J］. Long Range Planning, 1988, 21（5）: 85 – 95.

［243］Forsman H. Innovation capacity and innovation development in small enterprises. A comparison between the manufacturing and service sectors ［J］. Research Policy, 2011, 40（5）: 739 – 750.

［244］Fortune A., Mitchell W. Unpacking firm exit at the firm and industry levels: The adaptation and selection of firm capabilities ［J］. Strategic Management. Journal, 2012, 33（7）: 794 – 819.

［245］Fosfuri A., Tribó J. A. Exploring the antecedents of potential absorptive capacity and its impact on innovation performance ［J］. Omega, 2008, 36（2）: 173 – 187.

［246］Fredrich V., Bouncken R. B., Kraus S. The race is on: Configurations of absorptive capacity, interdependence and slack resources for interorganizational learning in coopetition alliances ［J］. Journal of Business Research, 2019, 101: 862 – 868.

［247］Fu R., Gartlehner G., Grant M. et al. Conducting quantitative synthesis when comparing medical interventions: AHRQ and the Effective Health Care Program ［J］. Journal of Clinical Epidemiology, 2011, 64（11）: 1187 – 1197.

［248］Furrer O., Thomas H., Gousse-vskaia A. The structure and evolution of the strategic management field: A content analysis of 26 years of strategic management research ［J］. International Journal of Management Reviews, 2008, 10（1）: 1 – 23.

［249］Fu X., Gong Y. Indigenous and foreign innovation efforts and drivers of technological upgrading: evidence from China ［J］. World Development, 2011, 39（7）: 1213 – 1225.

［250］Ganco M. Cutting the Gordian knot: The effect of knowledge complexity on employee mobility and entrepreneurship ［J］. Strategic Management Journal, 2013, 34（6）: 666 – 686.

［251］ Gao C. , Zuzul T. , Jones G. et al. Overcoming institutional voids: A reputation-based view of long-run survival ［J］. Strategic Management Journal, 2017, 38 (11): 2147 – 2167.

［252］ Garcia – Sánchez I. M. , Martinez Ferrero J. , Garcia – Benan M. A. Integrated reporting: The mediating role of the board of directors and investor protection on managerial discretion in munificent environments ［J］. Corporate Social Responsibility and Environmental Management, 2019, 26 (1): 29 – 45.

［253］ Garg V. K. , Walters B. A. , Priern R. L. Chief executive scanning emphases, environmental dynamism, and manufacturing firm performance ［J］. Strategic Management Journal, 2003, 24 (8): 725 – 744.

［254］ Gatignon H. , Tushman M. L. , Smith W. et al. A structural approach to assessing innovation: Construct development of innovation locus, type, and characteristics ［J］. Management Science, 2002, 48 (9): 1103 – 1122.

［255］ Georasdottir A. S. , Getz I. How flexibility facilitates innovation and ways to manage it in organizations ［J］. Creativity and Innovation Management, 2004, 13 (3): 166 – 175.

［256］ George G. , Kotha R. , Zheng Y. Entry into insular domains: A longitudinal study of knowledge structuration and innovation in biotechnology firms ［J］. Journal of Management Studies, 2008, 45 (8): 1448 – 1474.

［257］ Georgsdottir A. S. , Getz I. How flexibility facilitates innovation and ways to manage it in organizations ［J］. Organization Science, 2004, 13 (3): 166 – 175.

［258］ Gerschenkron A. Economic Backwardness in Historical Perspective ［M］. The Belknap Press of Harvard University Press, 1962.

［259］ Gibson C. , Vermeulen F. A healthy divide: Subgroups as a stimulus for team learning behavior ［J］. Administrative Science Quarterly, 2003, 48 (2): 202 – 239.

［260］ Grant R. M. Toward a knowledge-based theory of the firm ［J］. Strategic Management Journal, 1996, 17 (S2): 109 – 122.

[261] Grossman G. M. , Helpman E. Trade, knowledge spillovers, and growth [J]. Nber Working Papers, 1990, 35 (2 – 3): 517 – 526.

[262] Guan J. C. , Richard C. M. , Tang E. P. Y. Innovation strategy and performance during economic transition: Evidences in Beijing, China [J]. Research Policy, 2009, 38 (11): 802 – 812.

[263] Guan J. C. , Yam R. C. M. , Mok C. M. et al. A study of the relationship between competitiveness and technological innovation capability based on DEA models [J]. European Journal of Operational Research, 2006, 170 (3): 971 – 986.

[264] Guan J. , Liu N. Exploitative and exploratory innovations in knowledge network and collaboration network: A patent analysis in the technological field of nano-energy [J]. Research Policy, 2016, 45 (1): 97 – 112.

[265] Guan J. , Ma N. Innovation capability and export performance of Chinese firms [J]. Technnovation, 2003, 23 (9): 737 – 747.

[266] Gupta A. K. , Smith K. G. , Shalley C. E. The interplay between exploration and exploitation [J]. Academy of Management Journal, 2006, 49 (4): 693 – 706.

[267] Haas M. R. The double-edged swords of autonomy and external knowledge: Analyzing team effectiveness in a multinational organization [J]. Academy of Management Journal, 2010, 53 (5): 989 – 1008.

[268] Hadley D. Patterns in technical efficiency and technical change at the farm-level in England and Wales, 1982 – 2002 [J]. Journal of Agricultural Economics, 2006, 57 (1): 81 – 100.

[269] Hagedoorn J. , Wang N. Is there complementarity or substitutability between internal and external R&D strategies? [J]. Research Policy, 2012, 41 (5): 1072 – 1083.

[270] Hambrick D. C. , Finkelstein S. , Mooney A. C. Executive job demands: New insights for explaining strategic decisions and leader behaviors [J]. Academy of Management Review, 2005, 30 (3): 472 – 491.

［271］ Hannan M. T. , Freeman J. Structural inertia and organizational change ［J］. American Sociology Review, 1984, 49 (2): 149 – 164.

［272］ Helfat C. E. , Peteraf M. A. Managerial cognitive capabilities and the microfoundations of dynamic capabilities ［J］. Strategic Management Journal, 2014, 36 (6): 831 – 850.

［273］ Helfat C. E. , Peteraf M. A. The dynamic resource-based view: capability lifecycles ［J］. Strategic management journal, 2003, 24 (4): 997 – 1010.

［274］ Helfat C. E. , Winter S. G. Untangling dynamic and operational capabilities: Strategy for the (N) ever-changing world ［J］. Strategic Management Journal, 2011, 32 (11): 1243 – 1250.

［275］ Henderson R. M. , Clark K. B. Architectural innovation: the. reconfiguration of existing product technologies and the failure of established. Firms ［J］. Administrative Science Quarterly, 1990, 35 (1): 9 – 30.

［276］ Hermann P. , Nadkarni S. Managing strategic change: The duality of CEO personality ［J］. Strategic Management Journal, 2014, 35 (9): 1318 – 1342.

［277］ Hess A. M. , Rothaermel F. T. When are assets complementary? Star scientists, strategic alliances, and innovation in the pharmaceutical industry ［J］. Strategic Management Journal, 2011, 32 (8): 895 – 909.

［278］ He Z. L. , Lim K. , Wong P. K. Entry and competitive dynamics in the mobile telecommunications market ［J］. Research Policy, 2006, 35 (8): 1147 – 1165.

［279］ He Z. L. , Wong P. K. Exploration vs. exploitation: An empirical test of the ambidexterity hypothesis ［J］. Organization Science, 2004, 15 (4): 481 – 494.

［280］ Hobday M. Firm-level innovation models: Perspectives on research in developed and developing countries ［J］. Technology Analysis & Strategic Management, 2005, 17 (2): 121 – 146.

[281] Hobday M. Innovation in East Asia: Diversity and development [J]. Technovation, 1995, 15 (2): 55 – 63.

[282] Hodgkinson G. P., Healy M. P. Psychological foundations of dynamic capabilities: reflexion and reflection in strategic management [J]. Strategic Management Journal, 2011, 32 (13): 1500 – 1516.

[283] Hogg M. A., Terry D. J. Social identity and self categorization processes in organizational contexts [J]. Academy of Management Review, 2000, 25 (1): 121 – 140.

[284] Hottenrott H., Lopesbento C. Quantity or quality? Collaboration strategies in research and development and incentives to patent [J]. Social Science Electronic Publishing, 2012, 30 (4): 329 – 333.

[285] Hu A. G., Jefferson G. H. A great wall of patents: what is behind china's recent patent explosion? [J]. Journal of Development Economics, 2009, 90 (1): 57 – 68.

[286] Hu A. G. Z., Jaffe A. B. Patent citations and international knowledge flow: the cases of Korea and Taiwan [J]. International Journal of Industrial Organization, 2003, 21 (6): 849 – 880.

[287] Huang W. Understanding the effects of education on health: Evidence from China [J]. IZA Discussion Paper No. 9225, 2015.

[288] Huang Y., Chen L., Zhang L. Patent citation inflation: The phenomenon, its measurement, and relative indicators to temper its effects [J]. Journal of Informetrics, 2020, 14 (2): 101015.

[289] Huff A. S., Reger R. K. A review of strategic process research [J]. Journal of Management, 1987, 13 (2): 211 – 236.

[290] Hu M. C. Knowledge flows and innovation capability: The patenting trajectory of Taiwan's thin film transistor-liquid crystal display industry [J]. Technological Forecasting & Social Change, 2008, 75 (9): 1423 – 1438.

[291] Hu M. C. Technological innovation capabilities in the thin film transistor-liquid crystal display industries of Japan, Korea, and Taiwan [J]. Re-

search Policy, 2012, 41 (3): 541 – 555.

[292] Hussinger K. , Pacher S. Information ambiguity, patents and the market value of innovative assets [J]. Research Policy, 2019, 48 (3): 665 – 675.

[293] Hutzschenreuter T. , Horstkotte J. Performance effects of international expansion processes: The moderating role of top management team experiences [J]. International Business Review, 2013, 22 (1): 259 – 277.

[294] Iansiti M. , Clark K. B. Integration and dynamic capability: Evidence from product development in automobiles and mainframe computers [J]. Industrial and Corporate Change, 1994, 3 (3): 557 – 605.

[295] Iyer D. N. , Miller K. D. Performance feedback, slack, and the timing of acquisitions [J]. Academy of Management Journal, 2008, 51 (4): 808 – 822.

[296] Jaffe A. B. Characterizing the "technological position" of firms, with application to quantifying technological opportunity and research spillovers [J]. Research Policy, 1989, 18 (2): 87 – 97.

[297] Jaffe A. B. , Trajtenberg M. , Henderson R. Geographic localization of knowledge spillovers as evidenced by patent citations [J]. Quarterly Journal of Economics, 1993, 108 (3): 577 – 598.

[298] Jancenelle V. E. Relative exploration and firm performance: Exploring curvilinear relationships and the role of industry, instability, and munificence [J]. Long Range Planning, 2019, 53 (6): 101926.

[299] Jang S. L. , Lo S. , Chang W. How do latecomers catch up with forerunners? Analysis of patents and patent citations in the field of flat panel display technologies [J]. Scientometrics, 2009, 79 (3): 563 – 591.

[300] Jansen J. J. P. , Tempelaar M. P. , Van den Bosch F. A. J. et al. Structural differentiation and ambidexterity: The mediating role of integration mechanisms [J]. Organization Science, 2009, 20 (4): 797 – 811.

[301] Jehn K. A. , Bezrukova, K. The faultline activation process and the

effects of activated faultlines on coalition formation, conflict, and group outcomes [J]. Organizational Behavior & Human Decision Processes, 2010, 112 (1): 24 – 42.

[302] Joo S. H. , Oh C. , Lee K. Catch-up strategy of an emerging firm in an emerging country: Analysing the case of Huawei vs. Ericsson with patent data [J]. International Journal of Technology Management, 2016, 72 (1 – 3): 19 – 42.

[303] Jra N. , Huang K. G. , Man Zhang C. Public governance, corporate governance, and firm innovation: An examination of state-owned enterprises [J]. Academy of Management Journal, 2019, 62 (1): 220 – 247.

[304] Julcan S. D. , Ofori – Dankwa J. C. , Justis R. T. Understanding strategic responses to interest group pressures [J]. Strategic Management Journal, 2008, 29 (9): 963 – 984.

[305] Kafouros M. , Wang C. , Piperopoulos P. et al. Academic collaborations and firm innovation performance in China: The role of region-specific institutions [J]. Research Policy, 2015, 44 (3): 803 – 817.

[306] Kamasak R. , Yavuz M. , Altuntas G. Is the relationship between innovation performance and knowledge management contingent on environmental dynamism and learning capability? Evidence from a turbulent market [J]. Business Research, 2016, 9: 229 – 253.

[307] Kang B. The innovation process of Huawei and ZTE: Patent data analysis [J]. China Economic Review, 2015, 36: 378 – 393.

[308] Kao W. C. Innovation quality of firms with the research and development tax credit [J]. Review of Quantitative Finance & Accounting, 2018, 51 (1): 43 – 78.

[309] Karim S. , Mitchell W. Path-dependent and path breaking change: Reconfigurating business resources: following acquisitions in the U. S. Medical sector, 1978 – 1995 [J]. Strategic Management Journal, 2000, 21 (9): 1061 – 1081.

[310] Karim S. Modularity in organizational structure: The reconfiguration of internally developed and acquired business units [J]. Strategic Management Journal, 2006, 27 (7): 799 – 823.

[311] Karim S. , Williams C. Structual knowledge: How executive experience with structural composition affects intrafirm mobility and unit reconfiguration [J]. Strategic Management Journal, 2012, 33 (5): 681 – 709.

[312] Karkoulian S. , Canaan Messarra L. , Mccarthy R. The intriguing art of knowledge management and its relation to learning organizations [J]. Journal of Knowledge Management, 2013, 17 (4): 511 – 526.

[313] Katrak H. Developing countries' imports of technology, in-house technological capabilities and efforts: an analysis of the Indian experience [J]. Journal of Development Economics, 1997, 53 (1): 67 – 83.

[314] Keats B. W. , Hitt M. A. A causal model of linkages among environmental dimensions, macro organizational characteristics, and performance [J]. Academy of Management Journal, 1988, 31 (3): 570 – 598.

[315] Keller R. T. , Chinta R. R. International technology transfer: Strategies for success [J]. The Executive, 1990, 4 (2): 33 – 43.

[316] Khanna T. Palepu. Winning in emerging markets: A road map for strategy and execution [J]. NHRD Network Journal, 2010, 3 (3): 75 – 75.

[317] Kim L. Crisis construction and organizational learning: Capability building in catching-up at hyundai motor [J]. Organization Science, 1998, 9 (4): 506 – 521.

[318] Kim L. Stages of development of industrial technology in a developing country: A model [J]. Research policy, 1980, 9 (3): 254 – 277.

[319] Kock A. , Georg Gemünden H. Antecedents to decision-making quality and agility in innovation portfolio management [J]. Journal of Product Innovation Management, 2016, 33 (6): 670 – 686.

[320] Kogut B. , Zander U. Knowledge of the firm, combinative capabilities, and the replication of technology [J]. Organization Science, 1992, 3

（3）：383 – 397.

［321］Kortmann S. , Gelhard C. , Zimmermann C. et al. Linking strategic flexibility and operational efficiency：The mediating role of ambidextrous operational capabilities ［J］. Journal of Operations Management, 2014, 32 (7 – 8)：475 – 490.

［322］Kortmann S. The mediating role of strategic orientations on the relationship between ambidexterity-oriented decisions and innovative ambidexterity ［J］. Journal of Product Innovation Management, 2015, 32 (5)：666 – 684.

［323］Kotabe M. , Dunlap – Hinkler D. , Parente R. et al. Determinants of cross-national knowledge transfer and its effect on firm innovation ［J］. Journal of International Business Studies, 2007, 38 (2)：259 – 282.

［324］Kotha R. , George G. , Srikanth K. Bridging the mutual knowledge gap：Coordination and the commercialization of university science ［J］. Academy of Management Journal, 2013, 56 (2)：498 – 524.

［325］Krishnan R. T. , Jha S. K. Innovation strategies in emerging markets：What can we learn from indian market leaders ［J］. ASCI Journal of Management, 2011, 41 (1)：21 – 45.

［326］Laamanen T. , Wallin J. Cognitive dynamics of capability development paths ［J］. Journal of Management Studies, 2009, 46 (5)：950 – 981.

［327］Lane P. J. , Koka B. R. , Pathak S. The reification of absorptive capacity：A critical review and rejuvenation of the construct ［J］. The Academy of Management Review, 2006, 31 (4)：833 – 863.

［328］Langfred C. W. The paradox of self-management：Individual and group autonomy in work groups ［J］. Journal of Organizational Behavior, 2000, 21 (5)：563 – 585.

［329］Lang L. H. P. , Stulz R. M. Tobin's Q, corporate diversification, and firm performance ［J］. Journal of Political Economy, 1994, 102 (6)：1248 – 1291.

［330］Larsen E. , Lomi A. Representing change：A system model of organizational inertia and capabilities as dynamic accumulation processes [J]. Simulation Modelling Practice and Theory, 2002, 10 (5): 271 – 296.

[331] Laureiro – Martínez D., Brusoni S. Cognitive flexibility and adaptive decision-making: Evidence from a laboratory study of expert decision makers [J]. Strategic Management Journal, 2018, 39 (4): 1031 – 1058.

[332] Lavie D. Capability reconfiguration: An analysis of incumbent responses to technological change [J]. Academy of Management Review, 2006, 31 (1): 153 – 174.

[333] Lavie D. The Competitive Advantage of Interconnected Firms: An Extension of the Resource – Based View [J]. The Academy of Management Review, 2006, 31 (3): 638 – 658.

[334] Lee J., Kwon H. B., Pati N. Exploring the relative impact of R&D and operational efficiency on performance: A sequential regression-neural network approach [J]. Expert Systems with Applications, 2019, 137 (12): 420 – 431.

[335] Lee K., Lim C. Technological regimes, catching-up and leapfrogging: findings from the Korean industries [J]. Research Policy, 2001, 30 (3): 459 – 483.

[336] Lee K. Making a technological catch-up: Barriers and opportunities [J]. Asian Journal of Technology Innovation, 2005, 13 (2): 97 – 131.

[337] Leiponen A., Helfat C. E. Innovation objectives, knowledge sources, and the benefits of breadth [J]. Strategic Management Journal, 2010, 31 (2): 224 – 236.

[338] Leonard – Barton D. Core capabilities and core rigidities: A paradox in managing new product development [J]. Strategic Management Journal, 1992, 13 (S1): 111 – 125.

[339] Leonard – Barton D. Core Capabilities and Core Rigidities [J]. Strategic Management Journal, 1992 (13): 111 – 126.

[340] Le P. B., Lei H. The effects of innovation speed and quality on differentiation and low-cost competitive advantage [J]. Chinese Management Stud-

ies, 2018, 12 (2): 305 – 322.

[341] Lewin A. Y. , Massini S. , Peeters C. Microfoundations of internal and external absorptive capacity routines [J]. Organization Science, 2011, 22 (1): 81 – 98.

[342] Lichtenthaler U. Absorptive capacity, environmental turbulence, and the complementarily of organizational learning process [J]. Academy of Management Journal, 2009, 52 (4): 822 – 845.

[343] Lichtenthaler U. , Ernst H. Opening up the innovation process: The role of technology aggressiveness [J]. R&D Management, 2009, 39 (1): 38 – 54.

[344] Lichtenthaler U. , Lichtenthaler E. A capability-based framework for open innovation: Complementing absorptive capacity [J]. Journal of Management studies, 2009, 46 (8): 1315 – 1338.

[345] Liechty J. C. , Fong D. K. H. , DeSarbo W. S. Dynamic models incorporating individual heterogeneity: Utility evolution in conjoint analysis [J]. Marketing Science, 2005, 24 (2): 285 – 293.

[346] Li G. , Ji P. , Sun L. Y. et al. Modeling and simulation of supply network evolution based on complex adaptive system and fitness landscape [J]. Computers & Industrial Engineering, 2009, 56 (3): 839 – 853.

[347] Li H. , Atuahene – Gima K. Product innovation strategy and the performance of new technology ventures in China [J]. Academy of Management Journal, 2001, 44 (6): 1123 – 1134.

[348] Li J. , Hambrick D. C. Factional groups: A new vantage on demographic faultlines, conflict, and disintegration in work teams [J]. Academy of Management Journal, 2005, 48 (5): 794 – 813.

[349] Lilien G. L. , Yoon E. The timing of competitive market entry: An exploratory study of new industrial products [J]. Management Science, 1990, 36 (5): 568 – 585.

[350] Lin C. , Chang C. C. The effect of technological diversification on or-

ganizational performance: An empirical study of S&P 500 manufacturing firms [J]. Technological Forecasting and Social Change, 2015, 90: 575 –586.

[351] Lin C., Lin P., Song F. Property rights protection and corporate r&d: Evidence from china [J]. Journal of Development Economics, 2010, 93 (1): 49 –62.

[352] Lin H. E., McDonough Ⅲ. E. F. Cognitive frames, learning mecha-nisms, and innovation ambidexterity [J]. Journal of Product Innovation Manage-ment, 2014, 31 (1): 170 –188.

[353] Lin H, McDonough Ⅲ. E. F., Lin S. J. et al. Managing the exploita-tion/exploration paradox: The role of a learning capability and innovation ambi-dexterity [J]. J Prod Innov Manag, 2013, 30 (2): 262 –278.

[354] Li X. H., Liang X. A confucian social model of political appoint-ments among chinese private-firm entrepreneurs [J]. Academy of Management Journal, 2015, 58 (2): 592 –617.

[355] Lomi A., Larsen E. R. Dynamics of organizations: Computational modeling and organization theories [M]. Mit Press, 2001.

[356] Loon M., Chik R. Efficiency-centered, innovation-enabling business models of high tech SMEs: Evidence from Hong Kong [J]. Asia Pacific Journal of Management, 2019, 36 (1): 87 –111.

[357] Lubit R. The keys to sustainable competitive advantage – Tacit knowl-edge and knowledge management [J]. Organizational Dynamics, 2001, 29 (3): 164 –178.

[358] Luo Y., Tung R. L. International expansion of emerging market en-terprises: A springboard perspective [J]. Journal of International Business Stud-ies, 2007, 38 (4): 481 –498.

[359] Macher J. T., Boerner C. Technological development at the boundaries of the firm: A knowledge-based examination in drug development [J]. Strategic Management Journal, 2012, 33 (9): 1016 –1036.

[360] Mack T., Landau C. Submission quality in open innovation contests-

an analysis of individual-level determinants of idea innovativeness [J]. R&D Management, 2020, 50 (1): 47 - 62.

[361] Madhavan R., Grover R. From embedded knowledge to embodied knowledge: New product development as knowledge management [J]. Journal of Marketing, 1998, 62 (4): 1 - 12.

[362] Mahmood I. P., Zhu H., Zajac E. J. Where can capabilities come from? network ties and capability acquisition in business groups [J]. Strategic Management Journal, 2011, 32 (8): 820 - 848.

[363] Majidpour M. International technology transfer and the dynamics of complementarity: A new approach [J]. Technological Forecasting & Social Change, 2017, 122 (sep.): 196 - 206.

[364] Malerba F., Nelson R. Learning and catching up in different sectoral systems: Evidence from six industries [J]. Industrial and Corporate Change, 2011, 20 (6): 1645 - 1675.

[365] March J. G. Continuity and change in theories of organizational action [J]. Administrative Science Quarterly, 1996 (41): 278 - 287.

[366] March J. G. Exploration and exploitation in organizational learning [J]. Organization Science, 1991, 2 (2): 71 - 87.

[367] March J. G. Rationality, foolishness, and adaptive intelligence [J]. Strategic Management Journal, 2006, 27 (3): 201 - 214.

[368] Martini A., Neirotti P., Aloini D. Finding the way to ambidexterity: Exploring the relationships among organisational design, knowledge creation and innovation [J]. International Journal of Innovation Management, 2015, 19 (4): 32 - 63.

[369] Mathews J. A. Dragon multinationals: New players in 21 st century globalization [J]. Asia Pacific Journal of Management, 2006, 23 (1): 5 - 27.

[370] Matthyssens P., Pauwels P., Vandenbempt K. Strategic flexibility, rigidity and barriers to the development of absorptive capacity in business markets: Themes and research perspectives [J]. Industrial Marketing Management, 2005,

34 (6): 547 - 554.

[371] McCarthy I. P. , Gordon B. R. Achieving contextual ambidexterity in R&D organizations: A management control system approach [J]. R&D Management, 2011, 41 (3): 240 - 258.

[372] Menon A. Bringing cognition into strategic interactions: Strategic mental models and open questions [J]. Strategic Management Journal, 2018, 39 (1): 168 - 192.

[373] Meyer M. H. , Utterback J. M. Product development cycle time and commercial success [J]. IEEE Transactions on Engineering Management, 1995, 42 (4): 297 - 304.

[374] Miao Y. , Song J. , Lee K. et al. Technological catch-up by east Asian firms: Trends, issues, and future research agenda [J]. Asia Pacific Journal of Management, 2018, 35 (3): 639 - 669.

[375] Miller C. C. , Cardinal L. B. Strategic planning and firm performance: A synthesis of more than two decades of research [J]. Academy of Management Journal, 1994, 37 (6): 1649 - 1665.

[376] Miller C. C. , Ogilvie D. T. , Glick W. H. Assessing the external environment: An enrichment of the archival tradition [J]. Research methodology in strategy and management, Emerald Group Publishing Limited, 2006 (3): 97 - 122.

[377] Miller D. J. , Fern M. J. , Cardinal L. B. The use of knowledge for technological innovation within diversified firms [J]. Academy of Management Journal, 2007, 50 (2): 308 - 326.

[378] Miller D. Relating porter's business strategies to environment and structure: Analysis and performance implications [J]. Academy of Management Journal, 1988, 31 (2): 280 - 308.

[379] Miller K. D. , Chen W. R. Variable organizational risk preferences: Tests of the march-shapira model [J]. Academy of Management Journal, 2004, 47 (1): 105 - 115.

［380］Misangyi V. F. , Acharya A. G. Substitutes or complements? A configurational examination of corporate governance mechanisms ［J］. Academy of Management Journal, 2014, 57 (6): 1681 – 1705.

［381］Mom T. J. M. , Van den Bosch F. A. J. , Volberda H. W. Understanding variation in managers' ambidexterity: Investigating direct and interaction effects of formal structural and personal coordination mechanisms ［J］. Organization Science, 2009, 20 (4): 812 – 828.

［382］Mudambi R. , Swift T. Knowing when to leap: Transitioning between explorative and exploitative R&D ［J］. Strategic Management Journal, 2014, 35 (1): 126 – 145.

［383］Mudambi R. , Swift T. Proactive R&D management and firm growth: A punctuated equilibrium model ［J］. Research Policy, 2011, 40 (3): 429 – 440.

［384］Munro M. C. , Huff S. L. , Marcolin B. L. et al. Understanding and measuring user competence ［J］. Information & Management, 1997, 33 (1): 45 – 57.

［385］Mu Q. , Lee K. Knowledge diffusion, market segmentation and technological catch-up: The case of the telecommunication industry in China ［J］. Research Policy, 2005, 34 (6): 759 – 783.

［386］Nadkarni S. , Barr P. S. Environmental context, managerial cognition, and strategic action: An integrated view ［J］. Strategic Management Journal, 2008, 29 (13): 1395 – 1427.

［387］Nadkarni S. , Narayanan V. K. Strategic schemas, strategic flexibility, and firm performance: The moderating role of industry clockspeed ［J］. Strategic Management Journal, 2007, 28 (3): 243 – 270.

［388］Nelson R. R. , Winter S. G. An evolutionary theory of economic change ［M］. Belknap Press: Cambridge, MA, 1982.

［389］Nerkar A. Old is gold? The value of temporal exploration in the creation of new knowledge ［J］. Management Science, 2003, 49 (2): 211 – 299.

［390］ Nonaka I. A dynamic theory of organizational knowledge creation ［J］. Organization Science, 1994, 5 （1）: 14 – 37.

［391］ Nonaka I. , Takeuchi H. The knowledge creating company ［M］. New York: Oxford University Press, 1995.

［392］ Nonaka I. , Toyama R. , Nagata A. A firm as a knowledge-creating entity: A new perspective on the theory of the firm ［J］. Industrial & Corporate Change, 2000, 9 （1）: 1.

［393］ O'Brien J. P. , Davis P. Reciprocity and R&D search: Applying the behavioral theory of the firm to a communication context ［J］. Strategic Management Journal, 2014, 35 （4）: 550 – 565.

［394］ O'Reilly Ⅲ C. A. , Tushman M. L. Organizational ambidexterity: Past, present, and future ［J］. The Academy of Management Perspectives, 2013, 27 （4）: 324 – 338.

［395］ Ozcan P. , Eisenhardt K. M. Origin of alliance portfolios: Entrepreneurs, network strategies and firm performance ［J］. Academy of Management Journal, 2009, 52 （2）: 246 – 279.

［396］ Papa A, Dezi L. , Gregori G. L. et al. Improving innovation performance through knowledge acquisition: The moderating role of employee retention and human resource management practices ［J］. Journal of Knowledge Management, 2020, 24 （3）: 589 – 605.

［397］ Patel P. C. , Messersmith J. G. , Lepak D. P. Walking the tightrope: An assessment of the relationship between high-performance work systems and organizational ambidexterity ［J］. Academy of management Journal, 2013, 56 （5）: 1420 – 1442.

［398］ Pati R. K. , Nandakumar M. K. , Ghobadian A. et al. Business model design-performance relationship under external and internal contingencies: Evidence from SMEs in an emerging economy ［J］. Long Range Planning, 2018, 51 （1）: 750 – 769.

［399］ Pavlou P. A. , EI Sawy D. A. Pavlou, Omar A. et al. Understanding the elusive black box of dynamic capabilities [J]. Decision Sciences, 2011, 42 (1): 39 – 273.

[400] Porac J., Rosa J. A. In praise of managerial narrow-mindedness [J]. Journal of Management Inquiry, 1996, 5 (1): 35 – 42.

[401] Porter M. Competitive strategy [M]. New York: The Free Express, 1980, 22 – 34.

[402] Prajogo D. I. The strategic fit between innovation strategies and business environment in delivering business performance [J]. International Journal of Production Economics, 2015, 171 (JAN. PT. 2): 241 – 249.

[403] Priem R. L., Butler J. E. Is the resource based "view" a useful perspective forstrategic management research? [J]. Advanced Management, 2001, 26 (1): 22 – 40.

[404] Qian C., Cao Q., Takeuchi R. Top management team fuctional diversity and organizational innovation in China: The moderating effects of environment [J]. Strategic Management Journal, 2013, 34 (1): 110 – 120.

[405] Radosevic S. International technology transfer and catch-up in economic development [M]. Edward Elgar Publishing, 1999.

[406] Rahmandad H., Repenning N. Capability erosion dynamic [J]. Strategic Management Journal, 2015 (10): 1002 – 2354.

[407] Ray P. K., Ray S., Kumar V. Internationalization of latecomer firms from emerging economies—The role of resultant and autonomous learning [J]. Asia Pacific Journal of Management, 2017, 34 (4): 851 – 873.

[408] Reagans R., Zuckerman E., McEvily B. How to make the team: Social networks vs. demography as criteria for designing effective teams [J]. Administrative Science Quarterly, 2004, 49 (1): 101 – 133.

[409] Reitzig M., Puranam P. Value appropiation as an organizational capability: The case of IP protection through patents [J]. Strategic Management Journal, 2009, 30 (7): 765 – 789.

[410] Rigby D., Zook C. Open-market innovation [J]. Harvard Business

Review, 2002, 80 (10): 80 –93.

[411] Rockart S. F. , Dutt N. The rate and potential of capability develop-ment trajectories [J]. Strategic Management Journal, 2015, 36 (1): 53 –75.

[412] Rodrigues S. , Child J. The development of corporate identity: A po-litical perspective [J]. Journal of Management Studies, 2008, 45 (5): 885 –911.

[413] Romanelli E. , Tushman M. L. Organizational transformation as punc-tuated equilibrium: An empirical test [J]. Academy of Management Journal, 1994, 37 (5): 1141 –1166.

[414] Romijn H. , Albaladejo M. Determinants of innovation capability in small electronics and software firms in southeast England [J]. Research policy, 2002, 31 (7): 1053 –1067.

[415] Rosenkopf L. , Nerkar A. Beyond local search: Boundary-spanning, exploration, and impact in the optical disk industry [J]. Strategic Management Journal, 2001, 22 (4): 287 –306.

[416] Saemundsson R. J. , Candi M. Antecedents of innovation strategies in new technology-based firms: Interactions between the environment and founder team composition [J]. Journal of Product Innovation Management, 2014, 31 (5): 939 –955.

[417] Sanchez R. Preparing for uncertain future: Managing organizations for strategic flexibility [J]. International Studies of Management and Organization, 1997, 27 (2): 71 –94.

[418] Sanchez R. Strategic flexibility in product competition [J]. Strategic Management Journal, 1995, 16 (6): 135 –159.

[419] Sarkees M. , Hulland J. , Chatterjee R. Investments in exploitation and exploration capabilities: Balance versus focus [J]. The Journal of Marketing Theory and Practice, 2014, 22 (1): 7 –24.

[420] Sasidharan S. , Kathuria V. Foreign direct investment and R&D: Substitutes or complements—a case of Indian manufacturing after 1991 reforms

[J]. World Development, 2011, 39 (7): 1226 – 1239.

[421] Sastry M. A. Problems and paradoxes in a model of punctuated organizational change [J]. Administrative Science Quarterly, 1997, 42 (2): 237 – 275.

[422] Schilbach F., Schofield H., Mullainathan S. The psychological lives of the poor [J]. The American Economic Review, 2016, 106 (5): 435 – 40.

[423] Schoenmakers W., Duysters G. The technological origins of radical inventions [J]. Research Policy, 2010, 39 (9): 1051 – 1059.

[424] Schreyögg G. & Kliesch – Eberl M. How dynamic can organizational capabilities be? Towards a dual-process model of capability dynamization [J]. Strategic Management Journal, 2007, 28 (9): 913 – 933.

[425] Schreyögg G., Sydow J. Organizing for fluidity? Dilemmas of new organizational forms [J]. Organization Science, 2010, 21 (6): 1251 – 1262.

[426] Sears J., Hoetker G. Technological overlap, technological capabilities, and resource recombination in technological acquisitions [J]. Strategic Management Journal, 2014, 35 (1): 48 – 67.

[427] Sheng S., Zhou K. Z., Li J. J. The effects of business and political ties on firm performance: Evidence from China [J]. Journal of Marketing, 2011, 75 (1): 1 – 15.

[428] Shimizu K. Prospect theory, behavioral theory, and the threat-rigidity thesis: Combinative effects on organizational decisions to divest formerly acquired units [J]. Academy of Management Journal, 2007, 50 (6): 1495 – 1514.

[429] Sidhu J. S., Commandeur H. R., Volberda H. W. The multifaceted nature of exploration and exploitation: Value of supply, demand, and spatial search for innovation [J]. Organization Science, 2007, 18 (1): 20 – 38.

[430] Siggelkow N. Misperceiving interactions among complements and substitutes: Organizational consequences [J]. Management Science, 2002, 48 (7): 900 – 916.

［431］ Simsek Z. , Heavey C. , Veiga J. F. et al. Typology for aligning organizational ambidexterity's conceptualizations, antecedents, and outcomes ［J］. Journal of Management Studies, 2009, 46 (5): 864 – 894.

［432］ Sirmon D. G. , Hitt M. A. , Ireland R. D. Managing firm resources in dynamic environments to create value: Looking inside the black box ［J］. Academy of Management Review, 2007, 32 (1): 273 – 293.

［433］ Skinner E. , Furrer C. , Marchand G. et al. Engagement and disaffection in the classroom: Part of a larger motivational dynamic? ［J］. Journal of Educational Psychology, 2008, 100 (4): 765 – 781.

［434］ Smith K. G. , Collins C. J. , Clark K. D. Existing knowledge, knowledge creation capability, and the rate of new product introduction in high-technology Firms ［J］. Academy of Management Journal, 2005, 32 (2): 346 – 357.

［435］ Smith W. K. , Tushman M. L. Managing strategic contradictions: A top management model for managing innovation streams ［J］. Organization Science, 2005, 16 (5): 522 – 536.

［436］ Stabell C. B. Integrative complexity of information environment perception and information use: An empirical investigation ［J］. Organizational Behavior & Human Performance, 1978, 22 (1): 116 – 142.

［437］ Sterman J. Business dynamics: Systems thinking and modeling for a complex world ［M］. Boston Irwin/McGraw – Hill, 2000.

［438］ Sterman J. Systems thinking and modeling for a complex world ［J］. Journal of the Operational Research Society, 2002, 53 (4): 472 – 473.

［439］ Sterzi V. Patent quality and ownership: An analysis of UK faculty patenting ［J］. Research Policy, 2013, 42 (2): 564 – 576.

［440］ Stettner U. , Lavie D. Ambidexterity under scrutiny: Exploration and exploitation via internal organization, alliances, and acquisitions ［J］. Strategic Management Journal, 2014, 35 (13): 1903 – 1929.

［441］ Stevens R. , Moray N. , Bruneel J. et al. Attention allocation to multiple goals: The case of for-profit social enterprises [J]. Strategic Management Journal, 2015, 36 (7): 1006 – 1016.

[442] Subramaniam M. , Youndt M. A. The influence of intellectual capital on the types of innovative capabilities [J]. Academy of Management Journal, 2005, 48 (3): 450 – 463.

[443] Su Z. , Peng J. , Shen H. et al. Technological capability, marketing capability, and firm performance in turbulent conditions [J]. Management and Organization Review, 2013, 9 (1): 115 – 137.

[444] Swift T. The perilous leap between exploration and exploitation [J]. Strategic Management Journal, 2016, 37 (8): 1688 – 1698.

[445] Szeto E. Innovation capacity: working towards a mechanism for improving innovation within an inter-organizational network [J]. The TQM Magazine, 2000, 12 (2): 149 – 158.

[446] Szulanski G. The process of knowledge transfer: A diachronic analysis of stickiness [J]. Organizational Behavior and Human Decision Processes, 2000, 82 (1): 9 – 27.

[447] Tang Y. C. , Liou F. M. Does firm performance reveal its own causes? The role of Bayesian inference [J]. Strategic Management Journal, 2010, 31 (1): 39 – 57.

[448] Teece D. J. A dynamic capabilities-based entrepreneurial theory of the multinational enterprise [J]. Journal of International Business Studies, 2014, 45 (1): 8 – 37.

[449] Teece D. J. Explicating dynamic capabilities: The nature and microfoundations of (sustainable) enterprise performance [J]. Strategic Management Journal, 2007, 28 (13): 1319 – 1350.

[450] Teece D. J. , Pisano G. , Shuen A. Dynamic capabilities and strategic management [J]. Strategic Management Journal, 1997, 18 (7): 509 – 533.

[451] Tegarden D. P. , Tegarden L. F. , Sheetz S. D. Cognitive factions in a top management team: Surfacing and analyzing cognitive diversity using causal

maps［J］. Group Decision Negotiation, 2009, 18（6）: 537 – 566.

［452］Terziovski M. Innovation practice and its performance implications in small and medium enterprises（SMEs）in the manufacturing sector: A resource-based view［J］. Strategic Management Journal, 2010, 31（8）: 892 – 902.

［453］Thutupalli A. , Iizuka M. Catching-up in agricultural innovation: the case of Bacillus thuringiensis cotton in India［J］. Industrial and Corporate Change, 2016, 25（6）: 923 – 940.

［454］Tsai K. H. , Yang S. Y. Firm innovativeness and business perform-ance: The joint moderating effects of market turbulence and competition［J］. In-dustrial Marketing Management, 2013, 42（8）: 1279 – 1294.

［455］Turner N. , Swart J. , Maylor H. Mechanisms for managing ambidex-terity: A review and research agenda［J］. International Journal of Management Reviews, 2013, 15（3）: 317 – 332.

［456］Tushman M. L. , Anderson P. Technological discontinuities and or-ganizational environments［J］. Administrative Science Quarterly, 1986, 31（4）: 439 – 465.

［457］Tushman M. L. , O'Reilly III C. A. . The ambidextrous organization: Managing evolutionary and revolutionary change［J］. Calif. Management Rev, 1996, 38（4）: 8 – 30.

［458］Uotila J. , Maula M. , Keil T. Exploration, exploitation, and finan-cial performance: Analysis of S&P 500 corporations［J］. Strategic Management Journal, 2009, 30（2）: 221 – 231.

［459］Van Knippenberg D. , De Dreu C. K. , Homan A. C. Work group di-versity and group performance: An integrative model and research agenda［J］. Journal of Applied Psychology, 2004, 89（6）: 1008 – 1022.

［460］Van. Zeebroeck N. The puzzle of patent value indicators［J］. Eco-nomics of Innovation & New Technology, 2011, 20（1）: 33 – 62.

［461］Verganti R. Leveraging on systemic learning to manage the early pha-ses of product innovation projects［J］. R&D Management, 1997, 27（4）:

377 - 392.

[462] Vergne J. P. , Depeyre C. How do firms adapt? A fuzzy-set analsis of the role of cognition and capabilities in U. S. defense firms' responses to 9/11 [J]. Academy of Management Journal, 2016, 59 (5): 1653 - 1680.

[463] Volberda H. W. , Foss N. J. , Lyles M. A. Perspective. Absorbing the concept of absorptive capacity: How to realize its potential in the organization field [J]. Organization Science, 2010, 21 (4): 931 - 951.

[464] Von Bisel F. , Schneider C. , Lowry P. B. Absorbing knowledge from and with external partners: The role of social integration mechanisms [J]. Decision Sciences, 2019, 50 (1): 7 - 45.

[465] Walsh J. P. Managerial and organizational cognition: Notes from a trip down memory lane [J]. Organization Science, 1995, 6 (3): 280 - 321.

[466] Wang C. , Han, Y. Linking properties of knowledge with innovation performance: The moderate role of absorptive capacity [J]. Journal of Knowledge Management, 2011, 15 (5): 802 - 819.

[467] Wang C. H. Lu I. Y. , Chen C. B. Evaluating firm technological innovation capability under uncertainty [J]. Technovation, 2008, 28 (6): 349 - 363.

[468] Wang C. L. and Ahmed P. K. Dynamic capabilities: A review and research agenda [J]. International Journal of Management Reviews, 2007, 35 (1): 9 - 31.

[469] Wang E. C. , Huang W. Relative efficiency of R&D activities: A cross-country study accounting for environmental factors in the DEA approach [J]. Research Policy, 2007, 36 (2): 260 - 273.

[470] Wang F. , Chen J. , Wang Y. et al. The effect of R&D novelty and openness decision on firms' catch-up performance: Empirical evidence from China [J]. Technovation, 2014, 34 (1): 21 - 30.

[471] Wei Z. , Yi Y. and Guo H. Organizational learning ambidexterity, strategic flexibility, and new product development [J]. J Prod Innov Manag,

2014, 31 (4): 832 – 847.

[472] Wernerfelt B. , Montgomery C. A. Tobin's q and the importance of focus in firm performance [J]. The American Economic Review, 1988, 78 (1): 246 – 250.

[473] West J. , Iansiti M. Experience, experimentation, and the accumulation of knowledge: The evolution of R&D in the semiconductor industry [J]. Research Policy, 2003, 32 (5): 809 – 825.

[474] Williams J. R. Strategy and the search for rents: The evolution of diversity among firms [J]. Carnegie Mellon University, Tepper School of Business, GSIA Working Papers, 1992 (4).

[475] Wittman S. Lingering identities [J]. Academy of Management Review, 2019, 44 (4): 724 – 745.

[476] Wu B. , Wan Z. , Levinthal D. A. Complementary assets as pipes and prisms: Innovation incentives and trajectory choices [J]. Strategic Management Journal, 2014, 35 (9): 1257 – 1278.

[477] Xia J. , Ma X. , Lu J. W. et al. Outward foreign direct investment by emerging market firms: A resource dependence logic [J]. Strategic Management Journal, 2014, 35 (9): 1343 – 1363.

[478] Yam R. C. , Guan J. C. , Pun K. F. et al. An audit of technological innovation capabilities in Chinese firms: Some empirical findings in Beijing, China [J]. Research policy, 2004, 33 (12): 1123 – 1140.

[479] Yan A. , Gray B. Bargaining power, management control, and performance in United States – China joint ventures: A comparative case study [J]. Academy of Management Journal, 1994, 37 (6): 1478 – 1517.

[480] Yang H. , Zheng Y. , Zhao X. Exploration or exploitation? Small firms' alliance strategies with large firms [J]. Strategic Management Journal, 2014, 35 (1): 146 – 157.

[481] Yin R. K. Case study research: Design and methods [M]. Thousands Oaks: Sage Publications, 2003.

［482］Yuan L. , Zhongfeng S. , Yi L. Can strategic flexibility help firms profit from product innovation? ［J］. Technovation, 2010, 30 （5 - 6）: 300 - 309.

［483］Zahra S. A. , George G. Absorptive capacity: A review, reconceptualization, and extension ［J］. Academy of Management Review, 2002, 27 （2）: 185 - 203.

［484］Zahra S. A. , Ireland R. D. , Hitt M. A. International expansion by new venture firms: International diversity, mode of market entry, technological learning, and performance ［J］. The Academy of Management Journal, 2000, 43 （5）: 925 - 950.

［485］Zhan A. , Zhang Y. , Zhao R. A study of the R&D efficiency and productivity of Chinese firms ［J］. Journal of Comparative Economics, 2003, 31 （3）: 444 - 464.

［486］Zhang F. , Zhang H. Research and development vs. licensing-in: The contingent effects of institutional environments ［J］. Academy of Management Annual Meeting Proceedings, 2015, 2015 （1）: 18175 - 18175.

［487］Zhang L. , Brook J. R. , Vet R. A revised parameterization for gaseous dry deposition in air-quality models ［J］. Atmos. Chem. Phys, 2003, 28 （3）: 2067 - 2082.

［488］Zhang M. , Zhao X. , Lyles M. Effects of absorptive capacity, trust and information systems on product innovation ［J］. International Journal of Operations & Production Management, 2018, 27 （1）: 441 - 444.

［489］Zhang Y. , Li H. Innovation search of new ventures in a technology cluster: The role of ties with service intermediaries ［J］. Strategic Management Journal, 2010, 31 （1）: 88 - 109.

［490］Zhao Z. J. , Anand J. Beyond boundary spanners: The "collective bridge" as an efficient interunit structure for transferring collective knowledge ［J］. Strategic Management Journal, 2013, 34 （13）: 1513 - 1530.

［491］Zheng L. , Ulrich K. , Sendra - García J. Qualitative comparative analysis: Configurational paths to innovation performance [J]. Journal of Business Research, 2021 (128): 83 – 93.

[492] Zhou K. Z., Li C. B. How knowledge affects radical innovation: Knowledge base, market knowledge acquisition, and internal knowledge sharing [J]. Strategic Management Journal, 2012, 33 (9): 1090 – 1102.

[493] Zhou K. Z., Wu F. Technological capability, strategic flexibility, and product innovation [J]. Strategic Management Journal, 2010, 31 (5): 547 – 561.

[494] Zobel A. K. Benefiting from open innovation: A multidimensional model of absorptive capacity [J]. Journal of Product Innovation Management, 2017, 34 (3): 269 – 288.